갈릴레오의 망각, 혹은 책에 관한 기억

갈릴레오의 망각, 혹은 책에 관한 기억

곽차섭 지음

도서출판 길

갈릴레오의 망각, 혹은 책에 관한 기억

2020년 11월 25일 제1판 제1쇄 인쇄
2020년 11월 30일 제1판 제1쇄 발행

지은이 | 곽차섭
펴낸이 | 박우정

기획 · 편집 | 이승우
전산 | 한향림

펴낸곳 | 도서출판 길
주소 | 06032 서울 강남구 도산대로 25길 16 우리빌딩 201호
전화 | 02) 595-3153 팩스 | 02) 595-3165
등록 | 1997년 6월 17일 제113호

ISBN: 978-89-6445-232-5 03900

책머리에

잡문 혹은 에세이를 위하여

각 시대마다 그 나름의 주요한 글쓰기 형식이 있다. 고대 그리스는 일찍이 디알로고스(대화)를 발명했다. 그 원류는 플라톤이다. 등장인물들이 주고받는 대화를 통해 어떤 주제에 대해 토론하는 것이 이 글쓰기 형식의 특징이다. 물론 당시의 철학자들이 모두 이런 형식을 선호한 것은 아니었고 건조한 산문체도 많이 사용되었지만, 각별히 '진리'라는 것을 찾아내고자 했던 소크라테스 식 논쟁에 최적화된 방식이 바로 대화편이었다. 이는 곧 로마 문화로 이어져 하나의 전범典範이 된다.

이 특별한 형식이 다시 되살아난 것은 고전 고대에 대한 관심이 급증했던 르네상스 시기이다. 중세 스콜라주의의 편협성을 비판하며 새로이 등장한 우마니스타(휴머니스트)들은 고대 그리스어 및 라틴어의 복원과 함께 디알로고/디알로기라는 글쓰기 형식도 부흥시켰다. 15세기 초 단테의 문학적 명성을 논쟁의 주제로 삼은 레오나르도 브루니의 두 『대화』, 군주에 봉사하는 정신廷臣을 통해 '자기 만들기'의 개념을 창시한 발다싸레 카스틸리오네의 『정신론』(1528) 등이 수많은 르네상스 대화편 중 일례이다. 마키아벨리의 『리비우스 논고』에서 볼 수 있는 디스코르시(논고)라는 글쓰기도 유행했는데, 이는 비록 대화라는 형식은 따르지 않았지만 고전 고대의 작가와 정신을 바탕으로 논쟁한다는 점에서 디알로기의 한 변형으로 볼 수 있다.

16세기 말, 지금까지와는 완전히 다른 새로운 글쓰기 형식이 나타난다. 몽테뉴의 『에세』가 바로 그것이다. 그는 르네상스 휴머니즘의 정신과 분위기에 그 누구보다도 심취한 인물이었지만, 대화편의 고답적인 글쓰기보다는 평범한 일상 속에서 스스로를 소박하게 되돌아보는 주제와 방식을 '시도'하였다('에세'라는 말이 뜻하는 바가 바로 이것이다). 그는 책 서두의 독자에게 보내는 말에서 자신은 단지 스스로의 "단순하고 자연스러우며 평범한 모습"을 보여주려 했을 뿐이며, 글에서 묘사된 모습은 다름 아닌 "자기 자신"이라 쓰고 있다. 또한 그는 "책에 대하여"라는 장章에서 자신은 "그저 생각 닿는 대로" 글을 써 나갔기 때문에 우리가 모르면 안 되는 그런 내용을 담지는 않았다는, 당시 지식인으로서는 매우 겸손한 자세를 보여 주고 있다.

고전 고대의 권위를 인용하고 열거하기보다는 삶의 주변에서 흔히 보는 문제에 대한 자신만의 성찰을 담고자 했던 몽테뉴의 혁신적 글쓰기는 글의 제재題材도 일신하였다. 『에세』의 차례를 한 번 훑어보라. 슬픔과 두려움, 나태와 고독, 정직함과 교만 등 인간 감정과 성품에서부터 냄새와 잠, 술주정, 옷 입는 습관, 무위도식, 그리고 기분 전환에 이르기까지 온갖 잡다한 일상사가 이 고귀한 철학자-휴머니스트에게 진지한 사색의 재료가 되고 있다. 아마 호기심 많은 독자라면 식인종이나 절름발이에 대한 장들도 그냥 지나치기 어려우리라.

몽테뉴의 '에세'는 즉시 새로운 '근대인' 프랜시스 베이컨의 시선을 사로잡았다. 고대인의 권위보다는 스스로의 관찰과 추론을 지식의 원천으로 보았던 그가, 영국 식 에세인 『에세이』(1597~1625)를 쓴 것은 어쩌면 당연한 일이었을 것이다. 두 작가의 매우 유사한 글쓰기에도 불구하고, 좀 더 내면적이고 담담한 어조의 몽테뉴와 더 실제적이고 종종 신랄한 유머 감각까지 보여 주는 베이컨을 서로 비교해 보는 것도 독자의 재밋거리이다.

에세-에세이는 한때 수필류로 간주되기도 했지만 넓은 의미의 잡문雜文이라 보는 것이 더 적절할 것도 같다. 잡문이란 대체로 주류 장르에 속하지 않는 비주류의 글쓰기를 통칭하는 말이다. 때로는 수필처럼 분류의 경계쯤에 놓인 경우를 이르기도 한다. 시인이나 소설가가 수필을 쓰면 잡문이 되는 식이다. 제자백가가 일종의 고대적 대화편-잡문이라면, 루쉰의 재기 넘치는 글쓰기는 근대적 잡문이라 할 만하다. 어떤 특정한 규준에 얽매이지 않는 잡문의 특성상 그 범위는 아주 넓지만 수준 높은 잡문은 현대 비평과도 닮았다. 최근 영어권에서는 인문학자의 '논문'도 종종 '에세이'라 부르는데, 이는 자유롭게 쓰되 비판적 전망을 놓치지 않는다는 새로운 글쓰기의 관점을 보여 준다는 점에서 흥미롭다. 당초 몽테뉴가 생각했던 '잡문 식' 자유로움이 점점 더 높이 평가받고 있다고도 볼 수 있다.

여기에 실린 짧은 글들 역시 잡문의 일종이다. 대부분이 비교적 최근 신문과 잡지에 게재된 칼럼과 서평들이다. 내가 앞서 굳이 잡문 혹은 에세이에 대해 간략하게 소개한 것은 어떤 종류의 잡문이든 비판적 시각을 갖고 있어야 한다는 점을 강조하기 위해서이다. 그것이 없으면 잡문이 아니기 때문에 더욱 그러하다. 이 책의 독자들이 나의 입장과 가치에 모두 동의할 리도 또 그럴 필요도 없겠지만, 유익한 지식은 반드시 비판적 논쟁을 통해 얻어진다는 사실에는 견해를 함께하길 바란다.

다양한 일간지, 주간지, 학술 잡지가 귀중한 지면을 할애하여 이 책의 글들이 빛을 볼 수 있도록 해주었다. 각별히 『부산일보』와 『경향신문』은 짧지 않은 시간 동안 계속 칼럼을 쓸 수 있는 기회를 허락해 주었다. 도서출판 길의 이승우 선생은 '잡문집'이라는 이 책의 성격에도 불구하고 출판 제의를 흔쾌히 받아주었다. 이 글들 하나하나가 쓰인 오랜 기간 동안에 특히 오경환, 윤애선 두 분은 항상 나의 이야기에 귀 기울여주고 때로는 서로의 생각도 나누어 주었다. 곽재욱은 원고 일부를 타이핑하고 최종 교정도 검토해 주었다. 아내 배진하는 항상 편히 글을 쓸 수 있도록 배려해 주었다. 이 모든 분에게 감사의 마음을 전한다.

2020년 9월 22일
열은 안개가 스며드는
금정산 자락의 연구실에서
곽차섭

차례

제2부 책을 읽으면 행복하다

제❶부

과거는 현재의 거울이다

1

갈릴레오의 망각

젊은 시절의 갈릴레오는 다재다능한 인물이었다. 그는 아버지의 재능을 이어받은 음악 이론가이자 뛰어난 류트 연주가였으며, 만약 스스로 장래를 선택하라고 했다면 화가를 지망할 정도로 그림에도 열정을 갖고 있었다. 그는 스스로 일련의 소네트를 썼고, 당대 최고의 시인 루도비코 아리오스토와 토르콰토 타쏘의 시작품에 고도의 비평을 가한 문필가이자 비평가였다.

청년 갈릴레오는 또한 매우 사교적인 성품을 갖고 있었다. 그의 집은 경제적으로 넉넉지 못했으나 영민하면서도 붙임성 있는 성격으로 명문가 친구들 사이에서 인기가 높았다. 덕분에 그는 돈 걱정은 별로 하지 않았다. 그의 도박 실력도 상당했다. 그의 능란한 점성술 역시 주위에 사람들을 끌어모으는 데 일조하였다.

하지만 이 모든 재능과 관심에도 불구하고 그를 지금 우리가 아는 갈릴레오로 만들어준 것은 수학이었다. 그는 특히 당시 대부분의 지식인들이 선호하던 아리스토텔레스를 따르지 않고 아르키메데스 식의 사고思考 실험을 한 몇 안 되는 사람들 중 하나였다. 그는 한마디로 과학, 인문, 예술이라는 다방면에서 해박한 지식과 예민한 취향을 지닌 이른바 '부온 구스토'를 구현한 인물이었다.

갈릴레오는 자신의 잠재력으로 미래를 바꾸고 싶어 하던 야심가이기도 했다. 그에게는 남다른 비르투(능력)가 있었으나 운의 여신인 포르투나를 미소 짓게 하려면 일찍이 마키아벨리가 말한 오카지오네, 즉 어떤 각별한 계기가 필요했다. 바로 그 오카지오네를 부여한 것이 다름 아닌 단테의 『신곡』이었다는 사실은 대단히 흥미롭다. 하지만 그것이 『신곡』이라는 문학적 텍스트와 갈릴레오가 신봉하던 아르키메데스적 수학의 결합에서 나올 것이라는 점은 아마 그 누구도 예상치 못했을 것이다.

16세기 중엽 메디치 가문이 세운 피렌체 아카데미의 지식인들은 토스카나 말과 그것으로 쓰인 문학 작품을 선양하는 데 몰두해 있었다. '신이 내린' 단테의 『신곡』이 그 중심에 있었다는 것은 그것이 14세기 이래 피렌체인들의 긍지를 대변해왔다는 점을 생각하면 당연한 일이었다. 하지만 예기치 않은 장애물이 나타났다. 단테를 옹호하는 과정에서 『신곡』의 인페르노(지옥)가 과연 물리적으로 존재 가능한 것인지에 대한 논쟁이 일어난 것이다.

갈릴레오에게 입신출세를 위한 최상의 길을 제공한 것이 바로 이 논쟁이었다. 당시 피렌체 지식인들은 땅속에 지옥이라는 공간이 실존한다는 점을 믿어 의심치 않았으나, 그것은 건축학적으로 가능하다는 입증을 필요로 했다. 상승하는 근대 과학과 굳건한 신앙의 기묘한 결합이 만들어낸 희한한 문제가 새삼 출현한 것이다. 아카데미는 갈릴레오에게 이 문제를 푸는 중책을 맡겼다. 그로서는 부富와 명성을 쌓을 절호의 기회가 찾아온 셈이었다.

갈릴레오는 인페르노에 대한 단테의 묘사를 수학적 도형으로 변환하였다. 이에 따르면 지옥은 깔때기의 뾰족한 꼭짓점이 아래로 가 있는 모양이다. 그것은 8개 층에 배치된 9개의 계界로 이루어지는데, 제일 밑의 제9계가 배신자들이 사탄에 의해 고통을 받는 곳이다. 단테의 지옥은 예루살렘에 있는 지상의 입구에 들어서면 마치 나사의 홈처럼 아래로 빙빙 돌면서 차례로 각층이 나타나게 되어 있다. 묘한 것은 단테가 책 몇 군데에서 공간적 수치를 마치 실제인 양 제시해 놓았다는 점이다. 갈릴레오는 이 수치들에 근거해 깔때기 지옥의 건축학적 설계도를 그려냈다. 여기에는 그의 '새로운' 아르키메데스 기하학이 정확하게 적용되었다. 하지만 지옥 천장을 덮고 있는 지상 부분(그의 정밀한 계산에 따르면 약 5,500킬로미터의 길이)이 어떻게 받침 기둥 하나 없이 무너지지 않고 버틸 수 있는지에 대해서는 언급을 피했다. 그의 '증명'은 아카데미에 의해 받아들여졌고, 이 일로 페르디난도 1세 데 메디치 대공大公의 눈에 든 갈릴레오는 1589년 27세의 나이로 피사 대학의 수학 교수로 임명되었다.

엄격한 과학 원리만을 신봉하며 종교적 편견과 압박을 이겨낸 인물로만 알려진 갈릴레오에게 비록 젊은 시절이지만 이런 일이 있었다는 것이 의외일 수도 있다. 그는 평생 동안 이 일에 대해 침묵하였다. 그에게 출세의 길을 열어주었으나 자신조차도 다시는 되새기기 싫었던 것일까. 갈릴레오의 망각은 우리에게 많은 것을 생각하게 한다.

2

솔라 피데

타락한 영혼은 어떻게 하면 구원받을 수 있는가. 그리스도교가 유일 종교였던 중세 유럽 사람들의 뇌리에 각인된 절대 명제가 바로 그것이었다. 유독 구원이라는 이데아적 관념에 집착한 교리가 워낙 오랫동안 지배하다 보니 중세인들은 죽음에 가까울수록 자신이 과연 구원받을 수 있는지의 여부에 거의 편집증적 반응을 보였다.

특히 장사로 돈을 축적한 상인 계층은 이 문제에 훨씬 더 민감했다. 그들은 종종 교회에 재산의 상당량을 기부했고, 때로는 자신들이 의뢰한 성화聖畫의 한 귀퉁이에 기도하는 스스로의 모습을 조그맣게 그려 넣음으로써 이미지로나마 천국에 가까워지고자 했다. 이윤에 의한 축재를 악惡으로 보는 교리 때문에 지옥으로 직행할 운명에 처해 있었던 중세 상인들(하물며 고리대금업자는 말할 나위도 없겠다)은 12세기 들어서야 다행히도 푸르가토리오(연옥)라는, 즉 지옥도 천국도 아닌 영혼의 새로운 주거 영역이 발명됨으로써 한숨 돌리게 된다.

이탈리아에서 르네상스 미술의 꽃봉오리가 활짝 피어오르고 있던 16세기 초, 유럽 변방인 독일 작센 지방에는 구원이라는 신학적 문제에 집요하게 매달리고 있던 한 무명의 학인學人이 있었다. 그의 이름은 마르틴 루터였다. 그는 원래 광산 노동자였던 아버지의 뜻에 따라 처음에는 법률가의 길을 택했으나, 청년 시절 내내 자신을 괴롭히던 구원의 문제를 숙고하기 위해 결국 수도사의 길로 방향을 바꾸게 된다. 그는 심리학적으로 볼 때, 영혼의 구원이라는 신학적 보편 명제를 다름 아닌 자기 자신의 문제로 각별히 내면화한 인물처럼 보인다. 그것은 무엇보다 스스로의 구원 가능성에 깊은 회의를 느꼈기 때문일 것이다.

루터는 어느 날 평소 읽던 성서의 한 구절에서 문득 자신의 문제에 대한 답을 발견한다. "복음에는 하나님의 의義가 나타나서 믿음으로 믿음에 이르게 하나니, 기록된 바 오직 의인은 믿음으로 살리라 함과 같으니라." 「로마서」 제1장 제17절은 그렇게 말하고 있다. 이는 다시 제3장 제24절의 다음 구절로 이어진다. "그리스도 예수 안에 있는 구속으로 말미암아 하나님의 은혜로 값없이 의롭다 하심을 얻은 자 되었느니라."

고풍스러운 번역 때문에 독해가 약간 난해할 수도 있겠지만, 여기서 루터가 깨달은 메시지는 요약하자면 결국 예수를 통해 신이 자유로이 내린 믿음만이 구원을 얻는 길이라는 것이다. 이는 겉보기에 단순한 것 같지만 종래 가톨릭이 강조해온 선행과 순례와 성사聖事로는 결코 구원에 이를 수 없다는 매우 급진적인 신학 교의를 내포하고 있었다. 이것이 바로 의인론(혹은 칭의론)의 요체인 '솔라 피데'(sola fide, 오직 믿음만으로)이다.

하지만 루터의 '새로운' 해답이 결코 완전히 새로운 것은 아니었다. 솔라 피데는 사실 그보다 몇 세대 앞서 영국의 존 위클리프나 그 뒤를 이은 보헤미아의 얀 후스의 '솔라 스크립투라'(오직 성서만으로)에서 이미 현시된 것이었다. 역사가 흔히 증거하듯이, 루터의 성공은 교의의 새로움 이상으로 그것이 제시된 절묘한 타이밍에 있었다. 그에게는 선구자들과는 달리 자신을 보호할 충분한 이유를 가진 작센의 선제후選帝侯 프리드리히가 있었다.

동시에 그의 교리를 확산시킬 장 칼뱅이라는 시의적절한 계승자도 있었다. 제후의 후원을 받은 루터와는 달리, 칼뱅은 상인 공화국 제네바를 거점으로 새로운 교의를 부르주아 계급에게 널리 퍼뜨릴 수 있었다. 게다가 그는 루터의 교의에 잠재되어 있던 이른바 예정론—신은 구원받을 사람을 이미 정해 놓았다는 것—을 사업의 성공과 연결함으로써 장차 그리스도교와 자본주의가 조화롭게 결합할 중요한 계기를 마련하였다. 오랫동안 금기시되어 온 이자를 정당화한 것도 칼뱅이었다.

솔라 피데는 부패로 얼룩진 중세 가톨릭의 교의를 보다 순수한 신앙의 원리로 되돌리기 위한 의미 있는 시도였지만, '오직 믿음만'에 기대어 그 순수성을 되찾기에는 인간 심성이 너무나 영악한 탓일까. 우리 눈에 보이는 작금의 현실은 오직 믿음은커녕 '오직 재물만으로' 교의가 바뀐 것 같은 착각을 일으킬 정도다. 루터는 사라지고 칼뱅은 천민자본주의로 변한 것이 아닌가 하는 느낌마저 든다. 또 한 해가 가고 어김없이 예수의 탄생일이 돌아오지만, 종교가 곧 최상의 도덕인 모습은 언제나 볼 수 있을지.

3

아르테미지아의 포물선

한 유대 기록은 유디트란 여인이 단신으로 적장 홀로페르네스의 목을 베었다는 이야기를 전하고 있다. 구약성서의 「열왕기」에도 등장하는 아시리아(신新바빌론 제국)의 왕 네부카드네자르(느부갓네살)는 유대인들을 정복하기 위해 장군 홀로페르네스를 보낸다. 그는 예루살렘 진입의 길목에 있는 조그만 도시 베둘리아를 포위하고는 급수를 끊는다.

한 달 이상 계속된 공성전을 더 이상 견딜 수 없게 된 시민들이 항복하려던 순간, 유디트는 하녀와 함께 아시리아 군영으로 들어가 아름다운 미모와 능란한 언변으로 홀로페르네스를 유혹한다. 결국 술과 여색에 홀린 그는 자신의 막사에서 자신의 칼로 그녀에 의해 목이 잘린다. 신과 조국을 위해 목숨을 건 용감하고 지혜로운 여인이라는 그녀의 이미지는 이후 기독교 세계에서 수많은 화가들의 영감을 자극하게 된다.

하지만 유디트란 캐릭터가 현대에 들어 특히 널리 알려지게 된 것은 전적으로 근대 최초의 여성화가 아르테미지아 젠틸레스키 덕분이다. 그녀는 비교적 이름 있는 화가였던 아버지 오라치오 젠틸레스키의 공방에서 배우며 어려서부터 특출한 자질을 보였다. 딸을 화가로 키우고자 작정한 오라치오는 그녀가 17세가 되던 1610년경, 자신과 공동 작업 중이던 젊은 화가 아고스티노 타씨에게 개인 교습을 맡겼다.

그러나 타씨가 아르테미지아를 강제로 범하는 문제의 사건이 발생한다. 그는 결혼을 미끼로 둘의 관계를 이어가려 했으나, 결국 그의 약속이 무망하다는 것을 알게 된 그녀는 그를 강간 혐의로 고소하게 된다. 약 7개월여의 재판 끝에 타씨는 로마에서 추방되고 아르테미지아는 다른 사람과 결혼하기에 이른다. 하지만 후일의 갈릴레오 재판만큼이나 유명했던 이 사건은 그녀의 인생행로에, 특히 화가로서의 작품 활동에 두고두고 대단히 큰 흔적을 남기게 된다.

아르테미지아가 남긴 많은 작품의 주제와, 각별히 그 속에 등장하는 캐릭터들이 종종 압제자(남성)에 저항하는 강인한 인물(여성) 간의 긴장 관계를 보이는 것도 바로 그런 트라우마의 표현이라고 할 수 있다. 「홀로페르네스의 목을 자르는 유디트」가 대표적이다. 그녀가 이 그림을 처음 그렸던 때는 문제의 사건이 발생한 지 2~3년 후인데, 유디트와 장군의 얼굴은 각각 그녀 자신과 타씨의 것으로 알려져 있다. 그만큼 앞서의 사건이 그림의 주제와 묘사에 모두 깊이 관련되어 있는 것이다. 이 작품은 19세기까지도 개인 소장품이었다가 현재는 나폴리의 카포디몬테 미술관에서 볼 수 있다.

그림을 보자. 유디트는 침대에 누운 홀로페르네스의 목을 자르고 있는데, 그 생생한 묘사가 마치 눈앞에 보이는 듯하다. 하녀는 아직 정신이

혼미한 장군의 두 팔을 붙잡고 있고, 유디트는 아무런 망설임도 없다. 이 때 그녀의 표정을 보라. 그에 대해 일말의 동정심도 갖지 않는 듯 거의 무표정하게까지 느껴질 정도다. 목을 자르는 그녀의 두 팔은 쭉 뻗어 있는데, 그 거리가 칼에 힘을 줄 수 있으면서도 동시에 그 대상으로부터 최대한 멀리 떨어지고 싶다는 듯한, 해부학과 심리학상의 절묘한 균형을 이루고 있다. 이 작품의 가장 뚜렷한 회화적 성취는 카라바조적 키아로스쿠로(명암 대비)를 도입하고 있다는 점이며, 이는 역삼각형의 세 꼭짓점에 해당하는 유디트, 하녀, 홀로페르네스라는 인물들에 하이라이트를 던져주고 있다.

흥미로운 것은 아르테미지아가 1620년경에 이 그림과 아주 유사하지만 어떤 면에서는 아주 다른 같은 주제의 작품을 그렸다는 사실이다. 이는 전자에 비해 크기가 더 크고 키아로스쿠로도 더 명확하지만, 기본적으로 그림의 구도, 인물들의 포즈, 심지어 얼굴 표정까지도 거의 흡사하다. 하지만 각별히 다른 점이 하나 있는데, 둘을 함께 놓고 자세히 비교하지 않으면 잘 보이지 않을 수도 있다. 즉 후자에서는 잘리는 목에서 뿜어져 나오는 핏줄기가 포물선을 그리며 떨어지고 있는 것이다. 그녀는 왜 첫 작품에서는 볼 수 없었던 이런 세부 묘사를 첨가했을까. 그녀는 피렌체에 머물 당시 갈릴레오의 친구가 되었고, 그때 그로부터 들은 포물선 운동에 대한 이야기를 그림에 새삼 반영했던 것이 아닌가 추측된다. 홀로페르네스의 목에서 뿜어져 나오는 핏줄기의 포물선은 사실 갈릴레오의 운동 방정식이었던 셈이다. 여기서 회화와 수학의 예기치 않은 조우를 발견하는 것도 우피치 미술관이 소장한 이 그림의 재미있는 감상 포인트 중 하나이다.

4

메노키오

"그의 이름은 도메니코 스칸델라였지만 메노키오로 불렸다." 카를로 긴즈부르그의 명저인 『치즈와 구더기』의 첫 대목이다. 메노키오는 16세기 중후반에 이탈리아 동북부 프리울리 지방(지금의 베네치아 부근)의 한 마을에 살았던 농민이었다. 방앗간을 운영하는 비교적 부유한 집안에다 마을 촌장도 지냈던 그는 농촌 어디에서나 볼 수 있는 평범한 인물이었지만, 그를 결코 평범하지 않게 만든 것은 글을 읽을 수 있을 뿐만 아니라(라틴어는 아닌 속어俗語였지만) 만사에 호기심이 너무 많다는 점이었다. 그는 51세가 되던 1583년에 이단으로 고발되어 이후 투옥과 방면을 반복하다가 결국 1599년 말에 화형을 당하는 비운을 겪게 된다.

교회는 왜 그를 화형에 처할 정도의 이단이라 판단했을까. 그가 평소에 마을 사람들에게 되풀이해서 이야기해왔고, 종교 재판관들에게까지도 서슴지 않고 고백했던 주장은 대략 두 가지이다. 그는 우선 태초에는 흙, 물, 불, 공기가 한데 뒤엉키고 섞여 거대한 덩어리를 이루고 있었는데, 모든 생명체들은 바로 이러한 혼돈 상태에서 비롯되었다고 말한다. 마치 우유로 치즈를 만들 때 구더기가 생겨나는 것과 같다는 것이다. 그는 심지어 신과 천사들조차 이렇게 창조되었다고 주장한다.

메노키오는 아마 우유가 발효하여 치즈가 될 때 구더기가 나오는 것을 본 소박한 농민의 경험에 비추어 기독교 성서의 천지창조 장면을 자기 식대로 읽은 것 같다. 글을 안다고 하지만 결코 지식인은 아니었던 그에게 기적으로 가득한 창세기의 기사는 아무래도 쉽게 납득이 되지 않았을 것이다. 현대적으로 표현하자면 자연 발생적 우주 생성론쯤이 될 이런 주장에 대해 교리를 곧 진리로 신봉하던 당시의 종교 재판관들이 얼마나 당혹해했을지 짐작이 간다.

메노키오가 한 또 다른 주장은 더 과격했다. 그는 예수의 신성과 부활을 부정하면서, 그가 요셉과 마리아에게서 난 위대한 예언자일 뿐이라고 말한 것이다. 또한 그는 자신이 기독교인이고 무슬림이 아닌 이유는 원래 그렇게 태어났기 때문이지 다른 종교라고 모두 잘못된 것은 아니라고도 주장한다. 게다가 교회가 사람들에게 의무로 부과하는 성사라는 것도 사실은 사제들의 사사로운 이익을 위해 만들어진 것일 뿐이라고까지 단언한다.

메노키오의 주장만 놓고 보면 그는 강렬한 사회 개혁의 열망을 가진 인물이다. 그가 피력하는 개혁의 심도가 너무 깊어서 가히 유토피아적으로 보일 정도이다. 그는 평소에 교회와 사제들이 성서와 교리를 앞세워 그들의 권력을 키우고 그것들을 방패 삼아 스스로의 영욕을 채우는 모습을 수없이 보았을 것이다. 중세와 르네상스 시기의 교회와 사제의 부패와 위선은 이미 역사적으로 잘 알려진 사실이다. 우리는 메노키오라는, 너무 평범하다는 이유로 지금까지 역사의 무대에서 잊혀 왔던 한 인물의 비극적 사건을 통해 마치 줌인으로 사물을 당겨보듯이 생생하게 그 현장의 목소리를 들을 수 있게 된 것이다.

1517년 루터가 종교개혁의 첫 발동을 건 것도 바로 이러한 오랜 적폐를 일소하여 새로운 신앙으로 거듭나게 해야 한다는 열망에서였을 것이다. 그는 교황을 정점으로 성사를 집전하는 교회를 통해서라야만 개인의 구원이 가능하다는 가톨릭의 교리가 '역사적 오류'라고 보고 성사가 아닌 '오직 믿음만으로(솔라 피데)' 구원에 이를 수 있다는, 당시로서는 매우 이단적인 주장을 내놓았다. 이후 피비린내 나는 오랜 종교 전쟁 끝에 전화戰禍로 지친 가톨릭과 프로테스탄트 양 진영은 마지못해 각각의 정치적 세력을 인정하는 타협에 이르게 된다.

이런 역사적 사건들이 우리에게 던져주는 '교훈'이 무엇인지 굳이 물을 필요가 있을까. 현대에 들어 종교의 자유가 헌법에 명시된 것도 사실은 서로의 신앙과 믿음을 인정하라는 말에 다름 아니다. 그렇지 않으면 또다시 참혹한 종교 전쟁의 불길에 휩싸일 것이므로. 자신의 교리를 보편적 진리로 믿는 것은 개인의 자유이지만 그것을 빌미로 남의 종교를 노골적으로 공격하고 배척하는 것은 단지 파시즘의 한 행태일 뿐이다. 스스로의 믿음을 내세우지만 뒤로는 자신들의 사사로운 이익만을 채우고 교리를 앵무새처럼 읊으며 자기 위선을 정당화하는 모습들을 드물지 않게 볼 수 있는 이때에, 먼 과거와 먼 곳에 살았던 메노키오의 소박하지만 직설적인 목소리는 우리에게 큰 울림을 주고 있다.

5

조국의 딜레마

고대 그리스에 에우아틀루스라는 부유한 청년이 살고 있었다. 그는 당시 변론술로 이름을 날리던 프로타고라스에게 고액의 수업료를 약속하고 논쟁의 기술을 배우기로 했다. 다만 돈은 수업 시작 전에 절반을 주고, 나머지는 자신이 최초의 논쟁에서 이겼을 때 완불하기로 약정하였다. 그는 짧은 시간 내에 많은 것을 배워 상당한 수준에까지 이르렀으나, 이후 시간이 흘러도 정작 자신이 말한 '최초의 논쟁'이란 것을 하려고 하지 않았다. 에우아틀루스가 돈을 주지 않기 위해 의도적으로 시간을 끌고 있다고 의심한 프로타고라스는 그를 상대로 수업료 지불을 요구하는 소송을 걸었다.

법정에 선 원고 프로타고라스는 이렇게 말했다. "판결이 어떻게 나든, 자네는 결국 나에게 돈을 모두 지불해야 할 걸세. 만약 자네가 패소하면 그건 내가 승소한 것이니까 당연히 돈을 내야지. 설사 자네가 이 소송에서 이긴다 해도 자네가 돈을 지불해야 한다는 데에는 변함이 없네. 왜냐하면 이 경우에 자네는 최초의 논쟁에서 승리한 셈이므로, 우리의 계약에 따라 돈을 지불해야 하기 때문이지."

이에 대해 에우아틀루스는 다음과 같이 반론하였다. "판결에 관계없이 무조건 이기는 쪽은 오히려 접니다. 만약 제가 이 소송에서 승리한다면 저는 돈을 지불하지 않아도 됩니다. 돈을 달라는 당신이 패소한 것이니까요. 설사 제가 여기서 진다고 해도 저는 역시 돈을 지불하지 않을 겁니다. 최초의 논쟁에서 제가 패한 셈이라 우리의 계약에 의해 돈을 줄 수 없게 되니까요."

둘의 변론을 들은 법관들은 난처한 입장이 되었다. 양자의 주장이 한편으로 명쾌한 듯하면서도 결코 해결이 불가능한 면을 동시에 갖고 있었기 때문이다. 자신들이 어떻게 판결을 내려도 그 판결 자체가 스스로를 무효로 만들어버리는 난관에 봉착한 것이다. 아무리해도 만족할 만한 판결을 내리지 못했던 그들은 재판을 무기한 연기해버렸다. 이로써 당대 최고의 소피스트이자 변론술의 대가로 유명했던 인물이 자신의 젊은 제자에게 논쟁에서 패배한 셈이 되었다. 프로타고라스와 에우아틀루스의 '딜레마'로 알려진 이 일화는 기원후 2세기경에 살았던 로마 작가 아울루스 겔리우스의 비망록인 『아티카의 밤』에 기록되어 있다.

좀 더 이해하기 어려울 수도 있지만 딜레마와 유사한 것으로 '사서司書의 역설'이라는 것이 있다. 한 사서가 어느 날 자신이 근무하는 도서관을 돌아보다가 문헌 목록함函을 열어보게 된다. 그/그녀는 시, 소설, 평론 등에 관한 다양한 목록들 중 어떤 것은 등재가 되어 있고 어떤 것은 누락되어 있다는 것을 알게 된다. 사서는 열심히 작업을 해서 두 종류의 문헌 목록을 만든다. 하나는 등재되어 있는 모든 목록을, 다른 하나는 등재되어 있지 않은 모든 목록을 담은 것이다. 그런데 일단 작업을 마치고 나자 다음과 같은 문제에 봉착하게 된다. 즉 등재되지 않은 모든 목록을 담은 목록은 등재된 목록인가? 만약 그것이 등재된 목록이라면 정의상 그것은 등재되어서는 안 된다. 하지만 그것이 등재되지 않는다면 그것은 등재되어야만 한다. 이는 후일 수학에서 '러셀의 역설'이라는 이름으로 알려지게 된다.

이러한 딜레마 혹은 역설은 우리가 통상적으로 사용하는 언어로 지극히 논리-상징적인 명제를 구성할 때 일어난다. 우리의 언어는 통상 여러 가지 함축적인 의미들을 느슨하게 담고 있는 반면에, 논리 언어는 오직 진眞과 위僞만을 가리려고 하기 때문이다. 수학자들은 이런 경우의 해결책으로 모순적으로 보이는 명제의 언어 중 어느 쪽이 더 논리적으로 상위 언어인지를 판단하는 방법을 제시한다. 앞의 일화에서 전자는 재판에서의 승패를, 후자는 계약에서 지정한 지불 방법을 주장의 근거로 삼고 있다. 어느 쪽이 더 상위 언어인가. 후자이다. 따라서 논리적으로는 프로타고라스가 패한 것이 된다.

딜레마가 논리학에서만 나타나는 것은 아니다. 우리는 현실에서도 종종 이런 해결하기 어려운 문제에 직면한다. 지금 조국 교수의 법무장관 임명 문제로 정국이 거의 난장판이다. 사법 개혁과 본인(그리고 가족)의 도덕성 중 어느 쪽이 우선인가. 공직자의 도덕성이란 것은 어느 정도까지 허용되어야 하나. 의문은 끝이 없다. 하지만 만약 현실이 선택을 요구한다면 어느 쪽이 더 '상위 언어'일까? 대답은 물론 각자의 몫이지만 다시 한 번 차분히 생각해 볼 필요가 있다.

6

수태고지의 순간

이탈리아 미술관들을 처음 둘러본 사람들은 우선 엄청난 수의 성화聖畫에 놀라게 된다. 특히 르네상스의 꽃이라 할 피렌체에서조차 이교적異教的 주제의 그림보다 성화가 훨씬 더 많이 그려졌다는 데 약간 의아할 수도 있다. 하지만 피렌체 르네상스가 선도한 그리스-로마 문화의 부흥은 성화를 위축시킨 게 아니라 그것을 새로운 방식으로 그리도록 했다는 편이 더 정확하다. 성화의 전통적인 주제들은 여전히 유지되지만, 그것을 묘사하고 강조하는 방식은 시대와 문화의 변화에 부응하여 바뀌는 것이다.

그 중에서도 '수태고지'受胎告知는 중세와 르네상스를 통틀어 아마 가장 많이 그려진 주제일 것이다. 「누가복음」 제1장에 따르면, 천사 가브리엘이 성聖 처녀 마리아에게 와서 그녀가 신의 아들을 잉태할 것이며 그의 이름은 예수(구원이라는 뜻)라는 것을 알려 주었다고 한다. 이 장면이 바로 수태고지이다. 일반적으로 가브리엘은 도상의 왼쪽에 마리아는 오른쪽에 배치되는데, 이 놀라운 소식을 접한 마리아가 어떤 표정과 자세를 취하느냐가 그림의 초점이 된다. 작은 화면에 이처럼 단순한 주제가 수없이 반복해 그려지다 보니, 화가들은 뒤편의 배경과 고지告知의 위치와 인물의 옷차림에 이르기까지 온갖 디테일에도 어떤 차별성을 줄 것인지 고민하지 않을 수 없었을 것이다.

수많은 '수태고지' 중에서도 특히 흥미로운 일화를 갖고 있는 경우가 있는데, 산드로 보티첼리의 그림이 그 하나이다. 현재 피렌체의 우피치 미술관에 있는 그의 「수태고지」(1481)는 무엇보다 고지를 받는 마리아의 몸짓과 자세가 매우 특이하다. 거의 눈을 감은 그녀는 두 손바닥을 세우고 몸도 반대쪽으로 한껏 기울여 마치 가브리엘을 거부하는 듯한 몸짓을 하고 있다. 이 그림을 본 레오나르도 다 빈치의 유명한 독설이 전해온다. 천사는 마리아를 방에서 쫓아내고 싶어 하는 듯하고, 그녀는 그녀대로 당장 창밖으로 뛰어내리기라도 할 듯이 절망적으로 보인다는 것이다. 제자인 프란체스코 멜치가 레오나르도 사후에 정리한 필사본에 나오는 기록이다.

디테일이 보는 사람의 눈을 끄는 각별한 예들도 있는데, 수태受胎의 '순간'을 특별한 방식으로 묘사한 경우이다. 1427년 플랑드르 화파畵派의 거장인 로베르 캉팽이 제작한 세 폭 크기의 제단화를 자세히 보면, 오른쪽에 앉아 책을 읽고 있는 마리아의 배를 향해 곧장 비쳐 들고 있는 빛살 속에 아주 작은 크기의 인간이 십자가를 들고 내려오는 모습이 그려져 있다. 이는 뒤에 '호문쿨루스'라는 이름으로 알려지게 된다. 중세에는 아기가 수태될 때 이미 작지만 완전한 모습의 인간을 하고 있다고 믿었다. '신의 아들'이라는 예수도 인간으로 태어날 때는 예외가 아닐 것이란 일반적 믿음이 이 그림에 반영된 것으로 보인다. 16세기 중엽의 트렌토 공의회 이후에 교회는 이러한 묘사를 금지했는데, 태아가 이미 완전한 인간이라면 성모는 단지 자궁만 빌려준 수동적인 존재로 전락할 것을 우려했기 때문이다.

또 하나 주목할 만한 디테일은 15세기 베네치아 출신의 카를로 크리벨리가 그린 이른바 '아스콜리의 수태고지'에서 발견된다. 그는 여전히 장식성이 강한 국제 고딕 화풍으로 그린 작품에서, 두 팔을 십자로 가슴에 포개고 집안에 다소곳이 앉아 있는 마리아의 머리를 향해 벽을 뚫고 하늘로부터 내리비치는 성령의 빛줄기를 묘사해 놓았다. 그런데 정말 특이한 것은 그 빛의 원천이 아주 고른 원반 모양의 구름 덩어리라는 것이다. 그것도 단순한 구름이 아니라 그 내부로 마치 황금 팔찌 같은 윤곽선들이 이중으로 묘사되고 있다. 보기에 따라서 그 본체는 구름으로 둘러싸인 원형 금속체로도 생각될 수 있을 정도이다.

현대 미술 비평가들은 대개 이를 금빛 광휘를 지닌 구름 덩어리로 간주하면서 금속성 윤곽(너무도 분명한)에 대해서는 애써 무시한다. 크리벨리는 진정 무엇을 그린 것일까. 그것은 성서에 언급되는 구름과 빛의 모습을 한 신을 묘사한 것일까, 아니면 (입증될 수는 없지만 당시 목격되었을 수도 있는) 어떤 미확인 비행 물체를 성령의 도구로 사용한 것일까. 사실 수많은 수태고지 그림이 전해오지만 이런 식의 묘사는 그 예가 드물다. 그것이 정확히 무엇이든 간에, 우리는 아무리 초월적인 신앙의 대상이라 해도 역사 속에 발현될 때는 그 당시 사람들의 생각과 관습에 따라 표현될 수밖에 없다는 평범한 진리를 새삼 되돌아보게 된다.

7

음란한 토끼

르네상스 미술이 절정을 구가했던 1525년 초, 로마에서는 후일 '이 모디'(체위)로 알려지게 될 유명한 판화版畫 사건이 일어난다. 5년 전에 아직 젊은 나이로 세상을 떠난 라파엘로는 일찍이 판화의 유용성을 인지하고 제자인 마르칸토니오 라이몬디를 판화의 대가 알브레히트 뒤러에게 보내 그 기법을 배워오게 하였다. 판화 제작은 비교적 저렴한 가격으로 다수의 복제품을 팔 수 있기 때문에 수입이 좋은 사업이었다. 라파엘로를 위해 수많은 판각 작업을 해온 마르칸토니오는 이미 15세기 초에 판화가로서 이름을 날리고 있었다.

라파엘로가 죽은 뒤 스승의 공방을 이끌게 된 줄리오 로마노는 남녀의 교합 장면을 담은 일련의 에로틱한 그림들을 그려 마르칸토니오로 하여금 판각케 하였다. 이것이 바로 16가지 체위를 묘사했다는 '이 모디'이다. 그림은 주로 침대에서 벌어지는 남녀의 적나라한 성행위를 매우 사실적으로 묘사하는 식으로 그려지고 있다. 그림 속 남녀의 머리 모양이나 그리스 신들의 모습을 한 침대 주위의 조상彫像들이 전통적인 신화의 분위기를 풍기고는 있으나, 전체적으로는 우아하기보다는 약간 조악한 느낌을 준다. 줄리오와 마르칸토니오는 이를 소수의 애호가만이 아닌 광장의 대중에게도 팔았던 것 같다. 결국 사람들을 타락시킨다는 비난 속에서 교황 클레멘스 7세는 이를 몰수하는 동시에 판매 금지하였으며, 마르칸토니오는 감옥에 갇히게 된다.

하지만 이른바 '이 모디' 사건은 1막으로 끝나지 않았다. 2막이 시작된 것이다. 새롭게 등장한 주인공은 당대 최고의 논객 피에트로 아레티노였다. 그는 후일 친구에게 보낸 편지에서 자신이 이 사건의 2막에 주연 배우가 된 내막을 밝히고 있다. 잠시 여행을 떠났다가 로마로 돌아와 이 사건을 전해 들은 그는, 도대체 어떤 그림이기에 "그것을 만들어낸 유능한 예술가를 십자가에 못 박아야 한다고까지"했는지 궁금해졌다. 그리고 그것을 본 순간 그는 그들이 작품을 제작할 때 느꼈을 바로 그런 분위기에 휩싸여버렸다는 것이다. 그래서 그는 바로 그 흥을 살려 각 장면에다 나름의 분위기를 시어詩語로 풀어낸 소네트를 달았다. 이것이 바로 '음란한 소네트' 사건이다.

남녀의 교합은 너무나 자연스러운 것이어서 결코 음란하다고 할 수 없다는 것이 아레티노의 지론이었다. 그것은 인류 탄생의 원천일 뿐만 아니라 불사의 음료와 같다면서 미남미녀들, 위대한 예술가들, 역대 교황과 성인들, 황제와 왕들, 그리고 우리 모두가 존재하는 것도 다름 아닌 그 덕분이라는 것이다. 그런데도 사람들은 그것과 관련된 말은 쉬쉬하면서 감추고, 그것을 그림이나 말로 묘사한 예술가나 시인들을 음란하다고 핍박한다는 것이다. 그는 이러한 태도를 '어리석은 편견'이자 '위선'에 불과하다고 질타하였다. 하지만 시대를 앞서간 그의 성애관은 곧 지독한 박해에 직면하였다. 평소 그를 미워했던 교황청의 실권자 지베르티는 비밀리에 아레티노를 암살하려 하였다. 밤중에 술에 취해 말을 타고 오던 그는 자객의 칼에 맞았으나 구사일생으로 살아났고, 이를 계기로 로마를 떠나 베네치아로 가게 된다.

우리는 '이 모디' 및 '음란한 소네트' 사건을 통해 음란하다는 것에 대해 다시금 생각하게 된다. 음란함이란 과연 무엇을 말하는 것인가. 그 기준은 무엇인가. 누가 그것을 정하는가. 소수의 지배 엘리트들 사이에서 회람될 때는 그냥 '에로틱'하던 것이 대중에게 공개되면 음란할 수 있다는 점이야말로 역사가 증언하는 음란함의 유일한 기준인 것처럼 보이기도 한다. 최근 한남동의 한 최고급 아파트가 유명한 조각 작품들을 고가로 매입해 예술 공원을 조성해 놓았다고 광고하고 있다. 그런데 이 작품들 중에는 특히 토끼 조각으로 유명한 배리 플라나건의 「니진스키 헤어」가 들어 있다. 키가 멀쑥하게 큰 토끼가 한 발을 번쩍 들고 서 있는 청동 조각품인데, 자세가 이렇다 보니 크기가 작지도 않은 '그것'이 적나라하게 드러날 수밖에 없다. 아파트 측에서는 그 모습이 음란하다고 '그것'의 일부를 떼어냈다는 소문이 있다. 만일 그 작품이 개인 소장이거나 미술관에라도 가 있었다면 괜찮았을까. 아파트 안에 설치되어 있기 때문에 음란해진 걸까. 온갖 '포르노'가 범람하는 지금, 난데없는 토끼의 음란함이라니. 난해하면서도 씁쓸하다.

8

유일한 증인

1348년 5월 16일, 프로방스 지방의 작은 유대인 마을 라봄에서 주민들 모두가 죽임을 당하는 비극이 일어났다. 하지만 이는 이후 발생한 일련의 무자비한 폭력 사태의 일부에 불과했다. 한 달 전 남프랑스에서 흑사병이 퍼지기 시작했고, 곧이어 유대인들이 우물과 샘에다 독을 풀었다는 소문이 돌았다. 그들이 역병을 일으켰다는 것이다. 분노에 찬 사람들은 인근 게토(유대인 지역)를 습격했고, 남녀노소 가리지 않고 닥치는 대로 살해하였다.

라봄의 주민들 중 살아남은 사람은 오직 한 사람이었다. 그는 10일 전 아비뇽으로 간 덕분에 참사를 면한 것이다. 그는 마을의 참혹한 소식을 듣고 급히 몸을 피한 뒤, 죽기 전에 토라(모세오경을 필사한 두루마리) 여백에다 그때의 쓰라린 기억을 적어넣었다. 이 기록은 지금 빈의 오스트리아 국립 도서관에 보존되어 있다. 요제프 샤츠밀러는 다른 기록들과 대조한 끝에 이 유일한 생존자의 이름이 다야스 퀴노니라는 사실을 밝혀냈다. 그가 기록을 남기지 않았더라면 라봄의 학살은 역사에서 사라졌을지도 모른다. 그가 이 사건의 '유일한 증인'이 된 것이다. 『치즈와 구더기』로 유명한 역사가 긴즈부르그가 전하는 한 사건의 일단이다.

유일한 증언이 당시의 진실을 충분히 증거하는가. 콘스탄티누스 이래 로마 법전은 반드시 두 명의 증인이 있어야 법적으로 유효하다는 전통을 세웠다. 이른바 '테스티스 우누스, 테스티스 눌루스', 즉 한 명의 증인은 증인이 아니라는 것이다. 하지만 현대의 역사가라면 이 유일한 증언 기록을 결코 쉽게 무시할 수 없을 것이다. 통상적으로 역사가 역시 법관처럼 어떤 사실을 교차 검증하는 둘 이상의 기록을 선호한다. 그러나 관련 기록이 거의 남아 있지 않은 경우는 어떻게 할 것인가. 유일한 증거가 하나뿐이라고 무시해버릴 것인가. 그래서 역사 속에 분명히 존재했을 수도 있는 진실을 그냥 우리의 기억에서 지워버릴 것인가. 역사가에게 과연 그럴 권한이 있는가. 현대의 법관이든 역사가이든 간에, 중요한 것은 그 증인이 거짓을 지어낼 만한 유력한 동기가 있는가, 그래서 그것이 유일한 증거라는 이유만으로 배제할 수 있는가를 충분히 숙고하는 일일 터이다.

진실을 외면하거나 거부하는 일은 단지 유일한 증인의 경우에만 나타나는 것이 아니다. 나치가 수백만 명의 유대인을 가스실에서 학살한 이른바 '종국적 해결책'은 로베르 포리송을 비롯한 프랑스 우익 논객들에 의해 진실이 아니라고 주장되어왔다. 그런 일이 아예 없었다는 것이다. 그들은 나치의 공문서와 관리들의 증언을 바탕으로 아우슈비츠 생존자들의 증언과 연합국 측이 발견한 문서의 신빙성을 의심한다. 아울러 게토의 마지막 날들을 생생히 묘사한 『안네의 일기』도 다 허위라는 것이다. 특히 자신의 입장을 변호한 포리송의 저작에 평소 진보파로 알려진 노엄 촘스키가 서문을 달아 출판하면서 논쟁은 더욱 증폭되었다. 포리송에게서 노골적인 반反유대주의적 태도가 발견되지는 않기 때문에 그의 주장도 언론의 자유라는 관점에서 존중되어야 한다는 것이 촘스키의 요지였다.

다시 '유일한 증인'의 문제로 돌아가보자. 증인의 말 혹은 기록이 과연 진실을 말하고 있는지의 여부는 본질적으로 증인의 숫자에 있는 것은 아니라고 생각한다. 다수의 거짓 증인이 있을 수도 있기 때문이다. 사실 지금도 이런 의심을 살 만한 일들이 드물지 않게 일어난다. 원래 범죄 수사에서는 범인의 동기를 대단히 중요한 요소로 간주한다. 어떤 사람이 살인자라는 명백한 증거가 있는 것처럼 보일 때조차도 그가 살인을 할 적절한 동기가 설명되지 못하면 그 증거라는 것을 다시 검토해 봐야 한다는 것이다.

최근 '장자연 사건'의 '유일한 증인'인 윤지오씨가 자신이 목격한 당시의 상황들에 대해 증언한 바 있다. 그녀에 따르면, 사건 당시에도 경찰과 검찰에 모든 일을 세세히 이야기했지만 아무도 그것을 받아들이지 않았다고 술회했다. 마치 포리송이 그랬던 것처럼 장자연의 자필 기록과 윤지오의 증언들 모두가 허황된 것으로 치부된 것이다. 얼마 전에 그녀가 '유일한' 증인이 아니라는 묘한 주장을 한 모某 우익 언론사의 논조는 윤지오의 '유일한' 증언이 역설적으로 매우 신빙성이 있다는 것을 말해주는 또 하나의 증좌처럼 보인다. 마치 역사에서 잊힐 뻔한 퀴노니처럼.

9

람페두자

람페두자(시칠리아 말로는 람비루사)는 시칠리아 남쪽 펠라지에 열도의 작은 섬으로 이탈리아 최남단의 영토이다. 하지만 200여 킬로미터 떨어진 시칠리아보다는 오히려 아프리카의 튀니지나 동쪽의 몰타에 더 가깝다. 람페두자라는 이름은 고대 그리스인들이 이 섬을 바위라는 뜻의 로파두사 혹은 라파두사라고 부른 데서 연유하는데, 온통 바위투성이인 섬의 모습을 보면 이해가 간다.

아프리카와 이탈리아 사이에 놓인 지리적 위치 때문에 람페두자는 고대부터 그리스, 페니키아, 로마, 베르베르 등 인접국 사람들이 배를 타고 가다가 잠시 머무는 중간 기착지로 이용되었다. 중세 말 이후 시칠리아 왕국의 속령이 되었으나, 16세기 중엽 오스만튀르크 해적의 침입으로 1,000명 남짓이던 주민 거의 전부가 포로로 잡혀가는 바람에 몰타의 병원 기사단이 가끔 날씨 때문에 잠시 기착하는 것 외에는 사람을 볼 수 없는 곳으로 변하고 말았다. 18세기에 들어 성 요한 수도회가 극소수의 주민으로 이루어진 정착지를 세우고 동정녀 마리아 예배당을 건립하기도 했다. 현재의 주민도 약 6,000명 정도에 불과하며, 어업과 관광을 주업으로 살고 있다.

수천 년 동안 거의 방치되다시피 했던 람페두자라는 이름이 세상 사람들의 주목을 받게 된 때는 딱 두 번 있었다. 한 번은 주제페 토마지 디 람페두자의 유작遺作 소설 『가토파르도』가 1958년 출판되어 베스트셀러가 되고, 이듬해에 이탈리아 최고의 문학상인 프레미오 스트레가를 수상했을 때였다(1963년에 이 작품은 루키노 비스콘티 감독에 의해 동명同名의 영화로 제작되어 칸 영화제에서 황금종려상을 받았다). 작가 주제페는 1667년 에스파냐 왕 카를로 2세로부터 이 섬과 함께 람페두자 대공이라는 칭호를 하사받은 페르디난도 토마지 디 팔레르모의 자손이다. 즉 그의 작품 덕분에 관심의 대상이 된 람페두자라는 성姓은 페르디난도라는 조상으로부터 비롯된 것이다.

소설 『가토파르도』(흔히 표범이라 번역되지만 사실은 살쾡이에 더 가깝다)는 권력의 변방인 시칠리아의 한 전통 귀족 가문의 수장首長인 돈 파브리치오 코르베라(작가 주제페의 증조부)가 19세기 중엽 이탈리아 리소르지멘토(부흥 운동)라는 전혀 새로운 시대적 도전에 직면하면서 일어나는 일들을 마치 과거를 회상하듯이 담담하게 묘사한 수작秀作이다. 그에게 주어진 선택은 결국 다음의 마키아벨리 경구 같은 것이다. "시대의 흐름에 따르라. 그렇지 않으면 패망할 것이다." 작품의 제목 '가토파르도'는 아마 한때 시칠리아에서 번성하다가 지금은 멸종된 야생 고양이(귀족 가문)를 가리키는 절묘한 은유일 것이다.

람페두자 섬의 존재는 『가토파르도』의 성공 이후에 한동안 망각되었다가 최근 다시 사람들의 관심사로 떠올랐다. 하지만 이번에는 성공이 아니라 실패와 그로 인한 비극의 산물이라는 점에서 앞의 경우와는 달랐다. 난민 이야기이다. 대략 2000년대 초부터 리비아에서 유럽 대륙에 가장 가까운 곳에 위치한 람페두자 섬은 아프리카와 중동 지역 난민들의 중간 기착지 역할을 하기 시작했다.

2011년 튀니지와 리비아에서 일어난 민중 봉기의 결과, 난민의 수는 이탈리아 정부가 감당하기 힘들 정도로 급증했다. 2013년 7월에는 프란체스코 교황이 섬에 들러 난민들을 축복하고 유럽연합의 지원을 호소했으나, 그해 10월에 에리트레아, 소말리아 및 가나 난민 500명 이상을 태운 배가 섬 부근에서 침몰하여 300여 명이 익사하는 대참사가 일어나고 말았다. 갑판에서 난 화재가 원인이었다. 뒤이어 2015년 첫 몇 달 동안 1,600명이 이 항로에서 사고로 숨짐으로써 이제 람페두자로의 여정은 세상에서 가장 위험한 것이 되었다. 교황의 말대로 "희망의 배가 죽음의 배가 되고 있는" 것이다. 그리고 이러한 비극은 현재에도 계속되고 있다. 2016년 이탈리아의 잔프랑코 로지 감독의 다큐멘터리 「푸오코암마레」(바다 위의 화재)가 만들어져 람페두자의 참사를 생생하게 전해 주었고, 베를린 영화제는 황금곰상으로 그 메시지를 견인하였다.

람페두자라는 이름은 역사 속에서 언제나 변방이었다. 아니 사실상 거의 기억되지도 못했다. 그것은 내내 마치 멸종되어가는 '가토파르도' 같은 존재로 남아 있었다. 그리고 이제 다시 그것은 난민의 비극을 표상하는 슬픈 역사의 한 장章이 되고 있다.

10

알렉산드로스의 소환

2011년 6월 마케도니아 공화국의 수도 스코페의 중앙 광장에 22미터, 8층 높이의 한 육중한 청동상이 세워졌다. 역사상 가장 위대한 정복자로 알려진 알렉산드로스 대왕이 앞다리를 들고 일어선 애마愛馬 부케팔라스 위에서 오른손에 칼을 높이 쳐들고 진군을 명하는 듯한 모습의 황금빛 조상彫像이다. 동상 제막식을 바라보던 시민들은 알렉산드로스의 놀라운 업적을 반추하면서 자신들의 장밋빛 미래를 떠올렸을 수도 있겠지만, 정작 시 당국은 이 동상이 누구를 기념하는 것인지 공식적으로 밝히지 않았다. 인접국 그리스의 반발 때문이었다.

기원전 5세기 초, 세 차례에 걸친 페르시아 침공을 살라미스 해전에서의 극적인 승리로 마무리한 그리스의 폴리스들은 아테네를 중심으로 페르시아의 재침再侵에 대비한 델로스 동맹을 결성한다. 동맹군 지휘는 아테네가 맡고 그 비용은 각 폴리스들로부터 염출한 돈으로 충당하기로 한 것이다. 기원전 435년 맹주였던 아테네는 본부를 아테네로 옮기고 기금을 사실상 자신들의 해군력 강화 및 해상 세력권 구축에 전용하기 시작했다. 그 덕분에 아테네는 상공업이 융성하고 문화가 절정에 달하였다. 그리스의 명물 파르테논 신전도 이 기금으로 만들어진 것이며, 아이스킬로스나 소포클레스의 희곡들도 이때 나왔다.

하지만 그리스 문명의 최전성기가 아테네 제국주의의 산물이었다는 것은 역사의 아이러니이다. 페르시아의 재침에 대비하기 위해 모은 동맹국들의 돈으로 아테네가 자신들의 부를 쌓는 일이 계속되자 스파르타를 중심으로 반反아테네의 기치 아래 펠로폰네소스 동맹이 출현함으로써, 이제 그리스는 기존의 델로스 동맹 대對 새로운 펠로폰네소스 동맹 간의 충돌이라는 전대미문의 내전에 돌입하였다.

기원전 431년에서 기원전 404년까지 약 30년 동안 폴리스들은 둘로 나뉘어 처절한 싸움을 계속하였다. 전쟁으로 상공업이 쇠퇴하고 역병까지 돌아 오랫동안 아테네를 이끌던 페리클레스가 사망하고, 더욱이 멜로스 학살로 고립무원의 지경에 이른 아테네는 결국 스파르타에 패배하고 만다. 이후 약 70년간에 걸쳐 스파르타의 독재와 테베의 저항, 아테네의 재기, 페르시아와의 전투 등 다사다난한 일들이 벌어지지만, 한번 소진된 그리스의 활력은 이미 사라진 뒤였다. 그 힘의 공백을 채운 인물이 북방 그리스의 변경 왕국이었던 마케도니아의 필리포스 2세였다. 그 아들이 바로 알렉산드로스이다. 그는 기원전 336년에 암살당한 아버지의 뒤를 이어 왕위에 올랐다. 알렉산드로스 대왕이라는 이름이 역사에 모습을 드러내는 순간이었다.

알렉산드로스는 기원전 323년에 바빌론에서 죽기까지 불과 10여 년이라는 극히 짧은 시간 동안 숙적 페르시아를 멸망시키고 인도 변방까지 진출하는, 믿기 어려운 군사적 업적을 남겼다. 그러나 그의 진정한 유산은 그리스 문화의 확산과 동서 문화의 융합이었다. 그는 정복지마다 자신의 이름을 딴 도시 알렉산드리아를 세워 그 수가 20여 개를 헤아렸고, 이를 통해 편협한 폴리스 문화를 보다 더 보편적인 것으로 대체함으로써 우리가 현재 헬레니즘이라 부르는 새로운 역사 시대를 여는 데 크게 기여하였다. 그의 삶은 매우 단명했고 그가 남긴 제국 역시 곧 해체되었지만, 그의 문화적 유산은 지금까지도 여전히 살아남아 있다. 그의 진정한 업적은 군사적인 영광이 아니라 여러 세계와 문화를 혼합하여 독특한 하이브리드 문화를 만드는 데 일조했다는 점이다.

다시 스코페의 알렉산드로스 동상으로 돌아가 보자. 마케도니아 공화국은 사실 영토가 알렉산드로스의 고대 왕국과 겹쳐 있다는 것 말고는 그와는 거의 관련이 없다. 마케도니아란 국명을 쓸 수 없다고 그리스가 거세게 항의하는 것도 이 때문이다. 하지만 생각해 보자. 알렉산드로스가 남긴 진정한 유산이 무엇인지를. 현재는 결코 과거의 일직선적 발전의 소산이 아니며, 고대의 역사는 어느 한 민족이나 한 나라가 소유할 수 있는 것이 아니다. 그리스나 마케도니아나 지금 새삼스레 알렉산드로스를 소환하는 의미가 무엇인지를 다시 생각할 때이다.

11

크리스마스와 '밝음'의 신앙

12월 25일은 예수의 탄생일로 알려져 있다. 하지만 이 날 예수가 실제로 태어났다는 명확한 근거는 어디에도 없다. 기독교 성서에 마리아의 예수 잉태를 언급한 대목들이 있지만 서로 모순적이어서 그것만으로 예수가 언제 태어났는지는 알 수 없다. 예수의 탄생일이 커다란 관심사로 떠오른 때는 기독교가 다른 종교들과 경쟁하면서 스스로의 입지를 굳히려고 노력하던 3세기경이었다. 초기 교부들이 다양한 이유로 다양한 일자를 제시했지만, 크리스마스가 현재와 같이 12월 25일로 정해진 데는 당시 큰 영향력을 지니고 있었던 미트라교가 작용한 것으로 추측된다.

12월 25일은 고대 로마력으로 동지冬至였다. 동지는 알다시피 밤이 가장 긴 날이며 동시에 낮이 제일 짧은 날이기도 하다. 하지만 메소포타미아 지역의 고대인들, 특히 미트라교에서는 이 날을 그동안 짧아져 왔던 낮이 다시 길어지기 시작한다는 뜻으로 받아들였다. 아우구스티누스가 후일, "스스로는 낮추면서 우리를 치켜올리는 그 분(예수)이 낮은 가장 짧지만 바로 이때부터 빛이 늘어나기 시작하는 날을 자신의 탄생일로 택했다"라고 말한 것은 미트라교와의 관련성에서 의미심장하다. 예수의 탄생일을 특정할 수 없었던 기독교도들은 당시 중근동 지역에서 보편적으로 받아들여지던 동지를 자신들의 성스러운 날로 삼은 것이다. 그것은 다름 아닌 빛의 부활을 뜻했고, 동시에 예수(크리스트)의 죽음(마스)이 부활로 되살아난다는 의미이기도 했다.

대략 기원전 4세기경부터 독립적인 종교가 되었던 미트라교의 창시자(인간) 혹은 그들이 섬기는 신은 미트라 혹은 미트라스로 불렸다. 그는 현세에서 커다란 고통과 희생을 겪으며 살았다는 인간적인 면모를 지녔으며, 빵과 포도주를 만들고 가뭄과 홍수를 종식시키는 기적을 보였다고 전해진다. 로마 제국에서는 기원후 100년 이후 주로 하층 계급 사이에서 신봉되면서 기독교와 경쟁하다가 3세기 후반부터 급속히 그 세력이 약화되었다.

예수가 본격적으로 자신의 교리를 설파하기 전에 한동안 어디서 무엇을 했는지에 대해서는 학설이 분분한데, 예수의 설교 및 행적과 미트라교의 교리가 서로 유사한 점이 많다는 것은 눈여겨볼 만하다. 미트라교의 고위 성직자들은 '마기'(magi) — 단수형은 마구스(magus) — 라고 불렸는데, 이는 바로 우리가 현재 '동방 박사'라고 부르는 이들의 명칭이기도 하다. 이들이 새로이 탄생한 아기 예수를 참배했다는 기독교 성서 속의 이야기는, 곧 미트라교가 예수의 기독교 앞에 무릎을 꿇는다는 함의를 표현한 것으로도 보인다.

미트라교의 모태인 조로아스터교 역시 세계관 및 교리적 개념에서 유대교 및 기독교와 상당히 닮아 있다. 기원전 15세기경까지 그 기원이 소급되기도 하지만 조로아스터교의 실질적 창시자는 차라투스트라이다 (프리드리히 니체가 '차라투스트라는 이렇게 말했다'라고 갈파했던 바로 그 인물이다). 이 신앙의 중심은 최고의 유일신 아후라 마즈다(Ahura Mazda)였고, 그는 현세에서의 악을 대변하는 아리만과 투쟁한다. 하지만 결국에는 전자가 승리하고 후자는 심연으로 던져진다. 이때 사자死者들은 다시 일어나 공과功過에 따라 심판을 받고, 의인은 천국으로 악인은 지옥으로 가게 된다. 차라투스트라는 구원의 예정보다 인간의 자유 의지를 중시했으며, 따라서 각자는 자신의 행동에 대해 책임을 져야 한다는 윤리적 측면을 강조하였다. 그는 진실, 사랑, 자비, 환대를 설교했으며, "자기가 하고 싶지 않은 것은 다른 사람에게도 행하지 말라"라는 이른바 황금률을 설파하기도 했다. 그의 교리는 그들의 성서인 『아베스타』에 기록되어 있다.

조로아스터교든 유대교든 혹은 기독교든 간에, 모두 빛을 섬기는 신앙이다. 빛은 밝음, 즉 옳음을 뜻한다. 그것은 어둠(악)을 물리치는 최상의 무기이다. 원래 자연계에서 가장 강력한 경외의 대상이었던 태양이 내뿜는 빛은 인간 문명 속에서 어느덧 옳음의 표상이 된 것이다. 크리스마스를 맞이하여 우리 모두 이 '밝음'의 태초적 의미를 되새겨보아야 하지 않을까.

12

공포의 심리학

인간의 마음 가장 깊숙한 곳에 자리 잡고 있는 것은 무엇일까. 심리 해부의 대가大家 에드거 앨런 포라면 틀림없이 공포, 즉 두려움이라고 말했을 것이다. 그의 작품들이 보여주듯이, 인간이 느끼는 공포는 본질적으로 호모 사피엔스라는 존재로서의 선천적이고 보편적 감정인 것 같다. 떼어내고 싶어도 떼어낼 수 없는 이 기묘한 감정은 어디에서 온 것일까. 고대 그리스의 유물론자 에피쿠로스는 그 원천이 바로 죽음이라고 주장한 바 있다. 원시인에게는 생生과 사死라는 자연의 순환이 경이 그 자체였을 것이다. 그것은 이해할 수는 없지만 언제나 누구에게나 어김없이 닥치는, 결코 거역할 수 없는 자연의 법칙으로 보였을 것이다. 신과 종교가 나타난 것도 바로 이 죽음에 대한 두려움 때문이라고 말한 인물 역시 에피쿠로스이다. 그는 죽음과 신과 종교를 신비적 언어가 아닌 합리적 언어로 설명하려 한, 유사 이래 최초의 사상가 중 한 사람이었다.

인간의 심리 근저에 자리한 공포를 예로부터 십분 활용한 것은 다름 아닌 권력자들이었다. 사람들을 지배하는 데 그들이 지닌 두려움을 슬쩍 일깨우는 것만큼 효과적인 방법이 없기 때문이다. 니콜로 마키아벨리가 『군주론』 제7장에서 제시한, 체자레 보르자가 수하手下의 장군 레미로 데 오르코를 처단한 예는 특히 유명하다. 그는 로마냐 지방을 무력으로 장악한 뒤에 질서 유지를 위해 레미로에게 전권을 주어 통치하도록 하였다. 그는 무질서를 효과적으로 수습하여 정국의 안정을 이룩했으나, 그 과정에서 자행된 가혹한 조치들로 인해 원성의 대상이 되었다. 이제 레미로의 권력이 더 이상 필요하지 않다고 판단한 체자레는, 어느 날 아침 그를 두 토막으로 잘라 체제나 시市 광장에 갖다 놓고는, 옆에다 나무 형틀 한 무더기와 피 묻은 칼 한 자루를 놓아두었다. 그 광경의 흉포함 때문에 사람들은 만족스러워하면서도 동시에 경악하였다. 여기서 체자레는 과거의 공포심을 잠재우면서도 동시에 은근히 미래의 공포심을 자극함으로써 자신의 권력을 공고히 하려 한 것이다.

공포가 권력의 유지에 효과적이기는 하지만 그것을 남용하면 필연코 독毒이 된다. 가혹한 조치는 오직 짧고 단호하게 사용되어야 한다는 것이 마키아벨리의 견해이다. 이른바 '폭력의 경제학'이 바로 이것이다. 공포와 권력의 이러한 관계를 잘 이해하지 못하는 통치자는 반드시 패망한다. 역사 속에서 폭군으로 인구에 회자되는 인물들은 대개 이에 무감한 사람들이었다. 로마 제국의 세 번째 황제 칼리굴라가 대표적이다. 세네카는 그를 가리켜 항상 분노에 가득 차 있고 심심풀이로 사람들을 죽이며, 무용한 곳에 돈을 쓰고 섹스에 몰두하는, 오직 자신 외에는 관심이 없는 미친 황제라고 묘사하였다. 폭군은 과대망상증 환자인 경우가 대부분인데, 그가 스스로를 태양신이라 불리고 싶어 한 것도 이 때문이다. 그는 결국 폭정을 견디다 못한 측근에 의해 살해된다. 마키아벨리는 신민으로부터 사랑받는 것보다 두려움의 대상이 되는 것이 군주에게는 더 낫다고 보는데, 사랑은 신민으로부터 받는 것인 반면에 두려움은 자신이 그들에게 주는 것이기 때문이다. 권위의 심리적 원천을 스스로가 지니고 있어야 한다는 의미이다. 그리고 이때의 두려움이란 좀 더 현대적으로 새기자면 공포가 아니라 경외감 내지는 존경심 같은 것에 더 가깝다고 보아야 할 것이다.

최근 한 중소기업체 경영인이 저지른, 거의 엽기적이고 변태적으로까지 보이는 폭력 행위가 사람들을 경악케 하고 있다. 그의 경우는 이른바 통상적인 갑질과는 좀 더 유별난 데가 있는데, 누구나 보고 듣는 곳에서 극단적인 폭력을 가했다는 점, 폭력의 방식이 대단히 가학적인 성격을 띠고 있다는 점, 갖가지 종류의 희한한 폭력을 단지 재미로 행했다는 점 등을 보면, 이 사람은 전형적인 소小칼리굴라 형의 인물이라는 생각이 든다. 게다가 스스로 대통령이 될 것이라는 과대망상증은 이러한 심증을 더 굳히게 만든다. 모두가 공포의 남용이 빚어낸 결과이다.

13

팔라비치노

예수의 이혼 사건에 대해 들어본 적이 있는가? 천상의 예수 그리스도는 신에게 '그리스도의 신부'인 로마 교회와 이혼하겠다고 고지한다. 교회가 도저히 묵과할 수 없을 만큼 큰 죄를 짓고 있기 때문이라는 것이다. 신은 사정을 알아보기 위해 바울을 내려보낸다. 그리고 그의 보고에 따라 그리스도의 청을 받아들인다. 이 소식을 들은 루터, 칼뱅, 에페소스의 마가(그리스정교와 로마 가톨릭의 통합에 반대한 15세기 비잔티움 신학자)가 그의 새 신부로 자신들의 교회를 자천하는데, 그리스도는 기존의 교회 어디와도 다시는 결혼하지 않겠다고 답한다. 17세기 이탈리아의 자유사상가 페란테 팔라비치노의 풍자소설 『천상의 이혼』에 나오는 이야기이다.

로마 교회에 직격탄을 쏜 이 작품은 이탈리아에서 일대 센세이션을 일으켰고, 박해를 피하기 위해 비밀리에 간행·판매되었다. 또한 가톨릭과 프로테스탄트를 막론하고 다양한 나라에서 번역되고 종종 표절까지 될 정도로 큰 인기를 끌었다. 팔라비치노의 저술 의도는 매우 정치적인 것이었다. 그가 겨눈 과녁들 속에는 '그리스도의 수염을 깎는 이발사' 교황 우르바누스 8세(그의 출신 가문인 바르베리니가 바르바(수염)와 발음이 유사한 데 착안한 일종의 말장난), 교황의 앞잡이로 당시 교회의 교육과 지적 활동을 독점하고자 했던 예수회, 출판업자들을 박해하는 종교 재판, 그리고 당시 이탈리아 상당 부분을 사실상 지배하고 있던 오만한 에스파냐인 권력자들이 들어 있었다.

팔라비치노는 『천상의 이혼』 집필 직후인 1643년 1월에 교황청 당국에 의해 체포·투옥되었다. 그는 원래 반反교황파 국가인 베네치아의 보호 아래 비교적 안전한 상태로 지냈으나, 그를 노리던 교황청 스파이의 꾐에 넘어가 아비뇽으로 갔다가 그곳에서 결국 비운을 맞게 된 것이다. 이후 그는 재판을 받으면서 1년여를 버텼으나, 불행히도 때맞춰 『천상의 이혼』이 출간되는 바람에 1644년 3월 초 마침내 효수형梟首刑에 처해지고 말았다. 그의 극적인 죽음은 유럽 전역에 그의 명성을 드높이는 계기가 되었다. 이단 재판소의 금지와 압수에도 불구하고 그의 저작들은 다양한 언어로 유통되었다. 17세기 후반 내내 팔라비치노의 죽음은 반교황주의를 유럽에 전파하고 고무하는 데 크게 기여하였다. 이후 자유사상가들의 대화편에는 종종 페란테란 화자가 등장하곤 할 정도로, 그는 이제 그야말로 17세기 '진보'의 아이콘이 되었다.

하지만 로마 교회의 부패를 거침없이 조롱하고 공격한 그의 진보 사상에도 큰 구멍이 있었다. 젠더 문제가 그것이었다. 그는 자신의 정치적 풍자 작품들을 통해 여성 혐오의 감정을 여과 없이 표출하고 있다. 그에 따르면, 여성은 남성과 같은 점이 거의 없다. 그들은 이성이 결여된 짐승과 다름없으며, 침묵할 때조차도 거짓말을 일삼기 일쑤이다. 그들의 눈물이라는 것은 액체 상태의 순수한 기만일 뿐이라는 등, 여성에 대한 그야말로 원색적인 비난을 쏟아내었다. 또한 그는 예수회를 창녀에 빗댄 일종의 포르노그래피도 썼다. 여성 쪽도 그저 침묵하고 있지만은 않았다. 『가부장의 폭정』으로 유명한 아르칸젤라 타라보티는 팔라비치노가 "독사의 혓바닥으로" 여성을 공격하고 모욕했다면서 그의 비운에 대해 잘 죽었다는 식으로 조소하였다. 남성 자유사상가들에게는 영웅적이었던 죽음이 당대 여성을 대변하는 그녀에게는 전혀 그렇게 보이지 않았던 것이다. 이것이 바로 수세기를 이어온 이른바 '진보'와 '젠더'의 괴리 현상이다.

18세기 계몽주의의 선구자 격이었던 17세기 자유사상은 전통적인 정치와 종교에 내재된 부패와 기만을 폭로하고 좀 더 합리적이고 세속적인 원리에 입각해 제도를 혁신하려는 열망을 갖고 있었다. 하지만 그들은 여성에 대해서만은 그러한 새 원리를 적용하려 하지 않았다. 이 점에서 장-자크 루소 역시 변함없는 그들의 후예였다. 그리고 수백 년이 지난 지금에도 여전히 진보 '마초'가 득세하고 있다는 것은 심히 유감이다.

14

살바토르 문디

현존하는 그림 가운데 가장 고가高價로 거래된 것은 무엇일까? 답은 레오나르도 다 빈치가 그린 것으로 '추정'되는 「살바토르 문디」(세계의 구세주)이다. 왼손에는 우주 천체를 뜻하는 수정구水晶球를 받쳐 들고 오른손으로는 검지와 중지를 세워 축복을 내리고 있는 예수의 모습을 그리고 있는 이 작품은 2017년 11월 크리스티 경매에서 무려 4억 5천만 달러, 우리 돈으로 약 5천억 원을 상회하는 가격에 팔려 세상을 놀라게 했다. 더 놀라운 것은 수백 년 동안 개인 소장품이었던 이 그림이 1958년의 첫 경매에서 매겨진 가격이 45파운드, 우리 돈으로 20만 원 정도에 불과했다는 점이다. 대략 60년 만에 상상을 초월할 정도로 값이 뛰었다는 것인데 어떻게 이런 일이 가능했던 것일까.

그림의 가격은 무엇보다도 그것을 그린 화가가 누구냐에 따라 크게 달라진다. 문제의 「살바토르 문디」는 비교적 최근까지만 해도 레오나르도의 제자 중 하나가 그린 것으로 알려져 왔으나, 얼마 전부터 레오나르도 본인의 작품이라는 주장이 득세하면서 부르는 게 값이 될 정도로 상황이 급변하게 되었다. 이 작품이 레오나르도의 것일 수도 있다는 가능성을 처음으로 인지했던 때는 일단의 미술 비평가들이 그것을 1만 달러에 구입했던 2005년 무렵이었던 것으로 보인다. 당시 그림은 심하게 덧칠이 되어 매우 좋지 않은 상태였다. 그들은 저명한 회화 보존 전문가인 다이앤 모데스티니에게 덧칠을 걷어내고 원화原畫를 복원하는 작업을 맡겼다.

새로운 「살바도르 문디」는 마침내 2011년 11월부터 2012년 2월까지 런던 내셔널 갤러리에서 레오나르도의 진품으로 전시되었다. 이는 그림의 작가를 레오나르도 공방工房에서 레오나르도 본인으로 격상하기 위한 일종의 통과의례이기도 했다. 이후 10년도 안 되는 짧은 기간 동안 두 명의 구매자를 거쳐 최종적으로 아랍에미리트연합의 하나인 아부다비 문화관광부에 매각되었다. 이슬람 국가가 왜 하필이면 기독교의 구세주를 그린 작품을 그토록 고가에 구매했는지는 모르겠지만, 어쨌든 이 작품은 2018년 9월부터 루브르 아부다비에 전시될 예정이다(실제 그곳에 전시되었는지는 확인할 수 없으나 적어도 현재는 소장처를 알 수 없다. 사우디아라비아 실권자 모하마드 빈살만 왕세자의 수중에 있다는 소문이 있을 뿐이다).

비록 내셔널 갤러리나 크리스티 측이 다수의 저명한 레오나르도 전문가를 집결시켜 그것이 진품임을 '증명'했다고 주장하지만 미술 작품, 특히 그것이 수백 년 전에 그려진 것이라면 그 진위 여부는 쉽게 풀리지 않을 가능성이 높다. 가장 논란이 되는 점은 예수가 왼손에 들고 있는 수정구이다. 수정구를 통해 보이는 이미지는 그것이 볼록 렌즈 역할을 해서 부풀려 보이기 마련인데, 문제의 그림에서는 손바닥과 옷자락이 별다른 왜곡 없이 그대로 그려져 있다는 것이다.

2017년에 새로운 레오나르도의 전기를 출판한 월터 아이작슨은 이에 대해 광학에 대해 누구보다 더 잘 알았던 레오나르도가 일부러 그렇게 묘사한 것이라고 해석한다. 자연의 법칙까지도 넘어서는 그리스도의 권능을 표현했다는 것이다. 하지만 오랫동안 레오나르도를 연구해 온 마틴 켐프는 오히려 그림의 수정구 묘사가 광학적으로 정확하다면서 자신이 실제로 실험해 본 결과라고 장담한다. 게다가 이 수정구에는 세 개의 작은 기포와 함께 손바닥과 닿은 곳에 수많은 극소의 방울 같은 것이 묘사되어 있는데, 이런 것들이 레오나르도만의 광학적 지식을 입증한다는 것이다.

한 가지 더 특기할 점은 그림에서 오른손 부분은 아주 선명하게 보이는 반면에, 예수의 얼굴은 흐릿하게 그려져 있다는 것이다. 이는 이른바 연초점軟焦點 또는 소프트 포커스라 불리는 기법인데, 17세기 초 네덜란드 화가인 요하네스 페르메이르가 카메라 옵스큐라라는 현대 카메라의 원형 같은 장치를 통해 상용했던 방법이다. 하지만 1500년경에 제작되었다는 이 작품에서 그것이 어떻게 가능했던 것인지도 의문이다. 미술작품은 그것이 대가의 것일수록, 그리고 미스터리가 가미될수록 더 유명해진다. 당연히 값도 더 올라간다. 예술과 자본의 씁쓸한 함수 관계이다.

15

혼합 정체

고대 그리스인들이 남긴 독창적인 정치 이론 중 하나는 통치자의 숫자에 따라 정치 체제의 형태를 구분한 것이다. 이는 플라톤의 『국가』에서 시작하여 아리스토텔레스의 『정치학』에서 이론화된다. 이에 따르면 모든 정체政體는 왕정(1인), 귀족정(소수), 인민정(다수)으로 나누어지는데, 문제는 시간이 지나면 모두가 예외 없이 부패한다는 것이다. 정체政體의 부패를 막고 안정을 유지하는 비책은 없을까? 상이한 통치의 원리들을 섞어놓은 혼합 정체가 바로 그 답이었다.

폴리비오스는 로마 공화정이야말로 혼합 정체 이론이 정치 현실에 구현된 최초의 예라고 보았다. 즉 로마의 행정 수반인 콘술은 왕정을, 소수의 유력 가문들로 구성된 원로원은 귀족정(과두정)을, 다수의 선출된 평민들로 이루어진 민회는 인민정(민주정)을 각각 대표한다는 것이다. 이제 혼합 정체는 전통적인 통치자인 왕과 함께 실제적인 사회 집단을 대변하는 귀족과 평민이라는 세 요소의 혼합으로 정식화되었다.

이러한 정치 이상理想은 정치적 불안이 만연했던 르네상스 시기의 이탈리아에서 다시 되살아났다. 당시의 지식인들은 베네치아 공화국을 고대 로마 방식의 혼합 정체의 실례라고 믿었다. 마키아벨리는 '신화'라고까지 불렸던 베네치아의 정치적 안정에 깊은 관심을 보였고(비록 그 안정이 바로 나태와 부패를 유발할 수 있다는 우려를 갖고는 있었지만), 가스파로 콘타리니는 『베네치아의 관리들과 공화국』이라는 저서를 통해 이 나라가 어떻게 통치되고 있는지를 상세히 밝혔다.

혼합 정체라는 고대적 이상이 근대 세계에 접목되는 길목에 있었던 것이 바로 17, 18세기 잉글랜드였다. 이 시기 영국인들은 퓨리턴 혁명과 명예혁명이라는 격변적 사건들을 경험하였다. 이 과정에서 어떤 통치 형태가 시민 사회의 자유를 보장하고 정체의 안정을 유지할 수 있도록 하는지에 대한 치열한 논쟁이 일어났다. 특히 급진 휘그당으로 알려진 지식인들은 인민의 덕이 부패하는 것과 행정권이 입법권을 침해하는 것을 시민의 자유를 빼앗는 두 종류의 중대한 위협이라고 간주하였다. 이들의 주장은 아이러니하게도 영국의 압제에 대항하여 독립 전쟁을 치른 미국의 연방 헌법에 반영되었다. 그들은 당시 영국을 따라(그리하여 고대 로마를 따라) 대통령, 상원, 하원으로 권력을 분산하여 이른바 '견제와 균형'이라는 정치 원리를 구현하고자 하였다. 연방 헌법 제1조가 입법부는 상원과 하원으로 구성된다고 규정하고 있는 것도 바로 이 때문이다.

고전 고대에서 비롯되어 르네상스 시기의 이탈리아를 거쳐 18세기 잉글랜드와 아메리카로 이어진 혼합 정체 이론을 약간의 (하지만 중대한) 수정을 가하여 완전히 현대적으로 바꾼 인물은 몽테스키외였다. 그는 주저인 『법의 정신』에서 시민의 자유를 확보하려면 행정권과 입법권, 사법권이 서로 독립하여 상호 견제해야 한다고 주장하였다. 여기서 새로운 것은 사법권의 등장이다. 그는 귀족 및 평민 권력 간의 균형을 강조해 온 고대적 혼합 정체 이론과는 달리, 각 권력의 기능에 초점을 맞춤으로써 사법권을 행정권과 입법권에 대등한 하나의 권력으로 격상시켰다. 문제는 대통령과 의회 의원들은 모두 선출직인 반면에 법관은 그렇지 않다는 점이다. 즉 사법권은 그것의 기반이 되는 사회적 요소가 결여된 권력인 것이다. 전자의 부패는 선거라는 치유책이 있겠지만, 후자가 부패하면 어떻게 할 것인가.

우리는 최근 양승태 휘하의 대법원이 그들만의 기득권을 유지할 목적으로, 대통령과 국회에 전방위적 로비를 하고 그 일환으로 법관의 판결을 흥정의 대상으로까지 삼는 놀라운 일들이 벌어진 것을 알고 있다. 심지어 그들에 반대하는 사람들을 불법 사찰했다는 혐의도 드러나고 있다. 그럼에도 대법원은 사법부 독립 운운하면서 이에 대한 전면적 조사를 거부하고 있다. 답은 명료하다. 범죄에 대한 처벌에는 물론 지위 고하가 없지만, 특히 선거를 통해 걸러낼 방법이 없는 사법부의 부패는 법에 따라 더욱 엄정히 처리해야 한다.

16

마키아벨리언 모멘트

1506년 9월, 교황 율리우스 2세는 오르비에토를 거쳐 페루자로 진군한다. 그것은 교회령 국가의 복원을 통해 그동안 실추되었던 교황의 권위를 되찾겠다는 계획의 일환이었다. 같은 달 13일에 교황은 페루자에 무혈 입성한다. 피렌체의 사절로 교황의 진영을 따라다니던 마키아벨리는 교황이 사실상 페루자의 참주 잠파올로 발리오니에게 인질로 잡힌 것이 아니냐고 의심한다. 발리오니는 앞서 오르비에토에 와서 교황에게 무릎을 꿇고 충성을 약속한 바 있으나, 평소 사악함과 배신으로 악명 높은 그의 성향으로 볼 때 이는 단지 가장假裝일 뿐이라는 것이 마키아벨리의 생각이었다. 하지만 그의 예상은 보기 좋게 빗나간다. 교황은 아무런 저항 없이 페루자를 손에 넣었던 것이다. 교황을 인질로 삼아 물의를 일으킬 만한 충분한 힘과 평소의 악행을 감안할 때 이는 매우 놀라운 일이었다.

이 사건은 마키아벨리로 하여금 인간사를 관장하는 비르투(덕) 대對 포르투나(운)의 관계에 대해 새롭게 인식토록 한 계기가 되었다. 그에게 비르투란 인간이 지닌 힘과 능력을 뜻하며, 포르투나란 인간 행위를 둘러싼 우연적 조건들을 가리킨다. 교황은 군세軍勢도 갖추지 못했고 상황의 경중도 제대로 판단하지 못한 상태에서 천하의 악당을 한순간에 제압한 셈이었다. 정치에 대해 항상 냉정히 따져보는 마키아벨리에게 그것은 마치 불합리성이 합리성을 이긴 것처럼 보였다. 그는 숙고 끝에 후일 『군주론』에서 정식화되는 유명한 결론을 도출해 낸다. 자연은 모든 사람에게 서로 다른 성격을 부여하는 반면에 시간과 상황은 끊임없이 바뀌기 때문에, 자신의 성격이 바람의 방향에 부합되면 성공하고 그렇지 못하면 실패한다는 것이다. 동일한 목표를 지닌 두 사람이 서로 다른 방식을 썼는데도 성공할 수 있는 것도 바로 이 때문이다. 포르투나의 도움 없이 비르투만으로는 결코 성공할 수 없다는 것이다.

율리우스 2세는 교황이 되기 전이나 되고나서나 원모遠謀로 가득 차 있었던 인물이라는 것이 당시의 세평世評이었다. '쇠사슬을 찬 성 베드로'의 추기경 줄리아노 델라 로베레는 수많은 정적들을 이겨내고 교황이 되었다. 정적 중에는 바로 전임 교황이던 알렉산데르 6세의 사생아로, 한때 교회령 국가의 통일이라는 원대한 야망을 지녔던 풍운아 체자레 보르자도 들어 있었다. 추기경 줄리아노는 체자레에게 로마냐 지방을 통째로 주겠다는, 누구도 믿지 못할 약속으로 그의 반대를 철회하도록 만들 만큼 대단히 노회한 인물이었다. 그는 '파파 테리빌레', 즉 공포의 교황이라 불릴 정도로 불같은 성정의 카리스마적 면모를 지니고 있었다. 마키아벨리는 바로 이러한 저돌적인 성격이 때를 맞추어 발리오니의 사악함을 누른 것이야말로 페루자 무혈 입성의 주된 이유라고 보았다. 결국 성격과 상황 판단이 맞아떨어지는 타이밍이야말로 성공의 요체라는 것이다.

겉보기에 역사가 반복되는 것처럼 보일 수도 있으나, 무대의 주인공과 그들이 직면하는 상황 간의 조합은 결코 동일한 법이 없다. 지금 도널드 트럼프와 김정은이 주인공으로 등장하는 놀라운 한 편의 정치 드라마가 벌어지고 있다. 트럼프는 엄청난 재력가에다 미국 대통령이라는 막강한 권력까지 갖추고 있지만, 그의 성격은 알려진 대로 과시적이고 즉흥적이며 저돌적이다. 이런 인물은 스스로를 황제쯤으로 생각하기 때문에 매사에 거침이 없다. 그래서 때로 예상 밖의 성공을 거두기도 하겠지만, 예기치 못한 일에 부딪치면 의외로 좌절할 가능성도 높다. 김정은은 그동안 생각했던 것보다 훨씬 더 계산적인 인물로 보인다. 그 역시 자칭 황제겠지만 결코 트럼프 형形은 아니다. 게다가 그는 3대에 걸쳐 이어져 내려오는 줄다리기와 치킨 게임의 전략에 통달해 있다. 작금의 시간과 상황에 더 부합되는 성격을 가진 것은 어느 쪽일까. 문재인 대통령은 어떻게 해야 까다롭기 그지없는 이 둘의 손을 맞잡게 할 수 있을 것인가. 과연 마키아벨리언 모멘트가 어떻게 작용할 것인지 지켜볼 시점이다.

17

칼리굴라-트럼프

칼리굴라는 네로와 더불어 로마 역사상 희대의 폭군으로 알려진 인물이다. 그의 어머니는 로마 제국을 창시한 아우구스투스의 손녀 아그리피나였고, 아버지는 제2대 황제 티베리우스의 조카이자 명망 높은 장군이었던 게르마니쿠스였다. 그의 이름은 원래 가이우스이지만, 아버지가 게르마니아에서 전쟁을 치를 당시 군인들은 그를 칼리굴라('작은 군화'라는 뜻)라는 애칭으로 부르곤 했다. 유년 시절을 부모와 함께 전장에서 보냈던 그는, 7세 때 아버지가 안티오크에서 죽자 가족과 함께 로마로 돌아온다. 티베리우스는 이후 아그리피나와 심한 갈등을 겪지만, 자신의 직계가 절멸되자 어쩔 수 없이 가문의 유일한 혈손인 칼리굴라를 황제로 지명하게 된다.

칼리굴라는 37년에서 41년까지 겨우 4년간 통치했을 뿐이지만, 갖가지 기행奇行으로 잔혹하고 가학적이며 극단적인 과시욕에다 변덕스러운 성적 도착자라는 수치스러운 오명을 후세에 남겼다. 한마디로 미치광이 폭군이라는 것이다. 그는 종종 다른 사람들의 아내와 강제로 동침한 뒤 그것을 자랑스레 떠벌렸으며, 단지 재미 삼아 사람들을 죽이곤 했다고까지 전해온다. 또한 그는 로마 인근 네미 호수에 거의 그 호수 크기 만한 극히 호화로운 배 두 척을 만들게 했는데, 이는 단지 사치스러운 만찬 모임을 통해 스스로의 권력과 재력이 어느 정도인가를 귀족과 부호들에게 보여주기 위한 것이었다.

칼리굴라의 자기 과시는 여기에서 그치지 않았다. 그는 한 걸음 더 나아가 스스로를 살아 있는 신으로 선포하였다. 그는 로마는 물론 밀레토스나 예루살렘 등 다른 속주 곳곳에 자신을 신으로 섬기는 사원을 짓도록 하였다. 또한 그는 아폴로나 헤라클레스 같은 그리스-로마 신들의 모습으로 공개 석상에 나오기도 했으며, 공식 문서에 스스로를 유피테르라고 서명하기까지 했다. 심지어 그는 신전들에 안치된 신상神像의 머리를 자르고 그것을 자신의 것으로 바꾸라고까지 명하였다. 그가 스스로 '네오스 헬리오스'(새로운 태양)로 불리기를 원했다는 전언으로 미루어볼 때, 자신을 이집트의 태양신 '라' 혹은 '아몬'과 동일시한 것으로 보인다. 그가 수도를 이집트의 알렉산드리아로 옮기겠다는 기상천외의 선포를 했던 것도 자신이 곧 파라오라는 자기도취적 심리에 의한 것일 수 있다. 하지만 끝없는 기행과 변덕에 질린 원로원과 근위대가 그를 암살함으로써 짧았지만 극단적이었던 그의 치세도 막을 내리고 말았다.

칼리굴라가 로마에 남긴 가장 나쁜 유산은 황제가 자신의 권력을 어느 정도로 휘두를 수 있는지를 가감 없이 보여 주었다는 것이다. 제정 초기만 하더라도 비록 정체政體는 원수정으로 바뀌었지만, 권력의 남용을 경계하는 공화정 시대의 정치 전통과 윤리가 여전히 지속되고 있었다. 하지만 칼리굴라는 1인의 제왕적 권력이 거의 무한대일 수 있다는 것을 입증하는 지극히 나쁜 선례를 남겼다. 곧이어 네로라는 폭군이 등장한 것도 결코 우연이 아니다. 윤리란 한번 무너지고 타락하면 되돌리기가 힘들기 때문이다. 칼리굴라는 로마 공화정이 이제 완전히 종말을 고했음을 알리는 조종弔鐘을 울린 인물이었다.

칼리굴라를 보면 함께 떠오르는 인물이 트럼프이다. 둘은 무엇보다 쇼맨십의 귀재라는 점에서 아주 닮았다. 트럼프는 실제로 무려 10여 년간 인기 리얼리티 쇼였던 「어프렌티스」(견습생)의 프로듀서이자 호스트였다. 그의 변덕스럽고 매우 자의적인 행동도 큰 문젯거리이다. 그는 이제 겨우 1년여가 지난 짧은 대통령 재임 기간 동안 다수의 고위직을 자신과 맞지 않다는 이유만으로 손쉽게 갈아치웠을 뿐만 아니라 국익이란 이름 아래 국가의 주요 정책 기조마저도 별다른 논의 없이 바꾸어 놓았다. 이런 측면에서 지금의 미국은 칼리굴라 시대와 유사하다. 예나 지금이나 자기도취적이고 자의적이며 변덕스러운 리더는 바로 그 때문에 예측 불가능하다는 점에서 트럼프는 칼리굴라만큼이나 위험하다. 그의 성격이 남북 협상에 큰 변수가 되지 않기를 바랄 뿐이다.

18

에밀과 소피

"만물이 창조자의 손을 떠날 때는 모든 것이 좋지만, 인간의 손에 들어가면 그 모든 것이 타락한다." 루소의 교육론 『에밀』의 유명한 첫 구절은 이렇게 시작한다. 모든 사회악은 인간이 만들어낸 것이라는 그의 반反문명론은 흔히 "자연으로 돌아가라"라는 대중적 구호로 요약된다. 하지만 그의 정치 철학이 겨냥하고 있는 것은 결코 자연에 은둔하는 인간이 아니라 덜 타락한 시민의 양성이라는 점은 상대적으로 잘 알려져 있지 않다. 루소는 인간이 본래 지니고 있던 '자연' 혹은 선한 본성을 박탈당하기 때문에 타락한다고 보았다. 그래서 그의 주인공 에밀은 자연 속에서 스스로의 본능과 잠재력을 발견하도록 교육받게 된다.

에밀은 당시의 모든 아이들과 다르게 양육되었다. 그는 유모가 아닌 어머니의 젖을 먹었고 발을 자유롭게 놀리도록 기저귀도 차지 않았다.

소년이 된 그는 타락한 도시가 아닌 전원의 자연 속에서 마음껏 뛰놀았다. 또한 그는 부모의 애정을 담뿍 받았지만 결코 간섭도 꾸중도 듣지 않았고, 어려움을 스스로 이겨나가도록 길러졌다. 책도 읽지 않았다. 궁금한 것은 그의 끊임없는 질문을 참을성 있게 들어주는 가정교사와의 대화로 해결되었다. 아이가 영혼이나 구원 같은 난해한 관념을 이해할 수는 없기 때문에 종교는 강요되어서는 안 되며, 그가 성인이 된 뒤 스스로 깨닫고 가부可否를 선택할 수 있어야 했다. 하지만 이 혁명적인 교육론이 던져주는 반전의 묘미를 느끼려면 마지막 제5권까지 읽어야 한다.

20세가 된 에밀은, 성서의 「창세기」에서와 같이, 남자는 혼자 있는 것이 좋지 않으므로 아내를 구하려 한다. 그는 인생의 진정한 동반자를 찾기 위해 시골 구석구석을 뒤지다가 드디어 16세의 한 평범한 소녀 소피를 발견한다. 그녀는 '다행히' 그리 똑똑하지는 않았지만, 그에게 항상 다정했을 뿐만 아니라 부지런했고 몸가짐까지 조신했다. 게다가 춤과 노래로 그에게 즐거움을 주었고 요리도 잘했다. 에밀은 이런 소피를 즉시 사랑하게 되었지만, 그녀를 완벽한 아내로 만들기 위해서는 추가적인 교육이 필요했다.

루소가 소피에게 부과한 교육은 에밀과는 정반대였다. 그녀는 에밀의 인형이 되어야 하기 때문에 자연 속에서 자유롭게 양육되기보다는 어릴 적부터 집안에서 인형을 갖고 놀아야 했다. 또한 스스로 발견하기보다는 살림살이에 필요한 자질구레한 일들을 배워야 했다. 책읽기도 권장되지 않았다. 소피에게 요구되는 가장 중요한 덕목은 무엇보다 남편의 권위에 무조건 복종하는 것이었다. 여자는 어릴 적부터 통제되는 습관을 통해 온순해진다는 것이 에밀의 창조자가 지닌 신념이었다.

루소는 『에밀』의 후속편인 『에밀과 소피』에서 이렇듯 철저한 교육에도 불구하고 소피가 어떻게 에밀을 배신하는지에 대해 이야기한다. 그녀는 남편의 모든 믿음을 저버리고 불륜을 저지른다. 이제 이전의 그녀와 지금의 그녀 사이에는 도저히 메울 수 없는 간극이 생겼다. 왜냐하면 그녀가 범한 죄악은 에밀에게는 도저히 참을 수 없는, 그 어떤 범죄보다 더한 것이기 때문이다. 여자와 남자는 똑같은 방식으로 만들어졌지만 여자의 능력은 남자보다 떨어진다고 본 루소에게 이는 어쩌면 필연적인 귀결일 수 있다.

가부장적 인간 사회가 형성된 이후 아직까지 완전히 넘어서지 못한 가치의 장벽이 있다면 그것은 다름 아닌 성性 평등일 것이다. 현대의 헌법이 인권을 천명하고 있지만, 현실에서는 인간의 천부적 권리를 온전히 누리지 못하게 만드는 수많은 제약들이 여전히 존재한다. 지금 그야말로 들불처럼 번지고 있는 '미투 운동'은 결코 반인간적이고 비정상적인 '괴물'에 의해 저질러진 일탈이 아니다. 소피를 만들어낸 에밀처럼 그것은 여성을 남성의 열등한 소유물쯤으로 치부하는 가부장제의 위계와 권력이 생산해 낸 보편적 구조의 특수한 사건들일 뿐이다. 우리는 문제의 근원을 직시해야 한다. 그리고 그것을 바꾸어야 한다. 이제는 그것이 진보의 최전선이다.

19

덕과 매너

인간 사회에 질서를 부여하는 방식에는 몇 가지가 있다. 그 중 가장 중요하다고 간주되어 온 것이 법인데, 그리스 이후 서양 세계가 줄곧 추구해 온 것이 바로 법치이다. 법치란 모든 사람이 법 앞에 평등하다는 관념에 기초한다. 인간의 자유라는 것도 일단 법 앞의 평등이 전제되지 않으면 아예 존립 자체가 불가능하다. 하지만 역사는 이러한 관념을 확고한 현실로 만드는 것이 얼마나 어려운가를 잘 보여 주고 있다. 존 로크나 몽테스키외 같은 사상가들은 신분과 관습의 뿌리 깊은 영향력에 대항하여 법치와 그것에 기초한 인간의 권리를 주장해 왔다. 어떤 의미에서 서양의 정치사상사는 법치 및 그것과 관련된 관념들의 발전 과정을 다룬 것이라고도 볼 수 있다.

그러나 사회 질서가 법만으로 확립되기는 쉽지 않다. 인간 사회는 기계론적인 법 적용만으로 포용할 수 없는 어떤 이상과 규범 같은 것을 요구한다. 고대 그리스와 로마에서는 이를 각각 '아레테'(arete)와 '비르투스'(virtus)라고 불렀다. 아레테는 원래 무언가를 잘할 수 있는 능력을 뜻하는 말이었으나 소크라테스 이후로 윤리적 함의를 지니게 되었다. 비르투스는 원래 남자다움을 뜻하는 말이었으나 로마 공화정 시대에 아레테를 비르투스로 번역하면서 국가에 대한 공헌을 강조하는 정치 윤리적 의미를 갖게 되었다. 이는 후일 르네상스 시기에 들어 마키아벨리의 비르투 관념 속에서 되살아난다. "나는 내 영혼보다 조국을 더 사랑한다"라는 그의 유명한 언명도 바로 이러한 정치 관념의 연장선상에 있다.

비르투스-비르투는 동아시아 사상에서의 덕德과 매우 유사하다. 덕 역시 초기의 아레테나 비르투스처럼 원래는 만물을 생육하고 충만케 하는 자연력이란 함의를 지니고 있었다. 이러한 자연 철학적 관념은 곧 덕이 만물화육萬物化育의 창조적인 힘이라는 노장老莊 사상으로 이어진다. 이것이 윤리적 의미를 띠게 되는 것은 유가儒家에 이르러서였다. 마치 아레테가 소크라테스 이후 윤리화된 것처럼 덕도 공자孔子에 의해 윤리화된 것이다. 하지만 공자는 이에 머물지 않고 그것으로 법을 대체하고자 했다. 예禮가 바로 그것이다. 공자는 예치禮治를 통해 일종의 이상 사회를 이루려고 한 것이다.

공자만큼 '급진적'이지는 않았지만 서양 세계의 오랜 법 중심의 패러다임이 큰 변화를 겪게 된 때가 18세기이다. 당시는 중세 말과 르네상스 시기를 거치면서 종래의 귀족들에 대항하여 서서히 힘을 키워 온 도시민(부르주아)들이 확고한 신흥 엘리트 계급으로 부상한 시기였다. 상업과 기예의 발전을 통해 경제력을 장악한 시민 계급은 이제 귀족들과는 구별되는 자신들만의 덕과 예, 그들의 언어로 표현하자면 '버추'와 '매너'를 필요로 하게 되었다. 이는 단순한 하위 관념이 아니라 법을 보완하면서 동시에 질서에 필수 불가결한 중심 개념이었다. 우리가 '시민 사회'라고 말할 때, 시민의 원어인 '치빌'(civil)이란 말은 단지 시민 계급 그 자체만이 아니라 '치빌타'(civiltà), 즉 문명 혹은 세련된 문화라는 르네상스적 함의를 간직하고 있다. 요컨대 덕과 매너는 법치와 함께 근대 시민 사회가 갖추어야 할 필수 조건이 된 셈이다.

현재 한국 사회는 정치적으로 보면 촛불혁명을 통해 평화적 정권 교체를 이룰 정도로 성숙한 면모를 보여 주었으나, 과연 그에 적절한 덕과 매너를 가지고 있느냐는 물음에는 여전히 회의적이다. 학력과 부의 정도가 지성과 아무런 관련도 없는 것처럼 보이는 사회, 정적을 공격하는 것이라면 허위적 사실의 유포도 전혀 개의치 않는 사회, 위증죄가 거의 사문화된 사회, 뇌물과 횡령죄를 범해 놓고도 정치적 보복이라는 목소리만 높이는 사회, 순화되지 않은 막말과 욕설에 가까운 인신공격이 난무하는 사회. 바로 이러한 것들이 넓은 의미에서 마키아벨리가 갈파한 부패이며, 그가 덕 대對 부패의 구도에서 정치를 바라본 것도 이 때문이다. 지금 우리에게 진정으로 필요한 것은 법치를 넘어선 시민적 덕과 매너의 구현이다.

20

마키아벨리의 '진실'

"진짜 진실은 미확인으로 남을 것이고, 우리가 생각하는 것과는 또 다를 수 있다." 이탈리아인과 그들의 문화적 특징에 대한 존 후퍼의 책 속에 나오는 한 구절이다. 원래 이 말을 한 사람은 2007년 11월 초 이탈리아 페루자에서 일어난 한 살인 사건의 2심 담당 판사였다. 미국인 유학생 어맨다 녹스는 그녀의 남자 친구와 함께 자신의 영국인 룸메이트 메레디스 커처를 살해한 혐의로 경찰에 체포되었다. 이들은 석연치 않은 상황 속에서 유죄 선고를 받았으나, 1심 판결 후 많은 의문이 제기되자 2심에서는 무죄가 선고되었다. 하지만 이는 대법원에서 파기 환송되었고 그들은 다시 유죄 판결을 받았다. 그러나 2015년 대법원 최종심에서 결국 무죄로 확정되었다.

이 희한한 재판 사건은 연루된 인물들의 다양한 국적 때문만이 아니라 이탈리아 사법 당국의, 외국인들은 도저히 이해하기 어려운 행태 때문에 큰 논란의 대상이 되었다. 변호인들은 각 재판마다 앞서 했던 말들을 되풀이했고 판사도 그것을 제지하지 않았는데, 그 이유는 변호사들도 각자의 '베리타'(진실)를 갖고 있기 때문에 그것을 공개적으로 표명할 권리가 있다는 것이었다. 2심 판사는 무죄를 선고하면서 그것을 "재판 과정에서 형성된 진실이 낳은 결과"라는 묘한 말을 남겼는데, 이는 누구에게나 명명백백한 진실이라는 것은 찾을 수 없으며 오직 다수의 목소리로 이루어진 진실들만 존재할 뿐이라고 믿는 이탈리아인들의 전통적인 관점을 대변한다.

각자의 목소리가 곧 하나의 진실일 수 있다는, 보기에 따라서는 카오스적이기도 하고 포스트모던적이기까지도 한 이러한 생각에 대한 반향을 예기치 않게 마키아벨리에게서 발견하게 되는 것은 놀라운 일이다. 그는 『군주론』 제15장의 유명한 언명에서, 많은 사람들이 비현실적인 가상의 국가들에 대해 상상만 해왔다면서 자신은 그보다는 '진실한 것'에 대해 말하겠다고 천명한다. 즉 어떻게 사는가와 어떻게 살아야 하는가는 서로 다른 것이므로, 군주가 권력을 유지하려면 선하지 않은 것도 필요에 따라서는 사용할 수 있어야 한다는 것이 그의 진실의 요점인데, 그는 이를 '베리타 에페투알레', 즉 실제적 혹은 실효적 진실이라 부르고 있다. 그는 여기서 이탈리아 역사와 문화 속에서 오랫동안 고착되어 온 '진실들'에 대한 전통을 거부하고 그것을 '지금 여기서' 실제로 사용 가능한 진실로 대체하고 있는 것이다.

특히 흥미로운 점은, 마키아벨리가 흔히 사람들이 말하는 '진실들'에 대해 오직 하나만 존재할 수밖에 없는 '진정한' 진실이 아니라 무언가 실제적 효용성이 있는 진실을 주장하고 있다는 것이다. 그는 이를 군주의 경우에 적용하여 후하고 자비롭고 성실하다고 하는 성품을 인색하고 잔혹하고 교활하다는 성품과 대비한다. 그러고는 전자는 선하며 후자는 악하다는 것이 세상의 표피적 평판이지만, 만일 후자가 국가의 유지와 안위를 위해 필요하다면 악명에 개의치 말고 그것을 선택해야 한다고 단언한다. 왜냐하면 어떤 것은 덕으로 보이지만 파멸을 초래하며, 또 어떤 것은 악행으로 보이지만 안전과 평화를 가져다주기 때문이라는 것이다. 여기서 마키아벨리가 한 말의 취지는 흔히 운위되는 당위적 진실들을 딱히 부정하자는 것보다는, 적어도 공인의 위치에 선 사람이라면 무엇이 실제로 유익한 결과를 가져올 것인가에 대해 진지하게 숙고해야 한다는 것이다.

'베리타 에페투알레'는 수백 년 전에 우리와는 무관한 듯이 보이는 먼 나라의 한 사상가가 썼던 생소하게 들릴 수 있는 말이지만, 사실 곰곰이 뜯어보면 전혀 어려운 관념어가 아니다. 그것은 결국 18세기 조선에서 의식 있는 지식인들이 이야기했다는 실사구시와 다르지 않기 때문이다. 사실에 토대를 두어 진리를 탐구한다는 것이야말로 평범하면서도 가장 중요한, 그리고 현란하고 때로는 공허하기까지 한 이념들의 찌꺼기 속에 부유하고 있는 작금의 우리에게 가장 필요한 것이 아닐까 생각해 본다.

21

매카시 리스트

자신이 어떤 '리스트'에 오른다는 것은 대개 유쾌한 일이 아니다. 게다가 그 색깔이 아예 '블랙'이라면 두말할 필요도 없다. 역사를 통해 수많은 블랙리스트가 존재했겠지만, '매카시 리스트'보다 더 악명 높은 예도 찾기 힘들 것이다. 현대판 마녀사냥이라 불려 마땅한 이른바 매카시 광풍으로 1950년대 초 미국의 정국政局은 불안과 갈등의 온상이 되었고, 각계의 수많은 인사들이 자신의 위치에서 배척되고 축출되는 초유의 사태가 일어났다. 그 희생자는 정치인에 그치지 않았다. 대학 교수는 교단에서 쫓겨나고 배우는 배역을 빼앗겼으며, 작가는 익명으로 작품을 발표할 수밖에 없었다. 이들의 죄목은 그들이 모두 공산주의자라는 것이었다.

일종의 '정치 쇼'라고밖에 말할 수 없는 이 희대의 사건을 일으킨 인물은 위스콘신 주州의 상원 의원 조셉 매카시였다. 그는 어린 시절 빈한

한 가계 때문에 중학교를 중퇴하기도 했으나, 대학에서 법률을 공부한 뒤 이를 기반으로 자신의 정치적 야망을 키우게 된다. 20대 후반부터 몇 년 동안 법률 사무소에서 일한 그는 31세에 주 역사상 최연소 순회 판사가 되었다. 당시 경쟁자는 24년간의 판사 경력을 가진 인물이었는데, 매카시는 66세였던 그의 나이를 73세라고 주장하면서 그가 너무 고령이라 판사직을 제대로 수행할 수 없다는 점을 부각하여 유권자들의 마음을 샀다. 이를 보면 매카시가 이미 젊은 시절부터 정치적 술수에 능했다는 것을 알 수 있다.

미국이 제2차 세계대전에 참전한 직후인 1942년, 그는 징병에서 면제되는 판사의 신분임에도 불구하고 해병대에 자원하였다. 최근작인 테드 모건의 『빨갱이: 20세기 미국의 매카시즘』에 따르면 그가 일부러 이렇게까지 한 이유는 차후의 정치적 경력에 전시의 군 복무가 큰 도움이 되리라고 생각했기 때문이라는 것이다. 그는 전투기 사수로서 다수의 전투에 참가하였고 결국 소령으로 예편하였다. 이후에 그는 자신이 계획한 대로 이러한 '영웅적' 경력을 스스로의 정치적 이익을 위해 십분 활용하게 된다. 그는 뒤에 공군 수훈십자훈장을 탈 생각으로 12번의 출격 기록을 32번으로 부풀렸고, 심지어는 추천장에 사령관이었던 체스터 니미츠 제독의 서명을 위조하는 일도 서슴지 않았다.

1946년에 매카시는 드디어 숙원이던 상원 의원에 도전하게 된다. 이 과정에서도 평소의 능란한 술수가 유감없이 발휘되었다. 그는 유력 경쟁자를 군 복무는 회피하면서 전시를 이용하여 오히려 막대한 이익을 올린 파렴치한 인물로 몰아 자신에게 유리한 국면을 만드는 데 성공하였다(물론 이는 거의 사실무근이었고, 그 역시 전쟁 중에 주식 투자로 상당한 수익을 올렸다). 흥미로운 사실은 당시 선거에서 그를 지지한 주요 계층이 공산주의자가 장악하고 있었던 산업 노조 소속의 노동자들이었다는 것이다.

공화당 상원 의원이 된 그가 갑자기 전국적인 유명 인사가 된 것은, 1950년 2월 자신이 국무부 내에 잠입한 공산주의자 및 소련 스파이 명단을 가지고 있다고 주장한 때부터였다. 그는 이어서 국가 기관뿐만 아니라 정부 밖의 수많은 인사들을 공산주의자라고 공격하였으며, 때로는 그들에게 동성애자라는 비난까지 덧붙임으로써 공포 분위기를 조장하였다. 하지만 1954년 12월에 결국 상원이 그를 탄핵함으로써 선동 정치의 광풍도 막을 내리게 된다.

매카시의 인생 역정을 따라가다 보면 그의 삶이 우리의 삶과 겹쳐 보이는 것은 어찌할 수 없다. 빈한한 가정 출신으로 자수성가한 그가 자신의 야망을 어떤 식으로 실현해 나갔는지, 그리고 냉전의 상황 속에서 '빨갱이'라는 낙인을 어떻게 이용했는지, 그 과정이 매카시와 1950년대의 미국만이 아닌 작금의 우리의 모습 속으로 비춰 보이는 것은 나만의 생각일까. 언제든 새로운 블랙리스트가 나타날 수 있다는 것, 그래서 항상 두 눈 부릅뜨고 주위를 살펴야 한다는 것, 그것이야말로 매카시즘이 우리에게 던져주는 역사적 교훈이 아니겠는가.

22

천경자 코드

미술관의 값비싼 소장품이 위작僞作이 든지 혹은 다른 화가의 작품이라면 어떻게 될까? 아마 큰 소동이 일어날 것이다. 우선 그 미술관의 권위가 크게 흔들릴 것이다. 고가의 그림값도 복구할 수 없는 경우가 생길 것이고, 무엇보다 향후 미술관의 입지가 매우 불안하게 될 가능성이 높다. 그런데 그것도 한 미술관의 어떤 한 작품이 아니고 다수의 미술관이 소장한 다수의 그림들이 그러하다는 의심을 받는다면 어떻겠는가.

1870년대 유럽에서 실제로 이런 일이 있었다. 독일의 한 미술 잡지에 이반 러몰리에프라는 무명 학자의 글이 게재되었는데, 그는 여기서 유럽 주요 미술관의 소장품들이 엉뚱한 작가의 이름 아래 전시되고 있다는 놀라운 주장을 했던 것이다. 그 뒤 글의 저자가 조반니 모렐리임이 밝혀졌는데, 사실 러몰리에프는 '모렐리'란 이름의 철자를 바꾸어 배열한 것에 지나지 않았다. 그의 위작 판별 기술은 후일 '모렐리식 방법'이라는 이름으로 알려지게 된다.

모렐리는, 이전 대부분의 미술 감정가들과는 달리, 누구나 인정하는 작품의 가장 명확한 특징을 진위 감정의 기준으로 삼아서는 안 된다고 주장하였다. 그런 특징이야말로 가장 모방하기 쉽다는 이유에서였다. 예컨대 레오나르도의 「모나리자」의 미소나 피에트로 페루지노의 「성모 승천」에서 천상을 응시하는 눈동자들 같은 것이 그러하다. 대신에 그는 귓불, 손톱, 손가락, 발가락처럼 스타일과는 무관한 작가의 개인적 습관이 지배하는 가장 사소한 세부 묘사에 주목할 것을 제안하였다. 그는 이런 방법으로 유럽 미술관의 적지 않은 작품들의 진위를 가려내 일대 센세이션을 일으켰다. 모렐리의 방법은 이후 버너드 베런슨, 구스타보 프리초니, 장-폴 리흐터 등에 의해 계승되었다. 코넌 도일과 지그문트 프로이트 역시 이 방법을 잘 알고 있었을 뿐만 아니라 그것을 각각 탐정 소설과 정신 분석에 원용했다는 사실도 흥미롭다. 최근에 이탈리아 역사가 긴즈부르그는 이를 '실마리 찾기'라는 이름으로 미시사의 방법에 차용한 바 있다.

내가 모렐리의 방법을 다시 떠올린 것은 최근 천경자의 작품을 둘러싼 위작 시비를 종식시킬 새로운 증거들이 나타났고, 이 증거들이 모렐리의 '증거들'과 본질상 동일한 것으로 보이기 때문이다. 국립현대미술관이 소장한 이른바 「미인도」가 위작 문제로 세상에 알려지게 된 것은 1991년 봄이었다. 천경자 화백은 즉시 위작임을 밝혔으나, 국립현대미술관 및 그것과 밀착된 한국화랑협회는 충분히 납득할 만한 뚜렷한 근거도 없이 그것을 진품이라 판정하였다. 심지어는 1999년에 권춘식이란 인물이 스스로 「미인도」를 그렸다고 고백했으나, 미술관 측은 여전히 그것이 진품이라는 입장을 견지하였다. 최근 뤼미에르 광학 연구소는 그림의 물감 단층을 분석하여 「미인도」가 진품일 확률은 거의 전무하다는 결과를 제시했으나, 미술관 측이나 이 사건을 맡은 검찰 모두 이를 받아들이지 않았다. 작가가 명확하고도 일관되게 자신의 작품이 아니라고 하는데도 주위의 다른 사람들은 "당신이 그린 게 맞다"라고 강변하는 희한한 일이 계속되고 있는 것이다.

그런데 최근 조지타운 대학 미술학과 교수인 클리프 키에포와 문범강 교수의 공동 연구에 따르면, 천경자 화백의 작품들 속에는 모방 불가능한 자신만의 '코드'가 있는 것으로 밝혀졌다. 그들은 「미인도」가 그려졌다는 1977년에 천 화백이 그린 그림 일곱 점을 분석해 그녀만이 사용한 다섯 가지 코드를 판별해냈다. 즉 홍채 채색 아래 일련의 사선들이 있으며, 인중이 없고 윗입술에 U자 곡선이 없으며, 필기구로 눌러쓴 스케치선이 보이고 인물의 목 부위에 숟가락으로 문지른 흔적이 있다는 것이다. 물론 「미인도」에는 이런 것이 없다. 이로 보아 그것은 틀림없이 위작이다. 키에포-문의 방법은 그림 표면 아래의 숨은 코드를 찾아내고자 했지만, 사소하지만 반복적인 특징을 진위 판별의 기준으로 삼았다는 점에서 모렐리의 방법을 차용한 것이다. 이 코드에 대해 더 알고 싶은 독자는 김정희의 책 『천경자 코드』를 읽어보기 바란다.

23

포퓰리즘

어떤 이데올로기의 한 형태를 표방하는 용어 가운데 포퓰리즘만큼 양극적 평가를 오가는 경우도 드물 것이다. 필리핀 대통령 로드리고 두테르테는 마약 밀매로 의심되는 사람들을 재판 없이 사살하도록 명령했다. 볼리비아 대통령 에보 모랄레스는 자국의 농민들이 코카인을 재배하고 판매할 수 있는 권리를 갖고 있다고 천명했다. 미국 대통령 도널드 트럼프는 최근 합법적 이민자가 아닌 사람들을 추방하겠다는 공약을 내세운 바 있다. 이 모두가 이른바 '포퓰리스트'로 불리는 정치인들이다. 하지만 이민자들의 투표권을 주장하는 에스파냐의 좌파정당 포데모스('우리는 할 수 있다'라는 뜻) 역시 포퓰리스트 정당으로 통한다. 이처럼 포퓰리즘이란 꼬리표는 이념의 좌우를 가리지 않고 적용되기 때문에 그 의미에 대한 혼란은 더 가중된다. 심지어 경기 부양을 위해 재정 지출을 확대하는 경제 정책까지도 '케인스 식 포퓰리즘'으로 매도되는 실정이다(물론 존 메이너드 케인스가 과연 이런 식의 포퓰리스트인지는 의문이다).

통상적으로 인민주의 혹은 민중주의로 번역되는 포퓰리즘이란 말이 널리 사용되기 시작한 때는 대략 1890년대부터이다(용어적 기원을 더 거슬러 올라가자면 1860~70년대 러시아 중산 지식인층이 주도한 반자본주의 농촌 공동체 운동인 '나로드니키주의'에서 찾을 수 있다. 포퓰리즘은 바로 이 말을 번역한 것이다. 우리에게는 브나로드 운동으로 더 잘 알려져 있다). 당시 미국 남부 농민들이 주축이었던 인민당은 기업가, 은행가, 대지주에 편중된 현실을 비판하면서 농민과 노동자의 권익을 주장하였다. 인민당의 이러한 포퓰리스트적 강령은 곧 민주당 정책의 일부로 흡수되었지만, 후일 인민 혹은 민중 대對 엘리트라는 이분법적 프레임을 고착시키는 중요한 계기가 되었다.

하지만 1950년대 미국의 지식인과 저널리스트들이 유럽의 좌우익 운동으로부터 미국의 매카시주의 및 아르헨티나의 페론주의에 이르는 모든 정치 이념에 포퓰리즘이라는 이름을 붙이면서 의미상의 극심한 오용/남용을 부채질하였다. 그것은 때로 사회적 신분의 하락에 대한 좌절감이나 민족주의적 향수와 연결되기도 하고, 어떤 카리스마적 지도자가 법과 제도를 무시하고 오직 인민 대중에게만 호소하는 좀 더 정치적인 전략으로 해석되기도 한다. 어떤 학자는 포퓰리즘이 일종의 '성긴'(thin) 이데올로기로서 사회주의나 인종주의 같은 더 '촘촘한'(thick) 이데올로기에 기여하는 작용을 한다고도 주장한다. 딱히 좌우 어느 쪽으로도 진행될 수 있는(혹은 그 어느 쪽도 아닌), 이 말이 지닌 유연성을 염두에 둔 해석이다.

어찌되었든 간에 이 말이 해가 갈수록 많은 사람들의 입에 오르내리고 있을 뿐만 아니라 그것도 미국과 프랑스 같은 확고한 민주 국가에서까지도 심심찮게 거론되고 있는 것을 보면, 여기에는 분명히 어떤 이유가 있을 것 같다. 내 생각으로는, 이 말이 그것의 이념적 방향과는 관계없이, 일반 대중에게 사회의 법과 제도가 현실과 심각하게 유리되기 시작한 것으로 보일 때 세력을 얻는다는 것이다. 서구는 오랜 역사적 과정을 거쳐 인종주의가 나쁘다는 인식에 도달하고 그것을 제도화했지만 막상 이슬람 이민자가 대거 몰려들면서 스스로의 삶에 지장을 초래하자 그것에 반대하게 되었고, 이는 곧 표를 의식하는 일부 정치인의 포퓰리스트적 강령으로 자리 잡게 되었다. 반면에 이제 막 본격적인 민주주의 실현을 기대하던 이 땅에서는 정부가 부패하고 무능하다는 인식이 '촛불혁명'이라는 인상적인 민중 운동을 만들어냈다는 것 역시 사실이다. 그것은 어떤 면에서 일종의 포퓰리스트 운동으로 보일 수도 있겠지만 정치가 제대로 작동하지 않을 때 민중이 취할 수 있는 수단이 광장에서의 외침 외에 달리 뭐가 있겠는가. 누구나 공정하게 대우를 받는다면 포퓰리즘이 왜 생겨나겠는가. 포퓰리즘으로 매도하기 전에 법과 제도가 부패하지 않도록 하는 것이 순서가 아니겠는가.

24

기억 전쟁

1478년 4월 26일은 부활절 후 다섯 번째 일요일이었다. 그날 아침, 필리포 브루넬레스키의 주홍빛 돔으로 유명한 피렌체의 산타 마리아 델 피오레(꽃의 성모) 대성당에서는 많은 사람들이 참석한 가운데 미사가 집전되고 있었다. 바로 그날, 「비너스의 탄생」을 그린 화가 보티첼리와 르네상스적 전인全人으로 불리는 희대의 괴짜이자 천재인 레오나르도 다 빈치도 그곳 피렌체에 있었다. 후일 그들만큼이나 유명하게 될 마키아벨리 역시 아직 9세의 어린 나이지만 그 도시의 공기를 그들과 함께 호흡하고 있었다. 하지만 피렌체 국정을 좌우하는 권력을 쥐고 있었던 것은 다름 아닌 메디치 가문이었고, 장손가 출신인 로렌초와 줄리아노 형제가 그 중심에 있었다.

미사 중 신부가 영성체 빵을 쳐든 그 순간이 신호였다. 자객 하나가 가까이 있던 줄리아노의 가슴에 칼을 찔러 넣었다. 그가 불의의 일격으로 비틀거리자 프란체스코 데 파치가 합세하였고 그의 몸은 금세 만신창이가 되었다. 갑작스러운 테러의 현장에 있었던 사람들은 비명을 지르고 도망치면서 성당 안은 그야말로 아비규환이었다. 줄리아노와 조금 떨어진 곳에 있었던 로렌초도 두 명의 자객으로부터 습격을 받았으나 운 좋게도 오른쪽 귀밑에 스치는 가벼운 상처만 입었을 뿐이었다. 그는 지니고 있던 단검을 들고 공격을 막아내면서 성물聖物 안치소로 도망하여 철문을 걸어 잠갔다. 극도의 불안감 속에서 얼마간 시간이 흐른 뒤 다행이도 친親메디치파 사람들이 몰려왔고, 비로소 로렌초는 그곳에서 약 200미터가 채 안 되는 메디치 궁으로 안전하게 이동할 수 있었다. 하지만 이미 줄리아노는 숨을 거둔 뒤였다.

뒤에 파치 전쟁 혹은 파치 음모로 알려진 이 참혹한 암살 사건은 결국 실패로 돌아갔다. 메디치 가문의 실질적 수장이었던 로렌초가 여전히 살아 있었던 데다가 이 사건을 접한 시민들의 호응을 끌어내지도 못했기 때문이다. 이 사건은 마치 현대판 마피아 영화 「대부」에서처럼 많은 세력들의 이권 다툼이 초래한 결과였다. 피렌체의 최고 유력 가문이었던 메디치 가문과 파치 가문의 세력 다툼에다가 메디치 가문의 정적政敵인 교황 식스투스 4세와 그의 조카(사실은 아들) 지롤라모 리아리오, 교황의 재정을 담당한 살비아티 가문의 피사 대주교 프란체스코 살비아티 또한 깊숙이 연루되어 있었다.

무엇보다 놀라운 것은 그 사건 자체보다는 로렌초가 음모에 가담한 사람들을 다룬 방식이었다. 그들은 모두 가혹한 고문을 당하고 교수형에 처해졌는데, 그들을 가장 추악하게 보이도록 시체는 피투성이에다가 발가벗긴 채 도시 한복판 건물에 꽤 오랫동안 매달려 있었다. 시체의 일부는 길거리에 내던져져 사람들의 발에 차이는 수모를 당했고, 심지어는 그 몸을 먹는 기이한 식인食人 장면까지도 목격되었다. 이게 다가 아니었다. 더 경악스러운 것은 파치 가문과 관련된 모든 상징과 표시를 모든 문서, 조각, 그림에서 깡그리 지우도록 한 조치였다. 그들의 성姓과 문장紋章까지도 바꾸어야만 했다. 후일 '담나티오 메모리아이', 즉 기억 말살로 불리게 될 이 희대의 행위는 원래 그리스에서 시작되어 로마 제국 시기의 사악한 황제들에게 내려지던 일종의 불명예 판결에서 유래되었다. 아마 이 조치를 완벽하게 실행하기는 쉽지 않았을 것이다. 파치 가문은 오랫동안 피렌체의 유력 가문으로서 곳곳에 그들에 대한 기억이 형상화되어 있었기 때문이다.

이러한 현상을 다만 과거의 역사라고만 속단할 수 없는 것이 사실 현대에도 모습을 달리하여 여전히 일어나고 있기 때문이다. 소련 해체 후 블라디미르 레닌과 이시오프 스탈린의 동상들이 파괴된 것 역시 기억 말살의 일종이다. 자신들에게 유리한 기억을 남기기 위한 행위들 역시 이러한 기억 말살의 이면이다. 최근의 국정 교과서 사건도 마찬가지이다. 그래서 역사는 곧 기억 전쟁이라고 하는 것이다. 역사학이 우리가 물려주어야 할 미래 가치가 무엇인지를 반드시 물어야 하는 이유도 여기에 있다.

25

배신자

인간사에서 가장 흔히 볼 수 있는 '악덕'은 무엇일까? 배신이 그 중 하나일 것임은 분명하다. 역사를 잠깐 일별해 보아도 인간들 간의 관계가 다양한 배신 행위로 얼룩져 있다는 사실을 금방 알 수 있을 것이다. 이는 사실 별로 놀라운 일이 아니다. 인간은 사회적 동물임과 동시에 이기적 본성을 지닌 존재이기 때문이다. 인간은 생존을 위해 서로 관계를 가지며 모여 살 수밖에 없지만, 그 안에서 자기 자신 혹은 스스로가 속한 집단을 우선시하지 않을 수도 없기 때문에 이런 필연적 갈등 구조가 나타나는 것이다.

배신자를 논할 때, 뺄 수 없는 인물이 단테이다. 그는 『신곡』의 첫째 편인 「인페르노」, 즉 지옥 편의 마지막 부분인 제34곡曲에서 배신자가 받는 참혹한 형벌을 세세히 묘사하고 있다. 그는 시성詩聖 베르길리우스의 안내로, 인간들이 생전에 저지른 죄와 악덕의 종류에 따라 층층이 나누어진 지옥의 미로를 거쳐 마침내 최악의 죄인을 처벌하는 9층에 이른다. 이 배신자의 층은 다시 네 개의 영역으로 나뉘는데, 질시 때문에 동생 아벨을 죽인 카인 구역(형제를 배신), 그리스와의 화평을 주장하며 목마를 도시 내로 들여와 결국 트로이를 멸망에 이르도록 했다고 비난받은 안테노르 구역(자신의 공동체를 배신), 축연祝宴에 초대한 장인과 두 처남을 죽인 프톨레마이오스 구역(손님을 배신)이 차례로 펼쳐진다.

단테는 마침내 네 번째이자 9층의 마지막 구역, 그가 이 세상에서 가장 사악한 자들로 보았던 세 명의 인물이 형벌을 받고 있는 유다 구역으로 발을 들여놓는다. 짙은 안개를 뚫고 다가가자 눈앞에는 무시무시하고 기괴한 루시페르의 거대한 모습이 드러난다. 그것은 몸통만 내놓은 채 얼음 호수 속에 서 있는데, 흉악한 얼굴을 한 머리 세 개가 그 위에 붙어 있다. 가운데 머리는 정면을 응시하고 있고, 양쪽 두 개는 각각 어깨 너머 뒤쪽을 향해 있다. 각 머리통 아래로는 거대한 박쥐의 날개가 두 개씩 붙어 있다. 여섯 개의 눈에서는 피눈물이 흘러내린다. 가장 끔찍하고 소름 끼치는 것은 그것이 비수와 같은 이빨로 세 사람을 사정없이 씹고 있는 광경이었다. 정면의, 몸통 전체가 입속에 들어가 있어 다리만 덜렁거리는 인물은 다름 아닌 유다로 예수를 배신한 죄인이다. 반면에 머리를 아래로 내놓은 채 다리와 몸통이 씹히고 있는 두 사람은 마르쿠스 유니우스 브루투스와 가이우스 카시우스 롱기누스이다. 율리우스 카이사르를 살해한 죄인이다(주인 혹은 후원자를 배신).

이들이 인간이 지은 수많은 죄 중에 가장 큰 죄를 지었단 말인가. 기독교 신앙이 지나치게 충만했던 당시의 분위기에서 유다를 중죄인으로 간주한 것은 그렇다 치더라도, 간간이 황제의 탐욕을 내비치던 카이사르를 죽인 두 사람이 유다와 같은 형벌을 받아야 하는가. 윌리엄 셰익스피어가 창작한 명연설에 따르면, 브루투스는 카이사르를 사랑하지 않아서가 아니라 자유 공화국을 더 사랑했기 때문에 그를 죽이지 않을 수 없었다는 것 아닌가. 단테는「인페르노」어느 곳에서 사랑과 신뢰의 특별한 결속을 나눈 사람들 사이의 기만적 행위를 배신이라 일컬었다. 젊은 시절, 브루투스의 어머니 세르빌리아를 사랑했던 카이사르는 그녀의 아들인 그를 각별히 대했지만, 브루투스에게는 로마 공화국의 자유가 우선이었다. 카시우스는 브루투스의 처남으로, 억압을 싫어하는 에피쿠로스 철학에 심취한 인물이었다. 그와 카이사르는 별 인간적 연관이 없었다.

단테의 작품은 당연히 인류사에 남을 보물이지만, 배신자를 바라보는 그의 시각은 지나치게 사적이라는 느낌을 준다. 혹자는, 그가 황제주의자로서, 어쨌든 지상에서 "가이사의 것은 가이사에게로"라는 구절을 신봉했다고도 한다. 21세기 초입의, 민주주의와 인권과 자유와 평등을 주요한 가치로 삼는 작금의 세상에 살고 있는 우리들에게는 누가 '진짜' 배신자로 보이겠는가. 국민을 배신한 자인가, 아니면 '황제'를 배신한 자인가. 공적 대의와 사적 의리 앞에서 '배신자'는 어느 쪽을 '배신'해야 하는가. 누가 진짜 유다인가.

26

권력자의 성품

권력자는 어떤 성품(성격)을 가져야 하는가? 혹은 어떤 성품이 권력을 얻고 지키는 데 유리한 것인가? 마키아벨리는 군주를 칭송하거나 비난받게끔 하는 것을 논한 『군주론』 제15장에서 권력자의 성품 문제를 비교적 자세히 다루고 있다. 그는 대략 11가지 인간 성품의 유형을 다음과 같이 열거하고 있다. 후하다/인색하다, 베푼다/탐욕스럽다, 잔혹하다/자비롭다, 불충하다/충실하다, 유약하고 소심하다/대담하고 기백이 있다, 인간적이다/오만하다, 음탕하다/정숙하다, 성실하다/교활하다, 딱딱하다/무르다, 무겁다/가볍다, 신심이 깊다/의심이 많다.

각 쌍을 자세히 살펴보면, 대체로 어떤 한 기준에서 선한 성품과 악한 성품이라 불리는 것끼리 짝을 이루고 있다는 것을 알 수 있다. 마키아벨리에 따르면, 어떤 군주가 선하다고 하는 성품들을 모두 갖추고 있다면 모든 사람들이 칭송해 마지않을 것이지만 실제로 그렇게 되기는 매우 어려울 뿐만 아니라 때로는 그런 선한 성품들로 인해 자신이 파멸할 수도 있음을 경고한다. 왜냐하면 정치 혹은 권력의 게임은 혼자서 하는 것이 아니며, 상대방이 선하지 않은 방법으로 행동할 때 자신만 선함에 집착한다면 경쟁에서 질게 뻔하기 때문이다. 그래서 그는 자신의 안전이 문제가 될 때에는 악한 성품으로 인한 악명쯤에는 개의치 말아야 한다고 권고한다.

통상적인 기준에서 볼 때 매우 냉혹하고 종종 부도덕하게까지 보이는 이러한 언명은 권력의 문제를 다루는 정치의 장에서는 선악을 판단하는 일반적 기준이 전도된다는 함의를 가지고 있다. 즉 어떻게 사는가와 어떻게 살아가야 하는가는 서로 다른 것이므로 권력의 획득과 보존을 지상 목표로 삼는 군주는 선하지 않을 수도 있다는 것, 그리고 필요에 따라 이를 사용하고 사용하지 않아야 한다는 것을 배워야 한다는 것이다. 그는 이러한 인식을 사물에 대한 상상이 아니라 그것에 대한 '베리타 에페투알레', 즉 실제적 진실이라 불렀다. 사람들은 언제나 겉으로는 선을 내세우지만 속으로는 자신의 이익을 취하기 위해 종종 악행도 서슴지 않는다는 현실주의적 판단이 그 밑에 깔려 있다.

『군주론』 제25장에서 마키아벨리는 다시 자신의 비르투(능력)와 포르투나(외적 조건) 사이에서 균형추의 역할을 하는 인간 성품에 대해 논하고 있다. 어떤 군주들은 서로 거의 동일한 성품을 지니고 있는데도 왜 누구는 흥하고 누구는 망하는 것인가? 또한 스스로의 성품을 전혀 바꾸지 않은 한 군주가 왜 오늘은 번영하다가 내일은 몰락하는 것인가? 성품론의 측면에서 이러한 의문에 답하자면, 자신이 지닌 비르투와는 별개로 스스로의 성품과 행동 방식을 시대의 성격에 맞추는 군주는 흥하고 그렇지 못한 군주는 망한다는 것이다. 좀 더 비유적으로 표현하자면, 바람의 방향을 잘 감지하여 그것에 자신을 맞추는 사람은 성공하고 그렇지 못하는 사람은 실패한다는 것이다.

사람은 누구나 어떤 성품(들)을 타고나게 마련이지만 그 중에서도 권력자(혹은 성공을 원하는 자)에게 좀 더 적절한 성품은 신중한 쪽보다는 격정적인 쪽이라는 것이 마키아벨리의 견해이다. 이 말의 깊은 뜻을 잘 새길 필요가 있는데 무조건 만사에 격정적으로 행동하라는 말은 물론 아니다. 시대의 흐름이 신중함을 요구할 때 격정적 성품만을 고집하면 당연히 패망할 것이기 때문이다. 다만 바람의 방향이 바뀌기 시작했을 때 이것저것 재며 결정을 망설이다가는 꼭 잡아야 할 기회를 놓치게 될 것이니, 기백 있게 앞으로 나아가는 편이 성공의 길에 더 가깝다는 점을 말하고 있는 것이다. 사실 마키아벨리는 우유부단한 성품을 가장 싫어했다. 신중함이란 위기의 순간에는 우유부단함에 다름 아니니 마키아벨리의 성품론은 곧 위기의 리더십에 대한 제언이라 할 만하다. 바야흐로 대통령의 자리를 향한 단거리 경주가 막 시작되었다. 대조적인 성품의 소유자인 각 후보자에게 마키아벨리가 살아 있다면 어떤 조언을 주었을까.

27

촛불혁명

1688년 11월 1월, 오라녜 공 빌렘 3세가 이끄는 대규모 네덜란드 함대가 비밀리에 홀란트 서부의 군항 헬레부츠허위스를 떠나 잉글랜드 남동부 해리치로 향한다. 빌렘은 에스파냐에 대한 항전을 통해 홀란트 공화국 시대를 연 빌렘 1세의 증손자로, 할아버지 이래 네덜란드의 최고 수장인 스타트하우더의 자리에 있었다. 11월 5일, 바람과 안개로 우여곡절을 겪은 끝에 빌렘의 함대는 원래의 방향과는 거의 반대편인 잉글랜드 남서쪽 토베이의 한 어촌 마을에 상륙한다.

빌렘의 군대는 약 15,000명 정도였고, 이에 맞선 제임스 2세의 잉글랜드군은 그 두 배의 규모였다. 게다가 그는 5촌 아저씨뻘인 프랑스 왕 루이 14세의 재정 지원까지 받고 있었다. 하지만 전투는 싱겁게 끝나고 만다. 양쪽이 실제 벌인 전투는 단 두 번에 불과했고, 12월 9일에 벌어진 본격적인 리딩 전투에서의 사상자도 도합 수십여 명에 지나지 않았다. 제임스의 패인은 군대의 전력戰力이 아니라 민심에 있었다. 휘하의 주장主將들이 전투도 하기 전에 속속 빌렘 쪽으로 전향해버렸고 심지어는 자신의 딸 앤까지도 여기에 가담하였다. 의기 상실한 제임스는 전투다운 전투를 해보지도 못한 채 프랑스로 도피하고 말았다.

네덜란드가 잉글랜드를 공격한 배경에는 제임스 2세에 대한 잉글랜드 국교파(영국식 프로테스탄트)의 강력한 의심이 자리 잡고 있었다. 그들은 제임스가 가톨릭과 절대주의 쪽으로 선회할 것이라고 우려하였다. 잉글랜드는 헨리 8세의 프로테스탄트 개혁 이후, 끊임없이 가톨릭과의 분쟁이 지속되어오던 곳이었다. 절대왕권을 지향하는 궁정파(종종 가톨릭)와 그것에 저항하는 지방파와의 갈등은 불에 기름을 부은 격이었다. 일찍이 왕권신수설을 주장한 제임스 1세를 이은 아들 찰스 1세는 결국 퓨리턴 혁명으로 크롬웰에 의해 유럽 최초로 신하에 의해 죽임을 당한 왕이 되었다. 그의 아들 찰스 2세는 크롬웰 사후에 겨우 왕위에 올랐으나 가톨릭 전향에 대한 의심은 계속되었다. 그의 동생으로 뒤를 이었던 제임스 2세 역시 의회와의 권력 투쟁으로 불과 4년 만에 폐위되면서 왕권을 빌렘과 자신의 친딸 메리 스튜어트에게 넘겨주고 말았다.

이듬해인 1689년에 의회는 권리장전을 선포하여 의회의 동의 없는 법률 제정 및 평화 시의 군 징집을 금지하고, 국민의 자유로운 청원권과 의회 선거의 자유, 의회에서의 언론 자유를 보장하며, 과도한 보석금이나 벌금 및 형벌 금지를 명시하였다. 이로써 이른바 명예혁명이 완성된 것이다. 명예혁명은 절대왕권주의의 종식과 의회 정치의 확립이라는 측면에서 영국사를 넘어서는 역사적 의의를 가진다. 이는 이후에 1776년의 미국 독립선언과 1789년의 프랑스 인권선언에도 큰 영향을 끼쳤다. 국민의 인권과 행복과 가치의 보장을 규정한 우리의 헌법 제2장('국민의 권리와 의무') 역시 그 연장선상에 있다.

최근 우리 모두가 지켜보고 경험한 촛불혁명은 한국판 21세기 명예혁명이다. 그것은 분명히 17세기 영국인들이 시발한 인권에 대한 인류사적 유산을 이어받고 있다. 이는 또한 대통령 탄핵 심판이라는 극적인 사건을 통해 그동안 명목상으로만 존재하는 것이 아닌지 의심받던 법치주의가 앞으로는 현실적으로도 작동할 것이라는 희망을 던져주었다. 게다가 촛불혁명은 모든 계급과 성별을 아우르는 밑으로부터의 자발적 비폭력 저항 운동이라는 점에서 세계 민주주의 역사에서 더 각별한 의미가 있다. '촛불'이 지닌 상징성 역시 특별한 데가 있다. 그 하나하나의 빛은 미약하지만 광장에 모인 수십만 명의 촛불들은 감히 누구도 끌 수 없는 하나의 광휘였다. 그것은 열려 있는 광장의 빛이었다. 같은 광장에 (성조기와 함께) 넘실댄 태극기는 그저 국가주의와 파시즘의 망령으로 전락해 버렸으나, 촛불은 모여서 어느덧 민주주의를 밝히는 횃불로 하늘 높이 불타올랐다.

28

음란하다는 것

음란하다는 것은 어떤 것일까. 그것은 어떤 모습일까, 어떤 말이나 행동일까, 혹은 어떤 생각일까. 예술이나 문학이 음란하다는 것은 또 무슨 뜻일까. 르네상스 성기盛期였던 16세기 초는 예술이 절정에 달했던 만큼 예술적 상상력에 대한 제한이 상당히 느슨했던 시기였다. 중세 이래 성화聖畫의 정신은 어디까지나 경건함이었다. 그것은 교회 제단이나 예배당에 높이 걸어 신자들이 우러러보며 신심을 일신토록 하는 신앙적 도구였지 현재의 미술관에서처럼 그 도상적 아름다움을 감상하도록 만들어진 것은 아니었다. 따라서 경건함은 다소 거친 방식으로 표현되어도 무방하거나 혹은 오히려 그래야 했고, 그래서 우아하다거나 아름답다는 것은 곧 불경함을 뜻했다. 하지만 16세기 초의 새로운 르네상스 정신은 아름다움과 경건함이 조화될 수 있다고 보았다. 달리 말하자면 이교적 세속화와 그리스도교적 성화의 정신이 융합될 수 있는 지점이 있다고 본 것이다. 그러나 이것도 잠깐이었다. 1527년 신성 로마 제국의 황제 카를 5세의 로마 약탈로 인해 이 아슬아슬한 균형은 한순간에 사라져버렸다.

1541년 10월 말, 미켈란젤로 부오나로티가 거의 8년여라는 긴 시간 동안 자신의 공력을 쏟아부은 프레스코화畵 「최후의 심판」이 드디어 공개되었다. 작품에 등장하는 인물만도 300명이 넘는 대작이었다. 여기에는 그리스도와 성모를 중심으로 좌우로는 천사와 성자들이, 그 아래로는 천상으로 인도되는 선인들과 지옥으로 끌려가는 악인들의 모습이 다양한 자세와 형상으로 묘사되어 있다. 문제는 이들 대부분이 벌거벗고 있다는 것이다. 게다가 고환을 잡힌 채 끌려가거나 껍데기만 남은 육신이 흉측하게 축 늘어진 섬뜩한 장면도 보인다. 특히 성聖 비아초가 그 앞에 엎드린 성녀 알렉산드리아의 카테리나 뒤편에 거의 찰싹 달라붙어 있어 마치 '비정상적인' 성관계를 하고 있는 듯한 인상까지 준다.

회화에 각별한 안목이 없는 범인들에게는 수백 명의 나상裸像이 기괴하고 때로는 음란한 형상을 하고 가톨릭의 가장 깊숙한 성소聖所에 그려져 있는 모습이 결코 편안하게 보이지는 않았을 것이다. 미켈란젤로의 창발적인 디제뇨(도안)와 보통 사람들이 생각하던 데코룸(관례) 간에는 쉽사리 넘기 힘든 커다란 괴리가 존재하고 있었던 것이다. 이러한 괴리를 직설적으로 표현한 인물이 바로 희대의 논객 아레티노였다. 그는 먼저 「최후의 심판」에 담긴 미켈란젤로의 발상을 라파엘로의 사랑스러운 매력에 비유하며 짤막한 찬사를 던진 뒤, 대뜸 그림의 음란함을 지적하고 나선다. 그는 가장 성스러워야 할 최후의 심판일을 어떻게 그런 식으로 그려놓았느냐고 비난하면서 무엇보다 그런 그림은 시스티나 예배당 같은 성소에는 적절치 않다고 주장한다. 아이러니한 것은 아레티노야말로 『창녀의 대화』라는, 겉보기에 지극히 음란한 작품을 쓰고 에로틱한 도색 판화 16장면에 '음란한 소네트'까지 지어 달았던 당사자였다는 점이다. 하지만 그는 자신의 작품이 그 목적과 장르에 맞추어 적절히 쓰인 것이기 때문에 전혀 음란하지 않다는 놀라운 주장을 하고 있다.

미켈란젤로에 대한 아레티노의 비평에는 주제 그 자체보다는 주제와 표현 방식 간의 적절성이 사실상 음란함의 여부를 판단하는 중요한 기준이라는 가정이 전제되어 있다. 미켈란젤로의 회화 언어를 이끈 것은 그만의 인벤티오네(창발적 발상)였고, 후일 그를 불후의 마이스터로 칭송받도록 한 것도 바로 이러한 천재天才였다. 동시에 당대의 데코룸에 기대어 그를 비난한 아레티노의 비평 역시 후대의 예술 비평에서 중요한 위치를 차지한다. 최근 에두아르 마네의 「올랭피아」를 빗대어 박근혜-최순실 게이트를 풍자한 이구영의 「더러운 잠」이 표현의 자유냐 여성 혐오냐를 두고 논란이 거세지만, 과연 예술 작품을 그런 이분법적인 기준으로 명확히 재단할 수 있겠느냐는 의심은 어쩔 수 없다. 성숙한 사회란 다름 아닌 좀 더 관용적인 사회가 아니겠는가.

29

종교와 야만

언제 어떻게 시작되었는지는 잘 모르지만 황금에 대한 인간의 갈구는 역사가 기록된 이래 한번도 멈춘 적이 없었다. 그것은 언제나 인간의 마음속 깊숙이 각인된 탐욕의 중심에 있었다. 중세에는 한때 여러 화합물을 혼합하여 금을 만들어낼 수 있다는 연금술이 지식의 왕좌를 차지하기도 했다. 15세기 말 유럽인들이 아메리카 대륙에 발을 디딘 뒤에는 금이 쌓인 어떤 비밀의 장소가 있다는 이른바 엘도라도에 대한 소문이 떠돌기 시작했고, 시간이 지나면서 이는 곧 전설이 되었다.

하지만 소문과 전설에도 항상 어떤 역사적 단초가 있는 법. 16세기 초 에스파냐 군의 무이스카 족(지금의 콜롬비아에 살던 원주민) 정복에 대해 잘 알고 있었던 로드리게스 프레일레가 당시에 떠돌던 이야기를 모은 『엘 카르네오』에는 추장의 통과 의례에 대한 대목이 나온다. 그들은 새로 추장이 될 사람을 부족의 성지인 구아타비타 호수로 데리고 가서 골풀로 엮어 만든 뗏목에 싣는다. 뗏목은 휘황찬란한 황금 장신구와 보석으로 치장되어 있고, 사방 네 군데에 설치된 화로에서는 진한 향 연기가 자욱하게 피어오른다. 그들은 발가벗은 추장의 몸에 점토를 바르고 그 위에다 빈틈없이 금가루를 뿌린다. 뗏목이 호수 한가운데에 이르면 그들은 모든 귀금속들을 그곳에 던져넣는다. 그들이 섬기는 여신에 대한 새 추장으로서의 봉헌인 것이다.

이것이 금으로 뒤덮인 사람이란 뜻의 에스파냐어 '엘 도라도'가 만들어진 전말이다. 실제로 당시 에스파냐인들은 원주민 지역에서 많은 양의 금을 거두어들였고, 심지어 호수의 물을 빼내 그곳에 던져넣은 금붙이 일부를 건져내기도 했다. 이에 고무된 그들은 분명히 어딘가에 엄청난 금맥이 있을 것이라고 확신했으며, 이후에 유럽인들은 그것을 찾기 위해 끊임없이 모여들었다. 마침내 미지의 황금향 엘도라도의 전설이 탄생한 것이다.

물론 그런 보물 창고는 없었다. 무이스카 족이 소유했던 금의 출처가 최근 새롭게 밝혀졌기 때문이다. 무이스카에는 염수鹽水가 솟아오르는 샘이 있었고, 여기서 만들어진 천일염을 인근 부족이 주변의 강에서 채취한 사금砂金과 맞바꾸었다는 것이다. 땅이 비옥해 먹고살기에 부족함이 없었던 원주민에게 금은 오직 신에게 바치는 봉헌이었을 뿐 그것을 다른 용도로 사용하지는 않았다. 하지만 바로 이 금으로 인해 그들은 에스파냐 군에 의한 약탈과 절멸의 비극을 겪게 된다. 그들로부터 빼앗아 간 금붙이들은 다시 녹여져 지금도 여전히 콜롬비아(옛 식민지 시절의 그라나다 왕국)와 에스파냐의 가톨릭교회 제단과 조상彫像들을 장식하고 있다.

종교는 야만을 넘어설 수 있는가. 16세기 유럽인들에게는 아마도 아메리카 원주민들이 야만인으로 보였을 것이다. 하지만 금과 은을 얻기 위해 무자비한 약탈과 살육을 서슴지 않은 유럽인들의 행위를 야만이 아니라고 할 사람이 있겠는가. 종교는 대개 금욕을 강조하지만 종종 인간의 탐욕을 변호하고 부추기는 것 역시 종교라는 사실을 역사가 예증하고 있다. '야만인' 무이스카 족은 금을 신에게 바쳤지만 적어도 그것을 얻기 위해 남을 해치지는 않았다. '문명인'이었던 에스파냐인은 그들로부터 금을 빼앗아 자신들의 탐욕을 채웠다. 그들 역시 약탈한 금의 일부를 신에게 바쳤지만 그렇다고 종교가 야만을 덮어줄 수 있겠는가. 무엇이 야만이며 무엇이 문명인지 그 경계는 항상 모호하지만 분명한 사실은 종교로 가장한, 나아가 종교로써 정당화하는 야만이야말로 가장 야만적이라는 것이다. 보고타의 황금 박물관에는 마치 이를 증언이라도 하는 양 황금 뗏목의 옛 모형이 그 찬란한 빛을 발하고 있다.

30

싯다르타, 에피쿠로스, 스피노자

지금으로부터 약 2,000여 년 전에 인류사에서 전혀 새로운 종류의 현인賢人 고타마 싯다르타가 태어난다. 그의 깨달음은 사제四諦로 요약된다. 그것은 인간의 삶을 관통하는 고집멸도苦集滅道의 네 가지 원리이다. 인생은 괴로움으로 가득 차 있으며, 이 괴로움의 원인은 번뇌 때문이고, 번뇌를 없애면 괴로움이 없는 열반에 이르게 되며, 열반에 이르기 위해서는 여덟 가지 바른 길을 실천해야 한다는 것이다. 싯다르타가 해탈의 출발을 무엇보다 고통에 대한 합리적 인식에서 찾았다는 것, 그것을 없애는 것이 인간에게 진정한 평화를 가져다준다는 것, 그리고 그것을 없애기 위해서는 어떤 삶을 살아야 하는가를 이성적으로 차근차근 설득하고 있다는 점은 각별히 주목할 만하다. 그는 결코 신비적 직관이나 계시에 의존하지 않았고 누구나 정신을 집중해서 사색하면 깨달을 수 있는, 지극히 합리적인 새로운 길을 제시하였다.

이성보다 미신이 득세하던 고대 그리스에서 합리의 방법으로 신비주의의 미망을 제거한 경이로운 철학자가 에피쿠로스이다. 그는 특이하게도 누구나 인정하는 만물의 사멸 그 자체가 아닌 사멸의 방식에 주목했다. 자연 속의 모든 것은 시간이 지나면서 점점 더 작은 알갱이로 닳아 없어지게 마련이다. 하지만 이 과정이 무한히 반복될 수는 없다고 본 그는 결국 더 이상 쪼개질 수 없는 알갱이, 즉 원자가 존재할 것이라고 보았다. 그리고 그는 이 추론을 역으로 진행한다. 모든 것이 원자(물질)로 이루어진다면 설사 신과 영혼이 존재한다 해도 그 역시 원자로 이루어진 존재일 것이므로 인간의 운명에 영향을 줄 이유는 없다. 따라서 우리의 삶의 행로는 우리 스스로 결정해야 한다는 것이다. 인간에게 좋고 나쁜 것은 곧 고통과 즐거움으로 정의되는 감각 작용에서 비롯된다는 그의 주장은 이러한 유물론에 기초한 것이지만, 고통이 제거되고 더 이상 즐거움이 필요치 않은 상태를 아타락시아(지고의 평온)로 본 점은 어쩐지 싯다르타를 닮았다.

17세기 후반, 우리는 또 다시 놀라운 합리적 사유를 통해 에피쿠로스 이후 약 2,000년 동안 서구 세계를 지배해 온 유대-기독교의 신 관념을 거부한 철학자를 목격하게 되는데, 그가 바로 스피노자이다. 그는 물질 세계를 초월하는 윤리학이란 있을 수 없다고 보았다. 어떤 개별적인 것에 본질적으로 좋고 나쁜 것은 없으며, 단지 각 개체의 성질에 따라 상대적으로 결정될 뿐이다. 또한 그는 자연 속의 모든 일은 지고의 완전성을 가지고 어떤 확고한 필연성으로부터 진행된다고 믿었다. 그는 이러한 결정론적 우주의 원천을 '신-자연'으로 표현하고 있다. 이 개념은 대체로 범신론적인 것으로 받아들여지는데, 살아 있는 유일신을 믿는 유대-기독교적 관점에서는 무신론이나 다름없다. 그는 인간이 그가 속한 자연과 우주에서 별개의 존재가 아니고 삼라만상과 마찬가지로 예외 없는 우주의 '법칙'에 따른다는 일종의 대통일장大統一場 철학을 제시했다고 할 수 있겠다. 그는 오직 이성을 통한 합리적 사유를 통해 미망과 신비로 점철된 중세적 관념을 깨뜨렸고, 이후 현대 민주적 가치의 기틀을 제공하였다.

싯다르타, 에피쿠로스, 스피노자. 이 위대한 세 명의 사상가는 활동한 시기와 장소는 서로 다르지만 그들에게서는 무언가 서로 강력한 유대감 같은 것이 느껴진다. 싯다르타를 유물론자라 부르지는 않지만 고통에서 벗어나는 것을 인생의 궁극적 목적으로 본다는 점에서 에피쿠로스를 생각하게 한다. 스피노자 역시 인간은 물론 신조차도 우주와 자연이라는 물질세계 안에서 사유했다는 점에서 에피쿠로스적이다. 이 셋을 한 데 묶어주는 것은 무엇보다도 인간, 자연, 우주, 신을 별개의 것으로 보지 않고 신비가 아닌 이성으로 그것을 추론해 내고 있다는 점이다. 하지만 이미 오래전에 이들이 이룩해 낸 이 모든 사유의 결실이 작금의 우리에게는 여전히 남의 일처럼 느껴지는 것은 왜일까. 무엇이 잘못된 것일까.

31

철학자 마키아벨리

철학자 마키아벨리. 혹자에게는 이 말이 이상하게 들릴지도 모른다. 마키아벨리가 철학자란 말인가. 그의 주저인 『군주론』이나 『리비우스 논고』가 권력과 정치의 본질에 대한 깊은 정치 철학적 함의를 담고 있기는 하지만, 그렇다고 그를 '철학자'로 부르는 사람은 거의 없다. 이는 철학이라 번역되어 온 그리스어 '필로소피아'에 대한 주류적 정의定義 때문이기도 한데, 이는 결국 세계와 인간에 대해 묻고 생각하고 인간의 삶과 존재의 의미를 탐색하며, 자연이 무엇인지를 규정하고 인식의 가능성과 한계를 지극히 추상적인 층위에서 분석하려는 시도로 귀결되기 때문이다. 물론 마키아벨리 역시 더 바람직한 정치적 삶이란 어떤 것인지, 권력과 부패가 서로 어떤 관계를 갖고 있는지, 그리고 어떻게 해서 인간 세계에 종교란 것이 나타나게 되었으며 그것이 지닌 정치적 기능은 무엇인지 등의 문제에 대해 고찰하고는 있지만 이마누엘 칸트나 마르틴 하이데거와 같은 이른바 전문적 철학자의 방식으로 더 근원적인 질문을 던지고 답하지는 않는다.

하지만 필로소피아가 원래 '앎에 대한 사랑'이라는 뜻이라는 점을 돌이켜 볼 때, 이 말을 지나치게 근대적이고 전문적인 학문 분야로서의 철학으로만 한정하는 것은 그것을 직업으로 삼는 사람들의 아집일 수도 있다. 사실 그 말은 이성을 통한 모든 종류의 성찰과 고구考究를 포용하는 넓은 의미로 사용되어야 마땅하며, 또한 그렇게 쓰인 경우도 결코 드물지 않다. 마키아벨리의 친구들은 종종 그를 가리켜 '별난' 사람이라고 말하곤 했다. 『마키아벨리 평전』을 쓴 로베르토 리돌피는 이런 의미에서 그에게 '비차로'(괴짜)의 면모가 있다고 말한 바 있지만, 그의 언명은 마키아벨리가 거의 언제나 일반적인 주장과 견해에 대해 그것을 그대로 받아들이기보다는 자신의 이성과 관점을 통해 재사유하는, 그래서 종종 그것에 '거스르는' 경향을 갖고 있다는 측면에서 이해되어야 마땅하다. 이러한 성찰의 방식과 태도야말로 곧 본연의 의미에서의 철학일 것인데, 평소 마키아벨리의 별난 생각과 의견들을 접해 왔던 한 친구가 그를 가리켜 실제로 '필로소포'라 불렀던 것도 바로 이러한 이유에서였을 것이다.

철학자란 말을 고도로 추상화된 명제를 논증하는 직업적인 학자라기보다는 공적 문제에 더 많은 관심을 가진 지식인이라는 뜻으로 사용한 대표적인 예가 18세기 프랑스의 계몽사상가들이다. 그들은 스스로를 '필로조프'로 불렀다. 그들은 삶과 학문의 모든 분야를 전통과 관습이 아니라 오직 이성을 통해 사유하려고 한 사람들이었다. 그들은 비판적인 눈을 통해 사회 전반의 오랜 폐해들을 개선하고 혁신하려 했으며, 이러한 생각을 국제적인 '문필 공화국'을 통해 공유하였다. 그들은 진보와 관용을 지지하고 기존의 종교와 봉건 제도의 유산을 불신하였다. 그들은 방대한 항목의 『백과전서』를 통해 자신들의 견해와 관점을 대중에게 퍼뜨리고자 했으며, 인류사 대부분을 점해 온 신분제를 폐지하고 종교의 절대적 권위를 불식시킨 프랑스혁명도 이러한 사상적 선구자들이 없었다면 아마 가능하지 않았을 것이다.

이미 마키아벨리로부터 500년 이상이 지났고 프랑스의 계몽사상가들로부터도 300년 이상이 흐른 21세기 초입의 이 땅에서 여전히 요구되는 것이 바로 이러한 종류의 '철학자들'이라는 점은 진정 아이러니가 아닐 수 없다. 수백 년에 걸쳐 이룩된 인류사의 귀중한 지식과 교훈이 우리 사회와 정치에 제대로 정착되기 위해서는 얼마나 더 긴 시간이 필요한 것일까. 스스로를 선출된 제왕쯤으로 여기는 대통령, 그 하명만 기다리는 청지기 국회 의원, 부패 척결의 칼을 권력자 주인을 위해 휘두르는 노예 검찰과 경찰, 자신의 개인적 신앙을 정치와 사회에 무차별적으로 투영하고 싶어 하는 시대착오적 인사들, 촛불을 들고 목청을 높이다가도 여성 문제만 나오면 등을 돌리는 진보적 '일베'까지, 우리는 언제쯤이면 이성으로 성찰하고 공감으로 치유하는 평범한 철학자들을 거리에서 만날 수 있을까.

32

아르카나 임페리

로마의 정치가이자 역사가인 타키투스가 쓴 『연대기』를 보면, 권좌를 노리고 있던 갈루스와 그의 정적政敵 티베리우스 황제 간에 일어났던 암투의 과정에서 갈루스가 '아르카나 임페리'를 간파하려고 했다는 대목이 나온다. 이 말은 직역하자면 권력의 비밀 혹은 통치의 비밀 정도가 될 것인데, 국가사의 가장 내밀한 부분을 관장하는 최고 통치자의 절대적 권위를 상징한다.

황제의 특권과 유사한 개념으로 쓰였던 이 말은, 13세기 신성 로마 제국의 황제 프리드리히 2세의 법학자들을 거쳐 17세기 초 잉글랜드의 제임스 1세에 이르면 절대왕권의 신정적神政的 성격을 가리키는 의미를 담게 된다. 즉 정부란 왕-사제 동일체로서의 통치자와 그 대신들에 의해서만 지배되는 일종의 비밀체로서, '국가의 신비'라는 이름 아래 행해지는 모든 행위들은 그들의 인격과 관계없이 바로 그 자체로서 정당하다는 것이다.

전통적으로 통치자들이 규정한 금지된 지식에는 아르카나 임페리뿐만 아니라 '아르카나 데이'와 '아르카나 나투라이'도 들어 있었다. 전자는 "높은 마음을 품지 말고 두려워하라"는 바울의 유명한 언명이 내포한 함의를 통해 신에 관한 앎의 한계를 제시하는 것이었고, 후자는 자연이 보여 주는 놀라운 현상 역시 신에 의해 만물이 창조되었음을 웅변하는 또 하나의 '비밀'이라는 것이 근대 초 기독교 세계의 확고한 믿음이었다. 하지만 후자의 경우 갈릴레오와 같은 과학자들에 의해 가장 먼저 금기의 벽이 뚫렸고, 전자도 계몽사상과 현대 과학의 발전으로 상당 부분 그 힘을 상실하게 되었다. 하지만 아르카나 임페리만은 여전히 살아남아 마치 독버섯처럼 불쑥불쑥 고개를 내밀고 있다.

과연 지금과 같이 의회와 법치에 기초한 인권과 민주주의를 지향하는 세상에서 위정자들에게 아직도 그들만의 '아르카나'(비밀)가 허용되어야 하는 것인가? 그렇지 않다면 백 개의 얼굴을 가진 아르카나 임페리를 통해 끊임없이 초법적 위치를 견지하려 드는 권력자들을 어떻게 막아야 하는 것인가? 우리는 그 답의 중요한 한 단서를 칸트에게서 찾을 수 있다. 그는 일찍이 "대중으로 하여금 스스로의 이성을 자유로이 사용할 수 있도록 하는 것이야말로 계몽을 실현하는 유일한 길"이라고 천명한 바 있다. 즉 각자의 지성을 용기 있게 사용하는 것이 무엇보다 중요하다는 것이다. 물론 칸트는 결코 현대적 민주주의의 신봉자가 아니었고 대중의 적극적인 정치 개입에는 더더욱 부정적이었지만, 그의 말에 담긴 함의를 현재적으로 되새기자면 공익적 정보 공개와 그에 기초한 시민적 정치 참여가 민주주의의 관건이라는 것이다.

스스로 절대군주를 자처하며 그 이론적 근거까지도 제시하려 했던 제임스 1세는 한 연설에서 권력의 비밀은 오직 마치 지상에 주재하는 신처럼 국가의 신비를 관장하는 사제-왕만이 이해할 수 있기 때문에, 왕의 권력은 의회의 권력에 종속되지 않는다고 말한 바 있다. 이런 유의 언어는 신비라는 것을 통치 행위의 본질로 보고 권력과 그에 따른 복종의 의무에 대한 어떤 합리적 설명도 배제하는 특징을 갖고 있다. 하지만 역사적으로 권력의 원천이 왕에게서 의회로 넘어감에 따라 통치 행위를 신비로운 것으로 보는 관점은 서서히 사라지게 된다.

그러나 나는 박근혜 대통령과 최순실 일가를 둘러싸고 우리에게 벌어지고 있는 작금의 믿지 못할 사태를 지켜보면서 이미 역사적으로 소멸한 것으로 간주되어 온 중세적 아르카나 임페리가 21세 초엽의 한국에서 다시 부활한 것이 아닌가 하는 느낌을 지울 수 없었다. 연륜의 일천함을 감안한다 해도, 명색이 민주주의 국가에서 어떻게 이런 '원시적' 사건이 일어날 수 있단 말인가. 공무원은 청지기나 하인으로 전락하고 국정은 '비선'이라 불리는 사람들에게 농단당하는, 이러한 권력의 사유화를 어떻게 막을 것인지 진지한 성찰이 필요한 때이다.

33

버나드 루이스의 귀환

유대계 온라인 잡지 『모자이크』의 2016년 6월호가 올린 권두 에세이 제목은 '버나드 루이스의 귀환'이었다. 현재와 같은 급진 이슬람의 발흥을 아무도 예상하지 못한 40년 전에 오직 한 사람만이 그것을 예견하고 설명했으며, 그가 바로 영국의 저명한 이슬람 역사가 버나드 루이스라는 사실을 재조명하는 것이 그 글의 취지였다. 이는 또한 올해 100세를 맞는 루이스의 업적을 기리는 헌사이기도 하다. 에세이의 저자는 예루살렘 소재 샬렘 칼리지의 학장 마틴 크레이머였다.

크레이머가 '40년 전'이라고 한 것은 영국에서 활동하던 루이스가 미국 프린스턴 대학으로 옮아온 지 2년 후인 1976년에 역시 유대계 잡지인 『커멘터리』 표지를 장식한 그의 에세이 「이슬람의 귀환」을 가리키는 것이었다. 1976년 당시 이란의 왕 레자 팔레비는 여전히 그 자리를 굳건히 지키고 있었고, 이라크로 망명한 이란의 종교 지도자 루홀라 호메이니는 세상에서 소외된 채 슬픔을 삼키고 있었으며, 안와르 사다트는 이집트를 자신의 손아귀에 틀어쥐고 있었다. 21세기 초에 세계를 뒤흔든 9·11 사건의 주모자 오사마 빈 라덴도 아직은 막 고등학교를 졸업한 풋내기일 뿐이었다. 레바논에서는 내전이 한창이었고, 팔레스타인의 열쇠는 좌익 성향의 세속적 민주주의를 지향하던 야세르 아라파트가 쥐고 있었다. 이런 상황에서 중동이 차후 거대한 변혁의 시기를 맞으리라고 생각한 사람은 아무도 없었다. 오직 한 사람, 루이스만이 혁명과 테러리즘으로 얼룩질 급진 이슬람의 귀환을 '예언'했다는 것이다. '예언자' 루이스의 이러한 명성은 중동에서 일어난 이후의 사건들과 그것을 마치 예측이라도 했던 것 같은 저작들, 특히 9·11 사건 직후에 출간된 『무엇이 잘못되었나』 등을 통해 증폭되었다.

일생 동안 이슬람에 대한 책을 수십 권 출간하고 다양한 지면에 수많은 글을 기고한 루이스의 지적 업적을 의심할 사람은 없겠지만, 그럼에도 불구하고 그는 박학과 정교함과 객관성의 외피 아래 스스로의 강력한 반反이슬람 정서와 이념을 감추고 있는 지극히 '노회한' 역사가의 범주에 속한다는 것이 내 생각이다. 단순하게 말하자면 그의 역사관은 이슬람과 기독교는 결국 충돌하지 않을 수 없다는 '필연적' 문명 충돌 사관이다. 정치학자 새뮤얼 헌팅턴이 쓴 베스트셀러 『문명의 충돌과 세계 질서의 재편』(1996)에 등장하는 유명한 문구인 '문명의 충돌'은 사실 루이스의 글 「무슬림 분노의 뿌리들」(1990)에서 빌려온 것이었다. '이슬람 근본주의'란 표현 역시 그가 처음으로 사용하기 시작했다. 그의 문명 충돌 사관은 적어도 1967년까지 거슬러 올라가는데, 『산山노인파: 이슬람의 한 과격 종파』가 그것이다. 여기서 루이스는 이 집단을 '최초의 테러리스트'로 규정한다. 반대파 지도자를 암살하는 관행이 그 이유였다. 나아가 그는 이 종파와 현대 이슬람 테러 사이에는 놀랄 만한 유사성이 존재한다는 비역사적 언명도 서슴지 않고 있다. 더욱이 그는 2003년 조지 워커 부시 대통령의 이라크 침공 결정을 조언한 인물이라는 사실이 밝혀졌다(자신은 부인하고 있지만). 실제로 미국의 네오콘은 공공연히 루이스를 자신들의 멘토라고 말해 왔다.

우리는 루이스의 예를 보면서 역사를 어떻게 바라보아야 하는지를 배울 수 있다. 그는 훌륭한 반면교사이다. 그는 확고한 유대·기독교적 관점에서 이슬람 세계를 적대적이고 열등한 타자로 바라본다. 그의 관점은 문명이란 원래 다른 문명을 타자화한다는 정도의 언명을 넘어서서 인접한 두 문명은 '필연적으로' 충돌하게 마련이라는, 언뜻 당연한 듯 보이지만 대단히 위험한, 물론 전혀 '객관적'이지도 않은 결론으로 나아간다. 역사란 것을 거대한 문명과 그들 간의 필연적인 충돌로 간주하는 사관은 지배자의 흥망성쇠에 초점을 맞추는 왕조 사관과 다를 게 없다. 역사의 진정한 주체는 과연 누구인가. 극소수의 지배자인가 대다수의 민중인가. 민주주의 시대를 살고 있는 바로 우리가 그 답을 가지고 있다.

34

레스보스

올림픽이 끝났다. 많은 사람들이 올림픽 사상 전 종목 금메달이라는 양궁의 뛰어난 기량에 환희하고, 펜싱 남자 에페 결승전에서 기적처럼 역전에 성공한 박상영의 불굴의 투혼에 놀라면서 2주일 이상 계속된 브라질 리우에서의 축제를 즐겼을 것이다. 하지만 출전 선수들 중에서 유스라 마르디니라는 이름을 기억하는 사람은 아마 그리 많지 않을 것이다. 그녀는 수영의 100미터 자유형과 100미터 접영 종목에 출전했으나 모두 기록 미달로 예선에서 탈락했기 때문이다.

그러나 18세의 소녀 마르디니에게 기록과 성적은 중요하지 않았다. 사상 최초의 올림픽 난민 대표팀(ROT)이란 깃발 아래 올림픽에 출전한 것 자체가 놀라운 일이었기 때문이다. 지난 3월 국제올림픽위원회는 최근 만연한 난민 사태를 감안하고 그들과의 유대를 강화하기 위해 난민들로 구성된 올림픽 대표팀을 결성한다고 발표한 바 있다. 이는 최종적으로 남南수단, 시리아, 콩고 출신 선수 10명으로 구성되었는데, 출전 종목은 육상 6명, 수영 2명, 유도 2명이었다.

다마스쿠스 출신인 마르디니는 2012년 국제수영연맹이 주최하는 25미터 단축 수영 종목에 시리아 대표로 나가기도 했으나, 내전이 격화되고 가족이 살던 집까지 파괴되자 2015년 8월 어쩔 수 없이 자매인 사라와 함께 시리아를 떠날 수밖에 없었다. 그들은 레바논을 거쳐 터키에 도착해 그곳에서 다른 18명의 사람들과 함께 그리스로 가는 조그만 배를 탔다. '딩이'라고 불리는 이 소형 보트는 원래 6~7인승이었으나 상황이 상황인지라 정원을 지키기는 어려웠을 것이다. 그 때문인지 급기야는 도중에 엔진이 멈추면서 배가 에게 해를 표류하기 시작했다. 하지만 승선자 중에 수영을 할 수 있는 사람은 마르디니 자매를 포함하여 4명에 불과했다. 하지만 그들은 앞뒤 좌우에서 배를 밀고 끌면서 무려 3시간을 헤엄친 끝에 간신히 레스보스 섬에 닿을 수 있었다. 그들의 놀라운 힘과 의지가 모두를 살린 것이다. 마르디니 자매는 독일로 갔고, 그해 9월 베를린에 정착하였다. 그들의 부모 역시 이후 시리아를 탈출하여 현재 독일에서 자매와 함께 살고 있다고 한다.

마르디니 자매가 천신만고 끝에 발을 디딘 곳이 다름 아닌 레스보스라는 것을 알았을 때, 나에게는 그것이 그저 우연으로만 보이지 않았다. 기원전 7세기, 플라톤과 아리스토텔레스가 세상에 이름을 알리려면 아직 200년은 더 기다려야 할 그때, 레스보스 섬에 한 여인이 살았다고 전해진다. 위대한 시인 호메로스는 트로이 전쟁의 영웅들이 보여준 용맹과 전우애를 비장한 어조로 묘사했지만, 그녀는 서양 고대 세계에서 '나'라는 주어를 사용하여 여성의 평화와 사랑을 찬양했던 최초의 작가로 알려져 있다. '사르디스에 사는 한 전사의 아내에게' 바친 시에서 그녀는 이렇게 읊고 있다.

> "누구는 말 탄 전사들이 / 누구는 열을 맞춘 보병들이 / 또 누구는 날쌔게 노 저어가는 함선들이 / …… 이 세상에서 제일 아름답다고들 하지. 하지만 난 / 이렇게 말하겠네. 세상에서 제일 아름다운 것은 ……"

이 시인의 이름은 사포였다. 그녀의 생애에 대해서는 알려진 바가 거의 없다. 다만 약 200편가량의 시 단편들이 전해져 올 뿐이다. 당시의 시대적 분위기는 호메로스가 읊은 트로이와 비슷했다. 레스보스의 여러 도시들은 리디아의 위협에다 역병까지 창궐하는 힘든 상황 아래 놓여 있었다. 하지만 사포의 시어詩語는 호메로스와는 달리 전사의 용맹성이 아니라 서로에 대한 사랑에 초점을 맞추고 있다. 그래서 그녀는 앞의 시를 이렇게 끝맺고 있다. "세상에서 제일 아름다운 것은 바로 자신이 사랑하는 사람이라고." 사랑과 평화를 염원한 사포의 레스보스가 멀고 먼 훗날 마르디니라는 한 소녀와 그 섬을 거쳐 간 수많은 난민들에게 다시 한 번 서로 사랑할 수 있는 기회를 준 것은 정녕 우연일까.

35

유진 뎁스

이번 미국 대통령 선거 캠페인에서 가장 의미 있는 사건은 무엇일까? 트럼프가 자질 논란에도 불구하고 공화당 후보로 최종 지명된 것은 놀라운 일이지만, 힐러리 클린턴이 미국 최초의 여성 대통령 후보가 되었다는 것만큼 의미 있는 일은 아니다. 거부가 된 한 부동산업자의 정계 진출은 그저 현 상황을 오도한 일부 유권자의 착시 '현상'일 뿐이지만 남성의 전유물로 간주되어 온 대통령직에 마침내 여성이 도전장을 내밀었다는 것은 더 나은 미래를 위한 하나의 '사건'일 것이 분명하기 때문이다.

하지만 힐러리의 성공보다 훨씬 더 의미심장한 사건은 버나드(버니) 샌더스의 등장이 아닐 수 없다. 갑자기 뉴스의 초점이 된 그를 보고 아마 많은 사람들이 미국에도 사회주의 정치인이 있느냐고 의아해 했을 것이다. 사실 미국의 주류 지식인들은 오랫동안 자국의 국시國是를 리버럴리즘, 즉 자유주의로 규정해 오고 있는데, 그 핵심은 곧 개인의 자유 및 기업의 자유이다. 근대 자본주의의 시조 격인 영국조차도 사회민주주의를 거치면서 복지 국가를 지향하게 되지만, 미국은 그것조차 개인의 자유에 위배된다고 보는 반反복지 국가이다(그래서 최근 통과된 오바마의 '헬스 케어'도 지배층 입장에서는 사회주의 정책으로 보일 것이다).

미국의 이러한 지적·사회적 풍토를 감안할 때, 샌더스의 부상은 미국이 내부적으로 이미 어떤 중요한 변화의 길목에 와 있는 것이 아니냐는 의문을 낳게 만든다. 샌더스는 23개 민주당 예비 선거에서 힐러리에 앞섰고, 전체 대의원의 약 46퍼센트를 얻을 정도로 누구도 예상치 못한 놀라운 저력을 보여 주었다. 특히 열성적인 지지자들 덕분에 그는 거액 기부자에 의존하는 주류 정치인들과는 달리 의도적으로 소액 기부만을 받음으로써, 자신이 대기업이 아닌 보통 사람들의 친구라는 점을 천명하였다.

샌더스의 상원 의원 사무실에는 그가 가장 존경하는 인물로 꼽은 한 인물의 이름이 명판에 새겨져 벽에 걸려 있는데, 미국에서 가장 유명한 사회주의자 유진 뎁스가 바로 그 사람이다. 그가 뎁스와 본격적인 관계를 맺게 된 것은 1979년에 '노동조합주의자이자 사회주의자이며 혁명가인 유진 뎁스'라는 제목의 그에 관한 다큐멘터리를 제작하면서부터였다. 그는 특히 노동자 편에 서서 불평등을 바로잡으려던 뎁스의 저항 정신에 깊은 공감을 느꼈던 것 같다. 당시 38세였던 샌더스는 이 필름의 각본과 감독을 도맡았을 뿐만 아니라 뎁스의 말을 자신의 목소리로 전달하기까지 했기 때문이다. 그로부터 2년 뒤에 그는 버몬트의 주도主都 벌링턴 시장에 당선되어 정계에 입문하게 되고 하원 의원과 상원 의원을 거쳐 결국 민주당 대통령 후보의 자리를 놓고 힐러리와 경합하는, 아무도 예상치 않은 위치에까지 오르게 된다.

샌더스를 사회주의의 길로 이끌어준 뎁스는 철도 노동자 출신으로, 미국 최초의 산업노동조합인 미국철도조합(ARU)을 창설한 인물이다. 특히 1894년 철도 차량을 제작하는 풀먼사社가 노동자들의 임금을 대폭 삭감하자 이에 저항하는 이른바 '풀먼 파업'을 주도하였다. 전국적으로 조직된 이 파업에는 27개 주에서 250,000명 이상의 노동자들이 참가한 것으로 알려져 있다. 뎁스는 주모자로 몰려 6개월 동안 옥살이를 하게 되는데, 그는 바로 이 '강제된 휴식기'를 통해 레온 트로츠키를 포함한 사회주의자들의 책을 읽고 자신의 이념을 정하게 된다. 이후에 그는 미국사회당을 만들어 모두 다섯 번에 걸쳐 스스로 대통령 선거에 나선다. 그는 1918년 제1차 세계대전 참전에 반대하는 연설로 다시 투옥되어 수년 뒤에 감형으로 풀려나지만 그 후유증으로 곧 세상을 떠난다. 한 세기 전에 미국 노동조합 운동과 사회주의의 길을 닦았던 뎁스와 그 길을 따라 이제는 미국 사회주의자의 부상이라는, 생소하게만 들리는 뉴스를 만들어낸 샌더스. 과연 그들이 자본주의의 본산 미국에 어떤 의미 있는 족적을 남길 것인가.

36

대통령 '각하'

1789년 4월 30일, 2년 전에 새로이 만들어진 연방 헌법에 의거해 미국 최초의 대통령에 선출된 조지 워싱턴은 의회에서 대통령 취임 선서를 하게 되어 있었다. 하지만 그와 의원들은 곧 사소한 것처럼 보이지만 매우 중요한 전대미문의 문제와 맞닥뜨리게 되었다. 그것은 대통령을 어떻게 불러야 적절한 것인지에 대한 의문이었다. 워싱턴은 미국 최초의 대통령일 뿐만 아니라 동시에 역사상 최초의 대통령이었기 때문에 이에 대한 전례가 전무했던 것이다.

4월 23일, 리처드 헨리 리의 발의에 따라 의회는 이 사안에 대한 열띤 논의를 시작하였다. 독립 전쟁 당시 아메리카인들은 자신들의 지도자였던 워싱턴을 '각하' 혹은 '장군'이라고 불렀다. 따라서 부통령이던 존 애덤스가 그를 유럽의 옛 관례에 따라 '전하'라고 불러야 한다는 주장을 했던 것도 별로 놀랍지 않은 일이었다. 외교관으로 영국과 프랑스 등지를 오갔던 그로서는 유럽의 왕이나 황제와 동등한 지위에 있다고 보는 미국의 수장이 '각하'—일반적으로 왕 아래의 귀족에게 붙이는 호칭—로 불릴 수는 없다고 생각했고, 그래서 좀 더 높은 칭호인 '폐하'도 가능하다고 주장하기까지 했다.

그러나 완전히 새로운 정치 이념에 의거해 건국된 미국 대통령을 이런 유의 봉건적 칭호로 부르는 것은 구시대적 발상이라는 강력한 비판이 제기되었다. 특히 토머스 제퍼슨은 자신이 들은 말 중에서도 가장 터무니없는 칭호라며 크게 반발했고, 벤저민 프랭클린 역시 애덤스가 완전히 미쳤다고 생각할 정도였다. 대통령의 칭호를 둘러싼 이러한 논쟁 이면에는 신생 국가의 행정부 수반이 좀 더 강력한 힘을 가져야 한다는 애덤스 및 리와 '선출된 왕'의 출현을 경계하는 제퍼슨 및 프랭클린의 이념적 대립이 깔려 있었다.

이 칭호 논쟁에 직접 관여하지는 않았지만 최초로 그 칭호를 사용할 주인공은 다름 아닌 워싱턴이었고, 따라서 그의 의중이 과연 어떤 것이었는지도 흥밋거리이다. 사실 그는 독립 전쟁으로 나라를 구한 확고부동한 영웅이자 지도자였으며, 그를 거의 왕과 같은 존재로 보는 추종자들 또한 적지 않았기 때문이다. 하지만 이 열띤 논쟁을 지켜보던 그는 결국 제임스 매디슨과 하원의 요청에 따라 단순하게 '미스터 프레지던트'로 부르는 것에 동의함으로써 이는 미국 대통령의 공식 호칭으로 확정되었다. 이러한 전례는 이후 공화주의 내지는 민주주의에 기초한 근대 국가의 행정 수반을 부르는 호칭의 전범으로 자리 잡게 되었다. 현재 프랑스 대통령의 공식 명칭 역시 미국의 예와 동일하다(Monsieur le Président).

몇 달 전에 JTBC 8시 뉴스가 이 문제를 '팩트 체크'한 적이 있었다. 한동안 잘 쓰지 않았으나 요즘 들어 심심치 않게 들리는 '각하'라는 호칭이 과연 현 시대에 적절한 것인지에 대해 의문을 제기한 것이었다. 하지만 왜 그런 칭호가 부적절한 것인지, 그리고 그 대안은 무엇인지에 대한 이유와 결론은 명확하게 제시되지 않았던 것으로 기억된다.

우리는 대통령을 어떻게 불러야 하는가? 이승만 대통령 이래의 각하라는 호칭이 '대통령님'이라는 새로운 말로 대체된 것은 김대중 정부 때부터라고 알려져 있다. 하지만 최근의 권위주의적 분위기에 편승하여 옛 호칭이 다시금 고개를 들기 시작한 것으로 보인다. 미국의 예에서도 보듯이, 한국의 대통령(이 말 자체가 적절한가의 문제는 일단 제쳐두자)을 각하라고 부르는 것은 전혀 적절치 않다. 미국의 건국 시조들이 각하 혹은 전하와 같은 귀족 식의 호칭을 배제한 것은 그것이 민주주의라는 대의에 어긋난다고 여겼기 때문이다. 민주 국가의 주인은 국민이며, 대통령은 다만 그 대의를 받드는 심부름꾼일 뿐이다. 역사는 언제나 교훈을 남기지만 권력자들은 언제나 그것을 잊고 싶어 한다.

37

포르투나

마키아벨리가 남긴 수많은 명구名句 중에 이런 말이 있다. "포르투나는 여인이므로 언제나 젊은이를 가까이 한다." 여인이 젊은이를 좋아한다니, 분위기가 어쩐지 에로틱하다. 그런데 포르투나로 불린 이 여인은 누구인가. 그녀는 고대 로마인들이 신봉한 운運의 여신이다. 중세 이후 이 여신을 표상하는 가장 흔한 이미지는 이른바 '운의 바퀴'이다. 눈을 가린 여인이 물레와 같은 바퀴를 돌리고 있는데, 그 바퀴의 최상부에는 왕이나 제후가, 최하부에는 노예나 농노가 매달려 있다. 눈을 가린 것은 바퀴의 회전에 어떤 명시적 의도가 없다는 뜻이고, 바퀴는 오늘의 운이 내일은 다를 수도 있다는 것을 의미한다.

포르투나가 좋아한다는 '젊은이'는 또 누구인가. 그녀가 레즈비언은 아니므로 그는 물론 남자이다. 그냥 남자가 아니라 젊은 남자이다. 젊음은 활력을 뜻한다. 그래서 그는 에너지가 넘치고 매사에 적극적이며, 나아가 결단력과 용기를 갖춘 남성이 된다. 이런 그가 가장 싫어하는 것이 바로 우유부단이다. 우물쭈물하는 성격으로는 결코 포르투나를 끌지 못한다. 마키아벨리의 말을 인용하자면, "당신이 그 여인을 손에 넣고 싶다면, 그녀를 두들기고 그녀에게 부딪치는 것이 필요하다". 물론 이 말의 진의는 직설적이기보다는 함축적이다. 너무 계산하지 말고 과감하게 행동하라는 것이다. 마키아벨리는 이 젊은이에게 비르투란 이름을 붙여 주었다. 이 단어의 어간語幹인 '비르'는 남성이란 뜻이다.

포르투나 대對 비르투, 혹은 운運 대 덕德이야말로 마키아벨리와 같은 '르네상스인'을 지배한 세계관이었다. 운은 자신이 지닌 덕 혹은 역량으로는 통제하기 힘든 외적 조건을 가리킨다. 운의 바퀴로 표상된 포르투나의 이미지에는 자신의 의지와 노력에도 불구하고 운은 바퀴처럼 돌고 돌 뿐이라는, 약간은 숙명론적인 함의도 없지 않다. 하지만 마키아벨리는 이러한 통념에 도전한다. 우리의 행동에 미치는 포르투나의 힘은 절반을 넘지 못하며, 나머지 절반의 행로는 스스로의 비르투에 달려 있다는 것이다. 어쨌든 절반을 주관하는 포르투나가 문제인데, 그녀는 젊은이에게 더 끌리므로 결단력 있고 용감하게 행동한다면 그녀의 호의를 얻어 원하는 바를 얻을 것이라는 것이 마키아벨리의 조언이다.

그러면 매사에 젊은이처럼 행동하면 성공할 수 있는가. 그렇게만 된다면 성공하지 못할 사람은 아무도 없을 것이다. 현실은 더 복잡하기 때문에 고려해야 할 변수도 더 늘어난다. 역사를 살펴보면 신중하게 행동하여 성공한 경우도 있는 반면에 과감하게 행동했지만 오히려 실패를 맛본 경우도 있다는 것을 알게 된다. 왜 이런 일이 일어나는가. 마키아벨리가 제시한 이유는 "그들의 행동 방식이 그들이 처한 상황과 맞아떨어지지" 않았다는 것이다. 즉 실패의 원인은 자신의 방식만을 고집하면서 스스로가 처한 상황을 직시하지 않은 데 있다는 것이다. 그래서 그가 조언하는 성공의 요체는 이렇다. "시대와 상황에 맞게 행동하라." 혹은 "바람이 부는 방향으로 움직여라."

혜안을 지닌 독자라면 문제의 핵심은 마키아벨리의 두 테제, 즉 "포르투나는 젊은이를 더 좋아 한다"는 것과 "상황에 맞추어 스스로를 변화시켜라"는 것의 종합이라는 점을 인지할 것이다. 이 둘은 서로 모순적인 관계일 수도 있지만 마키아벨리가 내린 결론은 후자를 처세의 제1원리로 삼되, 신중함보다는 과감성에 더 방점을 찍는 것이었다. 항상 미래의 상황에 대비하고 현재의 상황에 맞게 행동하되, 일단 행동에 들어가면 비르투로 포르투나를 제압하라는 것이 그의 최종적 조언인 셈이다. 그는 이러한 처세 원리가 각별히 르네상스 시기의 풍운아 체자레 보르자와 그의 정적政敵이었던 교황 율리우스 2세의 예에서 극명하게 입증된다고 믿었다. 보르자는 비르투를 가졌으나 아버지인 교황 알렉산데르 6세에 너무 의존한 나머지 실패하였다. 포르투나에 제압된 것이다. 반면에 율리우스는 매사에 과감하게 행동함으로써 놀라운 성공을 거두었다. 당시의 상황이 그런 성격을 요구했기 때문이다. 다만 한 가지, 마키아벨리의 처세 원리는 언제나 공익(국익)이라는 명확한 목표를 가지고 있었다는 점을 명심하자.

38

아고스티노 키지

예나 지금이나 사람들은 돈에 관심이 많다. 당연히 누가 최고 부자인지도 궁금해 한다. 경제 잡지 『포브스』가 매년 올해의 부자 순위를 발표하는 것도 이 때문이다. 이것도 모자라 실시간으로 매일 부자들의 재산이 얼마나 증감되고 있는지도 공개된다. 아마 부자들로서는 이 리스트에 이름을 올리는 것이 더 없는 영광일 것이다.

그러면 르네상스의 절정기였던 16세기 초 유럽에서는 누가 최고의 부자였을까. 당시에는 물론 『포브스』 같은 경제 잡지가 없었다. 아니, 도대체 교통도 통신도 불편해 누가 부자인지는 소문으로만 무성할 뿐이었다. 지금처럼 서로의 부富를 비교하는 것은 아예 거의 불가능에 가까웠다.

그래도 국제 무대에서 최고 부자로 회자膾炙된 사람들은 있었다. 그 중 한 사람이 바로 아고스티노 키지였다. 역사책에서 독일 부자 푸거 가家

의 이름은 봤어도 키지라는 이름은 듣지 못한 독자들이 대부분일 것이다. 당시 거부巨富들이 그랬듯이, 키지 역시 국제 무역에서 번 돈을 은행업으로 불린 인물이었다.

키지는 피렌체 남쪽의 인근 도시인 시에나 출신이었다. 기원전 10세기경으로까지 역사가 소급되는, 토스카나의 이 유서 깊은 도시는 팔라초 푸블리코(정무 궁)와 토레 델 만자(먹보의 탑)에 면해, 비스듬히 아래로 경사가 진 인상 깊은 캄포(광장)로 특히 유명하다. 미술사에 조예가 있는 독자라면 아마 중세의 두초에서 르네상스 초입의 피에트로 로렌제티로 이어지는 시에나 유파의 명성을 떠올릴 수도 있겠다.

그는 돈 버는 일에서라면 천부적인 재능에다가 정치적 두뇌까지도 겸비하고 있었다. 그는 30대 중반에야 겨우 사업에 뛰어들었으나, 불과 몇 년 후인 40대 초에 이미 자력으로 유럽 각국의 군주들과 거래하는 유력한 사업가로 부상했다. 특히 이탈리아에서는 소금, 밀, 백반白礬 — 명반明礬이라고도 하며, 모직물이나 실크 염색에 필수적이다 — 의 전매권을 획득하여 엄청난 수익을 올렸다. 그는 자신의 막대한 재력을 기반으로 교황 율리우스 2세와 레오 10세의 재무관이란 중임을 맡아 이를 밑천으로 다시 재산을 증식했다.

그의 사업 반경은 유럽을 넘어서 동방의 여러 지역들에까지 이르렀다. 한창 때 그의 밑에서 일하던 사람의 수가 20,000명을 상회했으며, 사업용 선박도 1,000척이 넘을 정도였다고 전한다. 그는 프랑스 왕 샤를 8세, 발렌티노 공公 체자레 보르자, 교황 율리우스 2세 및 레오 10세에게 거액을 대부해 주기도 했다. 한번은 레오가 재산이 얼마나 되느냐고 묻자, 그는 관련 사업체가 먼 지역들에까지 흩어져 있어 자신도 정확히 알 수 없다고 완곡하게 대답하였다.

키지는 로마의 테베레 강가에 막대한 돈을 들여 초호화판 저택을 세웠다. 라 키지아나(키지 궁)로 불린 이 별궁別宮은 교황을 비롯한 로마 명사들을 위한 연회 및 숙박용으로 사용되었다. 특히 연회장인 지상의 로차(한 면이 개방된 열주 형식의 건물)에는 테베레 강에서 끌어올린 물이 바로 옆에 넘실대도록 만들어놓았다. 그곳의 방들은 라파엘로가 그린 쿠피도와 프시케, 아키스와 갈라테아의 사랑에 얽힌 장면들로 에로틱한 분위기를 연출하고 있었다.

키지의 호화로운 생활에 대해서는 많은 일화가 있다. 키지 궁에서 열린 한 연회에서 식사 후에 금과 은으로 만든 식기들을 테베레 강에다 던져버리도록 했다는 이야기는 특히 유명하다. 하지만 그가 누구인가. 이재理財에서는 둘째가라면 서러울 당대 최고의 사업가가 아니었던가. 그는 미리 강바닥에 그물을 쳐놓았다가 강물로 던진 식기들을 뒤에 다시 건져 올리는 계책을 준비하고 있었다. 또 다른 연회에서는 초청된 명사들의 식기에 그들의 문장紋章이 정확하게 새겨져 있고, 그 그릇 안에는 그들 각각의 출신지 특산물이 요리되어 있었다는 놀라운 일화도 있다.

하지만 영원한 권력과 부는 없는 법. 한때 유럽을 주물렀던 그의 막대한 재산은 '난봉꾼이자 광인'으로 불린 장남 로렌초로 인해 남의 손에 들어갔고, 키지 궁까지도 그것을 탐내던 파르네제 가문의 손으로 넘어가 이후 부자 키지에 대한 기억조차 세인의 머릿속에서 거의 사라져버렸다. 권력에 기댄 부의 허망함인가. 그래도 그가 후원한 수많은 르네상스 대가들의 그림과 건축물들이 여전히 우리에게 즐거움을 주고 있으니, 키지로서는 그것만이 유일한 위안이라고나 할까.

39

역류의 지식인

내 컴퓨터 어느 곳에는 파일 하나가 잠자고 있다. 파일명은 '역류의 지식인들'이다. 언젠가 이런 제목으로 책을 써볼까 하고 틈틈이 찾아놓은 관련 자료며 참고 문헌 목록이 여기에 저장되어 있다. '역류'逆流란 말 그대로 흐름을 거슬러 올라간다는 뜻이다. 결국 역류의 지식인이란 시대적 흐름을 거스르는 인물을 의미한다. 이 파일명에는 '브루노, 캄파넬라, 스피노자'라는 부제가 달려 있다. 이들은 모두 16세기 중엽에서 17세기 중엽 사이의 근대 초기에 살면서 당대의 주류적 흐름에 반하여 사유하고 행동했던 지식인들이다. 이 세 명의 생각과 행적을 통해 역류의 지식인이란 과연 어떤 사람들인지, 우리에게는 왜 그런 사람들이 필요한지 성찰해 보자는 것이 내가 이런 책을 쓰고자 하는 의도이다.

이런 사람들의 사주팔자가 순탄치 않으리라는 것은 충분히 짐작되지만, 파란만장한 삶의 굽이굽이를 살필 때 조르다노 브루노를 따라올 사람도 찾기 힘들다. 그란 인물은 지적으로나 현실적으로나 말 그대로 '이단적 유랑자' 그 자체였다. 그가 살았던 16세기 후반은 프로테스탄트 종교개혁과 이에 대항한 반反종교개혁 혹은 가톨릭 종교개혁의 대립 속에서 이해를 달리하는 각국들 간의 이른바 종교 동란이 한창인 시기였다. 각 교파는 자신들만의 교리를 앞세워 사람들의 '양심'을 일일이 확인하려 했으니, 좀 더 자유로운 사유를 원하는 지식인들에게는 이때만큼 괴롭고 힘든 시기도 없었다. 게다가 코페르니쿠스가 선도한 과학혁명이 시작된 때도 바로 이 즈음이었으니, 새롭게 등장한 근대적·과학적 세계관과 중세적·종교적 세계관(이 점에서는 가톨릭이나 프로테스탄트나 크게 다를 바가 없다)의 대립과 충돌 속에서 특히 전자의 입장에 선 지식인들에 대한 '사상 검증'이 절정에 달해 있었다. 브루노는 이러한 시대적 상황을 가장 극적으로 보여 준 인물이었다.

브루노의 종교관을 굳이 요약하자면, 근대의 '과학적' 우주를 창조한 초월적 존재에 대한 믿음 정도가 될 것 같다. 그래서 그는 예수가 신이라는 것을 받아들일 수 없었다. 그에 따르면, 삼위일체 사상은 신의 단일성과 모순된다. 신의 독생자에 관한 설은 우주적으로 고찰할 경우에 편협할 뿐만 아니라 불합리하다. 세계는 결코 무로부터 창조되지 않았으며, 또 그렇게 될 수도 없다. 왜냐하면 무릇 현존하는 모든 것은 영원히 현존하고 있기 때문이다. 그의 이러한 '급진적' 사상은 앞으로는 2,400년 전에 원자론을 설파한 (로마 공화정 말의 루크레티우스를 통해 알려진) 에피쿠로스와 뒤로는 '동일한 것의 영원한 반복'을 주장한 프리드리히 니체를 생각나게 한다.

브루노에게서 나타나는 가장 급진적 측면은 유기체적 우주관과 범신론적 종교관이다. 그는 신의 발현으로서 인간 이성의 존재를 확고히 믿고 있었지만 이를 기계론적으로 해석하지는 않았다. 그는 우주가 모든 것의 생성과 변화가 일어나는 시공간적 장場일 뿐만 아니라 나아가 그 자체가 하나의 살아 있는 유기체라고 보았다. 마치 현대의 가이아 설과 흡사하게 보이기도 하는데, 그는 이를 지구를 벗어나 우주 전체에 적용한 셈이다. 그는 이집트 및 고전 고대의 사상에 입각하여 우주와 세계의 만물에 '세계영혼'(이때의 영혼은 기독교적 의미가 아니라 '생명력'이란 함의를 가진다)이 깃들여 있다고 생각했다. 바로 이로부터 '자연은 사물들 안에 있는 신'이라는 유명한 범신론적 명제가 도출된다. 이는 두 세대 뒤의 스피노자를 선취先取하는 주장이다. 브루노는 1600년에 이단으로 몰려 로마에서 화형에 처해진다. 지금 캄포 데 피오리에 서 있는 그의 조상彫像은 400여 년 전에 그가 화형당한 바로 그 장소에서 우리를 응시하고 있다.

브루노보다 약 한 세대 뒤의 인물인 톰마조 캄파넬라 역시 일생의 거의 대부분을 감옥에서 보낸, 그리고 생존을 위해 광인 행세를 하지 않을 수 없었던 굴곡진 삶을 살았다. 어릴 때는 신동으로 알려지며 조숙한 면모를 보였던 그는 브루노처럼 일찍부터 '이단적' 사유에 관심을 보였다. 그가 특히 흥미를 느낀 것은 베르나르디노 텔레지오의 반反아리스토텔레스적 경험론이었다. 지식은 감각이며 자연의 모든 것이 감각을 가지고 있다는 그의 주장은 아리스토텔레스적 연역법에 기초한 가톨릭 교리에 위배되는 것이었다. 더구나 그는 당시 이미 도미니코회 수도사였다. 그는 자신의 주장을 담은 『감각 철학』의 한 곳에서 "진리는 은폐되거나 박해받을 수는 있겠지만, 불의가 그것을 영원히 유폐할 수는 없다"라는 말을 남기고 있는데, 이 언명이야말로 이단자로 핍박받으면서도 끊임없이 그것에 저항했던 스스로의 인생행로를 예언한 셈이다.

캄파넬라는 30대 초에 남부 이탈리아 칼라브리아에서 에스파냐의 지배에 대항하여 새로운 공동체를 세우려 했다는 혐의로 체포되었다. 그의 목표는 조아키노(요아킴) 다 피오레의 예언과 자신의 점성술에 입각한 일종의 공유제 사회의 건립이라는 다분히 이상주의적 성격을 지닌 것이었으나, 어쨌든 이 일을 빌미로 그는 이후 27년간 감옥에 갇혀 수많은 고문을 당하며 비참한 삶을 살게 된다. 하지만 그가 남긴 수많은 저작들이 모두 이때 쓰인 점을 생각하면 그의 비극은 단지 비극만은 아니었다. 그의 가장 유명한 저서 『태양의 나라』는 근대적 과학자들이 다스리는 '신국'神國이다. 그는 이런 관점에서 갈릴레오를 열렬히 찬양했으나, 정작 갈릴레오는 그와 연루되는 것을 달가워하지 않았다. 그와 함께 이단자로 엮일 것이 두려웠기 때문이다. 캄파넬라는 당시의 진보적 지식인들 사이에서조차 기피 대상이 된 거의 '광인' 수준의 이단자였던 셈이다.

'역류의 지식인'으로 마지막 인물은 17세기 중엽에 살았던 베네딕투스 데 스피노자이다. 이름은 '축복받는다'라는 뜻이지만, 그는 스스로 통상적인 축복과는 아주 거리가 먼 길을 택했다. 그는 이탈리아 출신인 브루노나 캄파넬라와는 달리 유대계 네덜란드인이었다. 그가 빼어든 칼은 '명료한 이성'이었다. 확고한 이성에 기초한 그의 합리론은 육체와 정신의 이원론에 머문 데카르트를 뛰어넘었다. 후일 헤겔은 이런 점을 가리켜 "당신이 철학자라면 스피노자주의자거나 철학자가 아니거나 둘 중 하나"라는 유명한 언명으로 압축한 바 있다. 스피노자는 이미 23세의 나이에 기독교 성서를 모독하고 기독교적 신의 존재를 의심했다는 혐의로 이단으로 몰려 암스테르담 유대인 공동체에서 축출되었고, 그의 저작들은 후일 교황청의 금서 목록에 오르게 된다. 그는 여러 번 대학 교수로 초빙되었으나 일생을 렌즈를 연마하는 일을 하며 조용히 살았다. 자신의 신념을 지키기 위해서였다. 그는 44세라는 아직 이른 나이에 결핵으로 세상을 떠났는데, 렌즈 연마의 과정에서 나온 먼지를 오랫동안 흡입한 것이 그 원인이었던 것으로 보인다. 그는 헤이그의 니우베 커크(새로운 교회)에 잠들어 있다.

스피노자 철학에서 가장 인구에 회자되는 명제는 '데우스 시베 나투라'이다. 이 라틴어 어구는 신 혹은 자연이라는 뜻인데, 그의 철학에 대한 후일의 구구한 학설들은 바로 이 구절에 대한 다양한 해석의 결과로 볼 수 있다. 그는 과연 신과 자연을 같은 것으로 보았는가? 만약 그렇다면 그는 일찍이 브루노를 화형주로 이끈 범신론의 일파가 된다. 어쨌거나 그는 자신의 주저 『윤리학』에서 세계에서 일어나는 모든 일은 만물의 본질인 '신 혹은 자연'으로부터 연유한다고 썼다. 그에 따르면 '실재'는 완전하며, 자신이 처한 상황이 불행하게 보이는 것도 사실은 우리가 실재를 제대로 이해하지 못하기 때문이다. 그러므로 인간이 획득할 수 있는 최고의 덕성은 바로 이러한 신, 자연, 우주의 본질에 대한 궁극적 지식을 얻는 것이다. 그의 저작들에 담긴 '수수께끼'는 단순한 수수께끼가 아니라 기독교의 전통 교리에 심각한 균열을 초래했으며, 그리하여 그는 시대의 이단자로 그 선두에 섰다.

우리 시대는 역류를 원할까, 아니면 순류順流를 원할까? 흥미롭게도 불가佛家에서는 전자를 깨달음을 향하여 나아가는 것으로, 후자를 깨달음에서 점점 멀어지는 것으로 간주한다. 아마 세사世事를 반추하고 성찰하지 않고 그 흐름에 마냥 휩쓸리는 것을 중생衆生이라 본다는 뜻일 게다. 연어가 재생을 위해 역류하듯이, 어느 때나 순류를 질타하는 역류의 지식인은 필요하다. 종종 그 자신은 핍박받고 잊히더라도.

40

제르베르
도리약

중세와 르네상스의 학자들은 종종 방랑자였다. 아직 지식이 표준화되어 있지 않던 시절에 그들은 더 나은 지식을 얻기 위해, 그리고 자신의 생계를 이어줄 후원자를 만나기 위해 이곳저곳을 떠돌아다녔다. 이른바 '방랑 학자'(wandering scholars)가 바로 그들이다. 이들 중 가장 전설적인 인물이 뒤에 교황 실베스테르 2세가 된 제르베르이다. 그는 비록 최초의 방랑 학자는 아니었지만 가장 유명한 학자였다. "악마만큼 지혜로운 자가 있을 수 있는가?" 파뉘르쥬가 물었다. "아니." 팡타그뤼엘이 대답했다. "신의 특별한 은총에 의하지 않고는 그렇게 될 수가 없지." 중세 초기의 사람들에게 제르베르의 놀라운 학식은 신과 악마를 연관시키지 않고는 설명할 수 없었다.

제르베르는 프랑스 중부 산악 지대인 오베르뉴 부근에서 태어났다. 그가 출생한 정확한 장소도 부모의 이름도 알려져 있지 않은 것으로 보아

하층 계급 출신으로 보인다. 963년경에 그는 오리약의 생 제랄드 수도원에 들어간다(그래서 뒤에 오리약의 제르베르, 즉 제르베르 도리약으로 알려지게 된다). 선자善者 제랄드는 이 수도원을 약 60년 전 세상을 떠나기 전에 자신의 성 근처에 세웠고 그 스스로도 그곳에 묻혔다. 그것은 클뤼니 수도원처럼 엄격한 베네딕트파 수도원으로, 어떤 지역 권위로부터도 독립적이며 오직 교황에게만 복종하는 곳이었다. 여기서 그는 라이몽이라는 이름의 선생으로부터 라틴어 문법을 배웠다. 이때쯤이면 '문법'은 3학과—문법, 논리학, 수사학—의 하나로 가르쳐지고 있었다.

967년에 바르셀로나의 보렐 백작이 수도원을 방문했고, 대수도원장은 제르베르를 에스파냐로 데려가서 수학을 배우게 했으면 좋겠다고 부탁하였다. 제르베르는 아마도 똑똑한 학생이었던 것 같다. 그래서 대수도원장은 그에게 고급 4학과—산술, 음악, 기하, 천문—까지 가르치고 싶었던 것으로 보인다. 보렐은 이를 허락하였고 그를 주교좌 학교가 있던 빅의 주교에게로 보냈다. 바르셀로나와 빅이 위치한 카탈루냐는 국경 지역이었기 때문에 카탈루냐와 남쪽에 위치한 알 안달루스의 무슬림들과는 대단히 빈번한 교통이 있었다. 당시 알 안달루스는 기독교 유럽보다 훨씬 더 진보한 곳이었다. 유럽에서 가장 큰 도서관도 장서수가 1천권이 넘지 못한 데 반해, 무슬림 수도인 코르도바의 도서관은 무려 40만권의 장서를 자랑하고 있었다. 카탈루냐는 무슬림의 문화 중심지와 가까운 이점이 있었기에 빅 주교좌 성당과 인근의 리폴 수도원 도서관은 유럽에서도 손꼽히는 곳이었다.

무슬림 세계와 인접해 있다는 것은 단지 4학과의 문제와 관련되는 것은 아니었다. 무슬림들은 그리스 및 페르시아 과학의 계승자였고 수많은 고전을 아랍어로 번역하였다. 동시에 아랍의 여행자와 상인들은 인도 및 중국과 교류하면서 그곳의 선진 문명을 흡수한 바 있었다. 무슬림 '과학자들'은 높이 평가받았고 그중에서도 알 안달루스가 중심이었다. 당시 무슬림 천문학자는 세계 최고 중 하나였으며, 천문의天文儀를 능숙하게 다루면서 천체 측정에 많은 업적을 남겼다. 그들의 흔적은 백조자리의 알파성 데네브와 항성 중 가장 밝은 시리우스 성 등 대부분의 주요 행성의 이름이나, 천문학에 관련된 다른 많은 것들, 예컨대 방위각을 뜻하는 'azimuth'나 천문서인 'almagest', 혹은 황도대黃道帶를 의미하는 'Zodiac' 등의 어휘에서 잘 나타나고 있다. 아랍인들은 산술에서도 훨씬 더 앞서 있었다. 그들은 인도에서 영零의 개념을 차용하였고, 근대와 같이 위치로 값을 결정하는 수 체계를 사용하였다. 사실 우리가 지금 쓰고 있는 숫자의 모양도 아랍 식에 그 기원을 두고 있다. 그들은 또한 중국으로부터 주판을 배워와 그것을 능숙하게 사용하기도 했다. 그들은 산술을 넘어 대수학을 정립하였고, 소수素數와 좌표 방정식도 연구하였다. 그들은 비례에 대한 연구를 바탕으로 상당히 정교한 방식으로 음악에 접근할 수 있었다. 그들은 각 음표를 정확히 구분하고 화음과 불협화음에 대한 이론들을 발전시켰으며, 매우 정확히 튜닝을 한 악기를 만들었다. 빅의 주교좌 성당 학교는 제르베르에게 이 모든 지식의 많은 부분을 제공할 수 있었고 제르베르는 그 기회를 십분 활용하였다.

에스파냐를 유랑하면서 무슬림의 선진 학문을 흡수한 제르베르는 드디어 랭스에서 이름을 알릴 기회를 가지게 된다. 그는 수력으로 움직이는 파이프 오르간 제작의 과제를 맡았다. 물론 이전에도 오르간은 있었지만 그것은 오르간 연주자가 계속 페달을 밟음으로써 발생하는 공기압으로 작동되는 것이었다. 제르베르가 만든 오르간은 소리를 지속적으로, 더 넓은 음역까지 낼 수 있었을 뿐만 아니라 수학적으로도 잘 맞도록

되어 있었기 때문에 그 화음은 서양의 어떤 오르간보다 나았다. 또한 제르베르는 아라비아 숫자를 습득하여 로마 식 숫자로는 도저히 생각하기 어려운 계산도 암산하는 능력을 가지게 되었다. 그는 주판 공부를 계속했고 아주 큰 주판을 만들기도 하였다. 그는 랭스 성당 회중석 부분의 마루에 주판을 그려놓고 주판알 대용으로 수많은 원반들을 설치하였다. 그런 뒤에 성당학교 학생 약 64명을 모아놓고는 그들에게 원반을 밀어낼 막대기를 주고 자신은 마루 전체를 볼 수 있게끔 오르간 위쪽에 높이 앉았다. 그가 지시를 하면 학생들은 마치 원반 밀어치기 놀이를 하듯이 원반을 움직였다. 그는 이런 식으로 이전에 비해 훨씬 더 큰 숫자나 작은 숫자를 마음대로 다룰 수 있었다. 그는 이후 주판에 관한 책을 썼는데, 이는 새로운 성당 학교에서 표준적인 것이 되었을 뿐만 아니라 서양에서의 수학 연구에 혁신적 계기가 되었다. 하지만 이는 그가 보여준 경이로운 지식의 한 예에 불과하다.

제르베르의 놀라운 학식은 자신의 끝없는 호기심과 새로운 학문을 배울 수 있다면 어디라도 달려가는 뜨거운 열정에서 나온 것이었다. 그는 후원자와 지식을 얻기 위해 노력했지만 결코 학인으로서의 자유를 저버린 적은 없었다. 학인의 자유는 후원자의 존재에 의존하는 것이 아니라 학문에 대한 열정에서 비롯되는 것이다. 먼 과거와 미지의 땅에 살았던 한 방랑 학자의 행적이 작금의 우리에게 한줄기 빛을 던져준다면, 학인은 본질적으로 방랑하는 자유인이기 때문은 아닐까 생각해 본다.

41

헤로스트라토스

기원전 356년 7월 20일경, 그리스인 청년 헤로스트라토스는 에페소스(지금의 터키 서해안에 위치)에 있던 아르테미스 신전에 불을 질렀다. 사냥과 출산의 여신을 기리는 이 신전은 같은 신을 모신 약 30개의 그리스 성소聖所 중에서도 가장 아름다운 곳으로 이름이 높았다. 높이 18미터의 기둥들이 130미터의 길이로 늘어서 있는 이 열주의 대리석 신전은 고대 세계 7대 경이驚異 중 하나로 꼽힐 정도였다. 헤로스트라토스의 방화 동기는 놀랍게도 단지 명성을 얻고 싶다는 것뿐이었다. 그는 방화의 책임을 피하려하기는커녕, 이 행위가 자신의 이름을 역사 속에 불멸케 할 것이라고 자랑스럽게 언명하기까지 하였다. 이에 당혹한 시 당국은 유사 범죄의 재발을 막기 위해 그를 처형하는 데 그치지 않고, 이후에 그의 이름 자체만 언급해도 사형에 처한다고 선포하였다. 하지만 키오스 출신의 당대 역사가 테오폼포스가 이 사건을 기록함으로써 헤로스트라토스는 자신의 뜻대로 역사 속에 '악명'을 남기게 되었다.

역사 속에는 이러한 헤로스트라토스 식의 명성을 좇는 사례가 결코 드물지 않다. 잘 알려진 현대의 예 중 하나가 비틀즈의 창설 멤버였던 존 레논을 암살한 마크 데이비드 채프먼이다. 1980년 12월 8일에 그는 레논의 아파트 바로 바깥에서 그에게 총을 쏘았고, 놀랍게도 당시 미국 청년들의 애독서였던 제롬 데이비드 샐린저의 소설 『호밀밭의 파수꾼』을 읽으면서 경찰이 도착하기를 기다렸다. 그에게는 최소 20년 이상의 종신형이 구형되었다. 그는 기꺼이 자신의 유죄를 인정하였고, 이후 수차례의 가석방에도 응하지 않았다. 그에게는 다각도의 심리 검사가 행해졌으나 어떤 뚜렷한 범죄 동기도 나오지 않았다. 하지만 이 사건으로 당신이 유명해졌느냐는 질문에 그는 그렇게 생각한다고 답했다. 어쨌든 그와 이 사건에 대한 많은 인터뷰와 기사, 책과 영화가 만들어졌으니, 그는 현대의 헤로스트라토스가 된 것이다. 채프먼에게는 레논이 아르테미스와 같은 신이었고, 결국 그는 신을 죽임으로써 유명해진다는 고대의 전례를 되풀이한 셈이다.

헤로스트라토스나 채프먼과 같은 범죄형은 아니라 하더라도, 사람들은 누구나 명성을 희구하는 마음을 가지고 있다. 인간은 사회적 동물이기 때문에 남이 자신을 알아주고 인정해 주기를 바란다. 다만 그러한 욕망이 얼마나 강한가에서 차이가 있을 뿐이다. 스스로 그것을 이룰 수 없는 사람들은 남의 명성에 기대어 대리 만족을 얻으려 한다. 바로 이러한 욕망을 먹고사는 대표적인 경우가 연예인이다. 그들에게서 팬들로부터 얻는 인기는 절대적이다. 연예인의 명성은 전적으로 팬들의 사랑에서 나온다. 하지만 팬들의 사랑에 현혹되어 자신에 대한 관리를 소홀히 하다가는 언제 인기가 급락할지 모르는 것이 연예인의 이중적 운명이기도 하다.

인기의 문제는 연예인뿐만 아니라 정치인에게도 적용된다. 정치가라면 거창하게 보이지만, 그들 역시 인민을 대상으로 한다는 점에서 팬을 상대하는 연예인과 근본적으로 다르지 않다. 이에 대해서는 마키아벨리의 유명한 언명이 있다. 그는 『군주론』에서 군주가 인민들로부터 사랑받는 편이 좋은가 두려움의 대상이 되는 편이 좋은가라는 전통적인 문제를 제기한 뒤, 양자를 다 취하기는 어려우므로 두려움을 택하는 것이 더 낫다는, 그야말로 전례 없는 주장을 했던 것이다. 중요한 것은 그 이유이다. 두려움은 자신이 가진 능력의 산물인 반면에, 사랑은 그것을 주는 인민들로부터 나오므로 주는 편이 언제 그것을 거두어들일지 알 수 없기 때문에 그에 기대는 것은 매우 위험하다는 것이다. 여론의 향방에 촉각을 곤두세울 수밖에 없는 것이 현대의 정치인들인 만큼 마키아벨리의 옛 언명은 지금도 여전히 유효한 셈이다.

최근 한 여당 국회 의원이 법원의 판결에 불복하면서까지 전교조 명단 공개를 강행한 일이 있었다. 그는 자기 자신이 국회 의원이라는 헌법기관이므로 국민에게 이익이 되는 명단 공개를 할 수 있다고 강변하였다. 나는 그의 행위가 혹시라도 명성을 얻기 위해서라면 신도 죽이려 했던 헤로스트라토스의 범죄와 동류가 아니길 바란다(자신의 유죄를 인정하지 않는다는 점에서 동류가 아닌 것도 같다). 유명해지고 싶은 정치인의 야심은 자신에게만이 아니라 많은 사람들에게 독毒이기 때문이다.

42

마키아벨리의 화형

마키아벨리가 화형당한 사건을 아는가.

그는 17세기 초 아폴론 신전이 있는 그리스 중부 델피 부근의 파르나소스 산에서 열린 재판에서 화형을 선고받고 한 줌의 재로 사라졌다. 이 산은 유명한 문인, 예술가, 정치가 등이 거주하는 곳으로 널리 알려져 있다. 이 사건을 전한 인물은 파르나소스 주재 특파원이었던 이탈리아 로레토 출신의 문인 트라이아노 보칼리니였다. 그 짤막한 전말은 이렇다.

'피렌체의 서기장' 마키아벨리는 일찍이 외교적 통찰력과 명석한 저작으로 명성을 얻은 덕분에 명인名人들의 세계 파르나소스에 살게 된다. 하지만 그는 어느덧 사람들에게 유해한 존재로 낙인이 찍히는 바람에 그곳에서 쫓겨난다. 하지만 어느 날 그는 친구의 서재에 숨어 있다가 발각된다. 분노한 파르나소스 거주자들은 그에게 화형이란 극형을 내린다. 그러나 형이 집행되기 직전에 그는 재판부에 간청하여 스스로를 변호할 기회를 얻는다. 다행히도 보칼리니의 통신문에 그 변론의 전문이 다음과 같이 기록되어 있다.

"만장하신 여러분, 여기 인류를 선동·부패케 하고 파렴치한 정치 교리를 퍼뜨린 혐의로 비난받아온 니콜로 마키아벨리가 서 있습니다. 저는 여기서 저의 저술을 변호하고 싶은 생각은 추호도 없습니다. 왜냐하면 제 자신이 먼저 그 속에 가득 찬 불경스러운 내용과 잔혹하고 가증스런 국가 통치의 술책들을 공개적으로 비난하고 싶기 때문입니다. 만약 책 속의 교의들이 제 스스로 창안해 낸 것이거나 전혀 새로운 것이라면, 저는 제 자신에 대해 내려진 판결을 즉시 집행해 줄 것을 원하는 바입니다. 그러나 만일 저의 저술들이 다만 …… 사악한 언행을 일삼았던 군주들의 행위로부터 추출해 낸 통상적인 정치 격언이자 통치 법칙을 포함하고 있을 뿐이라면, 도대체 무슨 이유로 그토록 광란적이고 절망적인 통치술을 만들어낸 사람들은 신성한 존재라고 칭송하면서 단지 그것을 문자로 옮겼을 뿐인 저만을 천하의 악당이자 무신론자라고 매도하는 것입니까? 저는 …… 만인에게 허용되고 권고되는 역사책을 통하여 정치안眼을 가진 사람이라면 능히 또 다른 마키아벨리로 변모할 수 있음에도 불구하고 어떻게 해서 유독 저만이 비난받아야 하는지를 알 수가 없습니다. 통상적인 믿음과는 달리 사람들은 그리 단순하지가 않습니다. 자연의 가장 은밀한 비밀까지도 알아낼 수 있는 놀라운 재능을 지닌 사람들이라면, 비록 교묘히 숨겨져 있다 해도 군주의 행위가 지향하는 진정한 목적을 발견해 내지 못할 이유가 없습니다. 그러므로 만약 군주가 백성을 용이하게 다루기 위해 그들을 바보스럽고 우둔하게 만들고자 한다면 …… 그는 모든 학문을 일절 금지해야만 할 것입니다."

마키아벨리의 조리 있는 변론에 깊은 인상을 받은 재판관들은 앞서 내린 판결을 취소하려 하였다. 이때 검사가 그의 새로운 죄상에 대한 증거를 내놓는다. 마키아벨리가 어느 날 밤에 양 떼 속에 숨어들어 양의 입에 개의 이빨로 만든 의치義齒를 끼우려다가 발각되었다는 것이다. 이는 목자牧者들에게 매우 위험스러운 행위였다. 만일 양들이 개의 이빨을 지니게 되면, 이제는 두툼한 가슴받이를 하고 긴 장갑이라도 끼지 않으면 더 이상 젖을 짜거나 양털을 깎을 수 없을 것이라는 말이었다. 또한 목자들이 양 떼를 더 이상 휘파람과 지팡이로 다룰 수 없게 되고 밧줄로 둘러친 울타리로 지킬 수 없게 되면, 양털과 치즈의 가격이 폭등하게 될 것은 틀림없는 사실이라는 것이다. 마음이 단순하고 성격이 온순한 양들에게 뿔과 이빨과 판단력을 제공함으로써 전 세계를 혼란에 빠뜨리려 한 마키아벨리의 이러한 행위에 분개한 재판부는 결국 그에게 인류에 대한 반역자로서 화형을 언도하였다는 것이다.

특파원 보칼리니는, 마키아벨리의 악명 높은 책들이 사실은 감언이설로 우민화하려는 정치가들에 대항하여 백성에게 '개의 이빨'을 달아주려 한 것이지 군주들에게 권력을 유지할 간교한 책략을 가르치려 한 것이 아니었다면서 그에게 동정 어린 논평을 덧붙였다. 세평世評과는 달리, 마키아벨리는 오히려 권력의 비밀을 만방에 폭로한 사람이라는 것이다.

'권력의 비밀'은 동서고금을 막론하고 언제나 존재한다. 인간 세상에는 권력이란 것이 언제나 존재하며 권력은 비밀을 먹고 살기 때문이다. 민주화가 되었다고 그러한 비밀이 사라지지는 않는다. 권력의 비밀은, 깜깜한 밤에 촛불이라도 켜들고 눈을 부릅뜬 채 사방을 살피는 사람들에게만 보인다. 마키아벨리는 죽는 순간에도 불로써 그것을 밝히려 하지 않았는가.

43

파시즘 식별법

1980~90년대 운동권 학생들이 주로 사용하던 말 중에 '파쇼'라는 것이 있었다. 이는 대체로 권위주의적 독재 권력을 포괄하는 의미로 쓰인 것이었다. 원래의 이탈리아어로 '파쇼'(fascio)란 나뭇가지 같은 것의 '묶음'을 뜻하는데, 이것이 확대되어 같은 목적을 가진 사람들의 '연대'를 뜻하게 되었다. 고대 로마 시대에는 그러한 묶음의 이미지를 공권력의 상징으로 사용하기도 했다.

'파쇼'가 독재 정권을 비하하여 가리키는 말로 사용된 것은 베니토 무솔리니에서 비롯된 이른바 역사적 파시즘의 유산이다. 1919년 그에 의해 만들어진 '전투 파쇼'가 그 시작이었다. 무솔리니의 민족파시스트당(PNF)은 반공산주의, 반아메리카주의, 반자본주의 등을 강령으로 내세웠다. 당의 이념을 직접적으로 규정하기보다는 주위의 다른 이념과 가치를 부정하는 방식으로 자신의 정체성을 부여했던 것이다. 이러다보니 학자들 사이에 과연 역사적 파시즘이 어떤 것이었던가에 대한 논란은 지금도 계속되고 있다.

하지만 내면적으로는 중세와 같은 계서제階序制 사회를 이상으로 삼는 경향이 있었던 것으로 보아 파시즘이 강력한 권위주의를 그 본질로 하고 있었다는 점은 분명하다. 그래서 학생들이 반反파쇼를 외쳤을 때, 그것은 곧 반독재와 거의 동의어였을 것이다. 파쇼 혹은 파시즘은 이제 역사적 용어로부터 권위주의적 독재를 가리키는 일반 용어로 변한 것이다.

파시즘에 내장된 권위주의는 고도로 중앙 집중화된 권력 구조들로 이루어진다. 그것은 잠재적인 저항 세력을 억압함으로써 스스로의 정치 권력을 창출하고 유지하는 특징을 가지고 있다. 이를 위한 도구가 바로 정당과 대중 조직이다. 그들은 이를 통해 국민들을 자신들의 정치적 목표로 이끌어간다. 학자들이 제시하는 파시즘 정권의 일반적 특징은 이렇다.

정당은 더 이상 민의의 반영이 아니며, 외형적인 서민 정책 아래서 국민은 점점 더 우중화된다. 겉으로는 법을 내세우지만 이미 그것은 정의에서 멀어지고 있다. 법이란 통상 갈등의 조정자일 뿐 자동적으로 정의와 동치되지는 않으며, 진정한 법치주의에는 언제나 형평과 공정함의 가치가 내재되어야 한다는 점은 무시된다. 법은 권력의 시녀로 전락한다. 선거는 공정치 않은 과정을 거쳐 통상 정권이 원하는 결과로 나타난다. 중요한 정치적 결정은 밀실에서 이루어진다. 정당은 외형적으로 그것의 정당함을 광고하는 도구에 불과하다.

이제 국회에서의 논의가 알맹이 없는 허망한 말장난으로 보이기 시작한다. 권력의 향방을 재빨리 눈치 챈 관료들은 더 이상 국회 의원들의 감독을 받으려 하지 않는다. 민의의 대표라는 그들의 말은 힘없는 자들의 자위에 불과하다. 무소불위의 불도저 식 권력 행사가 강력한 리더십이라는 이름으로 부각된다.

사법부는 점점 더 독립성을 상실하고 정치적 판단으로 명맥을 유지한다. 법리 논쟁은 사라지고 소수의 극보수적 인사가 분위기를 장악한다. 방송과 신문은 정치 지도자의 언행을 최우선 뉴스로 삼기 시작한다. 언론은 권력자의 행적을 홍보하는 광고업체로 전락한다. 소통의 통로는 하나둘 사라지게 된다.

시민적 자유가 어느새 사라져간다. 정부는 의미 있는 항의에 대해 관용을 보이지 않는다. 국가 안보를 내세워 저항의 목소리들을 잠재운다. 사회의 조직과 기관의 구성원들이 권력자 편 사람들로 채워지기 시작한다. 내부의 저항 세력들은 다양한 사찰의 방법을 통해 약화시킨다. 혈연, 지연, 학연, 권연勸緣 등 여러 사회화 경로를 이용하여 연대 세력을 규합한다. 필요하면 군대를 동원할 수도 있다. 대략 이러한 것들이 파시즘의 일반적 지표들이다.

최근 들어 한국이 '파쇼'적 상황으로 가고 있다는 경고의 발언이 자주 들린다. 여러 사람이 죽고 다친 용산 철거 사건의 방치, 쌍용자동차 파업 등에서 나타난 경찰력의 전례 없는 공격성, 반정권 인사의 배제와 비판적 시민 단체에 대한 압력, 국정 감사에서 정부 관료들이 보여준 안하무인격 말투와 태도, 군 감찰 기관의 민간인 사찰 의혹, 심지어는 일반 시민들에 대한 부와 권력을 가진 자들의 소송 남발 등, 문민정부 이후에 보기 어려웠던 일들이 심심찮게, 그것도 하등 거리낄 것 없이 당당하다는 분위기 속에서 일어나고 있다는 점이 마음에 걸린다. 현 정국을 보는 눈이 완전히 상반된 두 개의 관점으로 양분되어 있다는 점 역시 기분 나쁜 징후이다. 소통 부재를 의미하기 때문이다. 위에 제시된 '학문적' 지표를 적용하여 작금의 한국이 과연 파시즘 정국인지 아닌지 자신의 시각을 한번 확인해 보는 것도 나쁘지 않을 것이다.

44

호기심과 진화

얼마 전 몇몇 교수들과 점심 후 커피를 마시다가 인간 진화의 가장 중요한 내적 동력은 무엇일까에 대해 이야기를 나누게 되었다. 그때 대체로 동의한 대답은 '호기심'이라는 것이었다. 호기심이란 알다시피 누구나 가지고 있는 본유적 감정의 일종이다. 그것은 특히 무엇을 찾거나 탐색하거나 학습하고자 하는 경향을 가지고 있다. 호기심은 본능과는 다른데, 본능은 좀 더 고정적 행동 유형을 유발하는 데 비해 호기심은 더 예측하기 힘들고 유연한 표현 방식을 보이기 때문이다.

호기심은 각별히 미지의 것과 관련이 있다. 호기심好奇心이란 한자로 보면 '신기한 것을 좋아하는 마음'이란 뜻이다. 서양어의 어원인 라틴어 '쿠리오시타스'(curiositas)의 어간語幹인 '쿠르'(cur) 역시 '왜?'라는 의미를 가지고 있다. 미지의 세계에 관심을 보인다는 것, 그것을 찾아 모험을 떠난다는 것, 그것을 깊이 고구考究하여 숨겨진 진실을 알아낸다는 것, 바로 이런 행동이야말로 인간의 진보를 추동해 온 내적인 힘이 아니었을까?

물론 호기심은 인간만의 전유물이 아니다. 심리학 사전들에 의하면, 그것은 침팬지나 원숭이처럼 인간과 가까운 영장류는 말할 것도 없고 고양이, 어류, 파충류, 심지어는 곤충에서까지도 관찰되는 매우 광범위한 감정이라고 한다. 하지만 인간의 호기심이 다른 경우보다 훨씬 더 강하다는 것은 확실하다. 그것은 다른 대부분의 동물들과는 달리 질적 차이도 가지고 있는 것처럼 보인다. 호기심은 통상 대상을 모방하는 것으로 나타나는데, 인간은 여기서 더 나아가 환상과 상상의 세계를 갖기 때문이다(아마 일부 영장류 역시 이런 감정을 가지고 있을 수 있겠지만). 이런 면에서 호기심은 본능과 이성 사이 어디쯤에 존재하는 감정인 것 같다. 과학자가 아닌 인문학자로서 자유롭게 '상상'해 본다면, 그것은 감정과 이성을 연결해 주는 가교 같은 것처럼 보이기도 하고, 이성으로 진화 중인 감정 같기도 한 아리송한 존재이다.

찰스 다윈 이래 정교하게 가다듬어 져온 과학적 진화론은 무기물이 어떻게 해서 유기물로 바뀌고 비非생명이 어떤 경로를 거쳐 생명으로 나타나는지, 그리고 조상의 유전자가 어떻게 자손으로 전해지는지를 우리에게 설명해 주고 있다. 하지만 실제의 복잡한 현상을 관찰하면 그러한 설명만으로는 어떻게 그토록 복잡한 적응 현상들이 출현했는지 잘 알 수 없는 경우가 많다. 그래서 과학적 진화론에 회의적인 사람들(특히 일부 종교인들)은 아예 진화론 자체를 폐기 처분하고 모든 것을 신의 창조의 덕으로 돌리기도 한다. 하지만 "하느님도 스스로 돕는 자를 돕는다"라는 속담이 있듯이, 신은 도대체 어떤 방식으로 그런 정교한 메커니즘을 만드셨는지 탐구해 보는 것 역시 신이 주신 인간의 호기심 아니겠는가.

그런데 이 호기심이란 감정은 동물에만 있는 것일까? 우리는 우리의 행동 방식이나 척도와는 아주 다른 생물체에 대해서는 의외로 무지한 경향이 있다. 식물은 움직이지 않는다든지, 고통을 느낄 수 없다든지 하는 일반적 편견이 그렇다. 식물도 물론 움직인다. 속도가 아주 느리고 행동반경이 좁아서 쉽게 관측할 수 없을 뿐이다. 아침에 화분의 위치를 바꾸어놓아 보라. 저녁이면 잎의 방향이 어떻게 바뀌었는지 쉽게 알 수 있을 것이다. 식물이 감정이 있는가 하는 것은 누구도 답을 할 수 없는 문제이다. 확인하기도 힘들다. 그렇다고 감정(물론 우리의 감정과는 다른 어떤 것이겠지만)이 아예 없다고 누가 단언할 수 있단 말인가. 식물도 행동하며 감정을 갖고 있고 심지어는 고도의 생존 전략까지도 구사한다.

난蘭이 재미있는 예가 될 수 있겠다. 지구상에는 대단히 다양한 종류의 난이 번식하고 있는데, 각 종류마다 꽃가루받이 하는 방식이 다르다. 때로는 기상천외한 경우도 있다. 일부 과학자들이 '매춘부 난'이라고 부르는 것이 그 하나인데, 이런 별명이 붙은 이유가 있다(이 별명에 대해 너무 도덕적 의미를 부여하지 말기 바란다). 이 난은 그 지역에 사는 벌을 통해 수분受粉을 하는데, 꽃이 흡사 암벌의 뒷모습과 닮아 있다. 그래서 수벌(좀 멍청한 놈이 틀림없겠지만)이 교미를 하려고 꽃에 앉았다가 머리에 꽃가루만 뒤집어쓰고는 다른 꽃으로 날아간다. 그러고는 다시 똑같은 시행착오를 거치면서 결국 수분을 하게 된다는 것이다.

그런데 이런 의문이 든다. 도대체 그 난은 어떻게 꽃가루받이를 해줄 벌의 암컷 모습을 알게 되었을까? 현대 과학이 해줄 수 있는 대답은, 우연히 암벌 모습과 유사한 꽃모양이 돌연변이에 의해 나타났고 그것이 생존에 유리하여 계속 유전자를 통해 자손에게 전해졌다는 것이다. 그럴 듯하지만 아무래도 내 호기심을 충족시키지는 못한다. 설명이 기계적이기 때문이다. 그래서 나는 다시 호기심이 준 상상력을 발동하여 난도 감정이 있고 호기심이 있어서 주위 환경을 관측하여 암벌의 모습을 갖게 되었으리라는 생각을 해본다. 자연의 지성이란 것이 꼭 인간적인 모습을 하고 있을 필요는 없지 않을까?

45

여우형 인간

인간의 성격은 타고나는 것일까, 혹은 살아가면서 바뀌는 것일까? 물론 어느 쪽이든 그렇게 주장할 만한 근거는 있다. 성격이란 기본적으로는 타고나겠지만 그래도 인생을 살아가면서 얻는 경험과 학업을 통해 획득하는 지식 덕분에 자신을 성찰하면서 단점을 보완하게 된다는 것이 아마 가장 '바람직한' 정답일 수도 있다. 만약 아무것도 바뀌지 않는다면 인격 도야란 교육적 표어부터가 공허해질 것이기 때문이다.

하지만 최근 DNA의 구조와 기능에 대한 연구가 가속되면서 인간의 행동이나 성격이 상당 정도 생물학적으로 결정된다는 학설이 득세하고 있다. 마이클 크라이튼의 소설 『넥스트』를 보면, 심지어 안락 유전자까지도 등장한다. 새로운 모험과 도전보다는 전통과 관습에 더 안락함을 느끼는 사람들에게는 그런 유전자가 내장되어 있다는 것이다. 이는 물론 소설적 상상력의 소산일 뿐이지만 그만큼 성격에 대한 생물학적 결정론이 힘을 얻고 있다는 증좌라 할 수 있겠다.

그런데 이런 DNA 이야기가 나오기 전인 아주 오랜 옛날부터 사람들이 성격을 결정론적 관점에서 파악해 왔다는 점은 흥미롭다. 서양에서 가장 유명한 성격 구분론 중 하나가 마키아벨리의 사자형 및 여우형 분류이다. 사자형은 호기롭고 대담한 성격으로 항상 자신의 존재를 드러낸다. 힘과 권력을 앞세우는 인간형이다. 여우형은 반대로 자신의 본심을 숨기며 언제나 다른 사람의 동태를 살피는 편이다. 힘보다는 계책에 밝은 인간형이다. 마키아벨리에 따르면, 이 두 인간형은 모두 장단점이 있다. 힘만 앞세우다가는 덫에 걸리기 쉽고, 계책에 밝다고 뽐내지만 막상 강력한 힘 앞에서는 무력해진다는 것이다. 그래서 이 두 성격을 잘 조합해야만 성공할 수 있다는 것이 그의 주장이다.

물론 그가 조언한 대상은 왕이나 제후와 같은 정치권력자였지만, 약간 변형하면 보통 사람들에게 적용해도 손색이 없다. 이 경우라면 단연 여우형이 중요해진다. 대부분의 사람은 여우형에 가깝기 때문이다. 17세기 나폴리의 문인 토르콰토 아체토는 인간형을 잔인하고 광포하며 야만적인 사자형, 의리 없고 불성실하며 음흉한 늑대형, 그리고 대다수의 사람들이 속하는 여우형으로 나누었다. 결국 세상을 살아간다는 것은 곧 이러한 인간형들에 어떻게 대처해야 하는가의 문제이기도 한데, 그는 이 중 여우형에 대한 방어가 가장 힘들다고 말한다. 사자형과 늑대형은 위험하지만 금방 그 존재를 알아차릴 수 있는 반면에, 여우형은 누가 여우인지를 알기가 힘들기 때문이다. 더욱이 여우형은 자신의 주변 어디에나 있다는 점이 위험도를 더 상승시킨다. 교활성에는 교활성으로 맞서는 것이 한 방법이겠지만 여우형에도 등급이 있을 테니, 아마 대다수의 사람들은 자신이 여우였다는 것도 모른 채 등급 높은 여우에게 당하고 말 것이다. 이때 처세술의 요체는 역시 본심 숨기기이다. 남보다 앞서 자신의 주장을 밝히지 않는 편이 여러모로 낫다는 것이다. 마키아벨리와 아체토의 이런 인간형 내지는 성격형 분류는 권모술수가 판쳤던 16, 17세기의 어지러운 이탈리아 사회 속에서 군주 혹은 보통 사람의 성공을 위한 처세술의 일환으로서 나온 것이었다. 하지만 우리가 살고 있는 작금의 세상이 그때보다 더 도덕적일 것이라고 주장할 만한 근거는 없으니, 이런 인간형 분류에도 아직 음미할 만한 구석이 있다.

최근 오랫동안 이른바 진보적 민주 인사로서 야권의 차기 대권 후보 중 한 명으로 거명되어 온 한 학자가 전격적으로 국무총리직 제의를 수락하는 바람에 많은 사람들이 곤혹스러운 눈으로 보고 있다. 그에게 일말의 기대를 거는 사람은 '선비형' 리더십이니 '부드러운 카리스마'니 하면서 애써 그의 행동을 합리화하고자 하는 것 같다. 하지만 그런 수사修辭는 알맹이 없는 허사虛辭일 뿐이다. 그는 앞의 분류로는 분명히 여우형에 속한다. 따라서 핵심은 과연 그가 얼마나 등급이 높은 (혹은 DNA 질이 높은) '여우'인가에 있다. 어쨌든 보좌역에 불과한 그가 이 방면의 최고 등급을 가진 대통령과의 계책 싸움에서 어떻게 승리할지, 그것이 우리처럼 등급 낮은 여우들의 관전 포인트이다.

46

거짓말 담론

약 10년 전의 일이다. 나는 당시 새 논문을 구상하고 있었다. 지금 기억을 더듬어보니 제목은 대충 이랬던 것 같다. "16, 17세기 유럽의 '거짓말' 담론에 대하여." 내가 이러한 주제에 관심을 가지게 된 것은 우연이라면 우연이었다. 주로 천착하는 시대인 16, 17세기 저작들을 읽어나가는 과정에서 어느 날 갑자기 그 속에 여기저기 박혀 있는 '거짓말'에 대한 논의들이 눈에 보이기 시작했다. 그래서 다시 이 책 저 책을 뒤져보니 정말로 이 시기의 다양한 저작들이 '거짓말'에 대해 이야기하고 있지 않은가. 자연스럽게 나는 왜 하필 이 시기의 유럽 지식인들이 이런 논의를 해야 했던가를 생각하게 되었다.

16세기에 이 '거짓말'에 대한 토론의 장을 연 인물은 마키아벨리이다. 그의 『군주론』 제18장은 군주가 어느 정도까지 신의를 지켜야 하는가의 문제를 다루고 있다. 그는 여기서 여우와 사자의 비유를 들면서 상대방이 신의를 지킬 의향이 없는데 자신만이 신의를 고집한다면 필멸할 것이라는, 범인凡人으로서는 부인하기도 어렵고 그대로 따르기도 쉽지 않은, 당위가 아닌 현실 정치를 천명한다. 마키아벨리는 신의와 책략이라는 이중 게임을 통해 우회적으로 이 거짓말의 문제를 논하고 있는 것이다.

마키아벨리와는 달리, 거짓말을 직접 글의 제목으로 달았던 거의 첫 인물은 그가 죽은 지 6년 후에 태어난 미셸 몽테뉴이다. 새로운 인문학적 글쓰기의 전범을 제시한 그의 『에세』 제1권 제9장이 "거짓말쟁이에 대하여"이다(제2권에도 비슷한 항목이 있다). 하지만 막상 이 글을 읽어본 독자는 몽테뉴가 논하는 거짓말의 맥락이 마키아벨리와는 전혀 다를 뿐만 아니라 거짓말 자체보다는 기억력 운운하면서 무언가 논지가 명료하지 않고 '횡설수설'하는 느낌을 받을 수도 있다. 사실 이러한 것이 몽테뉴적 문체의 묘미라면 묘미인데, 신변잡기 비슷한 이야기를 통해 인생의 깊이를 논하는 것이 그의 특징이기도 하기 때문이다. 하여튼 그는 거짓말을 '저주받을 악덕'이라 단언하면서 거짓말쟁이는 불로써 단죄해야 한다는 극단적 입장을 보인다. 하지만 시대의 현인답게 한마디 명언을 빠뜨리지 않는다. "진실의 반대는" 진실처럼 하나가 아니라(그런데 진실은 하나일까?) "수없이 다기 다양한 모습과 무한한 영역을 가지고 있다"는 것이다.

프랜시스 베이컨의 『에세이』에도 역시 같은 논제가 들어 있다. 아예 첫 꼭지가 "진실에 대하여"이다. 몽테뉴의 거짓말에 대하여가 사실은 진실을 지향하고 있는 것과는 달리, 베이컨의 진실에 대하여는 일견 거짓말이 주는 즐거움을 슬쩍 이야기하는 것처럼도 보인다. 이는 아마 시를 진실과 거리가 멀다고 보고 그것을 '오류의 포도주'라든지, 혹은 '악마의 음식'이라 폄하한 아우구스티누스나 히에로니무스 같은 교부들에 대한 항변일 것이다. 시는 상상력의 소산이고 다시 상상력은 거짓말의 그림자에 불과하다는 그들의 말을 시인이 들으면 매우 섭섭해 할 것이다. 진실과 거짓말을 약간 섞어놓으면 마치 금이 합금처럼 질은 좀 떨어지겠지만 더 나아지는 면도 있다는 베이컨의 재치 넘치는 말은 우리에게 그가 모방한 몽테뉴와는 또 다른 즐거움을 준다.

다른 분야로 눈을 돌리면 국제법으로 유명한 휘호 그로티우스의 대작 『전쟁과 평화의 법』에도 거짓과 허위에 대해 다룬 대목이 있음을 알게 된다. 그는 전쟁에서 허용되는 것이 무엇인지를 자연법에 의거해 고찰하는 과정에서 거짓말이란 무엇이며, 어떤 거짓말이 허용되고 허용될 수 없는가를 논하고 있다. 예컨대 대권을 가진 사람에게는 사익을 위해서든 공익을 위해서든 거짓말이 허용된다든지 하는 식으로 경우별로 나누어 고찰하고 있는데, 이는 결국 집에만 틀어박혀 있었던 만년의 몽테뉴의 도덕률보다는 거짓말 합금 운운하던 베이컨의 재치가 더 현실적이라는 증좌이다.

47

버틀러의 기억

책과는 떼려야 뗄 수 없는 직업을 가지고 있다 보니, 때로는 어떤 책과의 만남이 운명적(?)이라고까지 생각되는 경우가 있다. 1988년인가 1989년인가는 기억이 어렴풋하지만, 하여튼 그때 나는 컬럼비아 대학의 버틀러 도서관을 배회하고 있었다. 당시 나는 16, 17세기 유럽 정치사상계에서 마키아벨리가 금서로 묶인 한계를 벗어나기 위해 그의 사상을 국가 이성 개념과 타키투스주의라는 이름 아래 널리 논의하고 있었다는 주제의 박사 학위 논문을 준비 중이었고, 그 일환으로 1년간 볼티모어의 존스 홉킨스 대학에서 방문학자로 체류하고 있었다. 볼티모어에 가기 전에 여름 두 달 동안 컬럼비아에서 연수를 받았고, 또 대학 가까운 곳에 지인이 있었던 데다가 뉴욕과 볼티모어 사이는 기차로 몇 시간 안의 거리였으므로 나는 종종 그곳 도서관에 들리곤 했다. 도서관 폐기 도서를 아주 값싸게 상시로 파는 곳이 있었다는 것도 내가 특히 버틀러 도서관을 좋아했던 이유 중 하나였다. 말이 폐기도서이지 멀쩡한 것도 많았기 때문에 그곳에 갈 때마다 꼭 한 번씩은 둘러보곤 하는 버릇이 있었다.

내가 구상한 박사 학위 논문 목차 안에는 16세기 후반에서 17세기 초까지 살았던 보칼리니라는 이탈리아 공화주의자 문인이 있었다. 당연히 나는 그가 쓴 몇 편의 정치 저작들을 1차 사료로 읽어야 했다. 그 중 『파르나소 통신』은 아폴론이 통치하는 가상의 파르나소 산정에서 일어나는 정치적 일화들을 저자가 마치 특파원처럼 보내오는 기발한 형식으로 쓴 책인데, 현대판으로는 이탈리아 역사가 루이지 피르포가 1948년에 라테르자 출판사에서 세 권으로 엮어낸 것이 있었다. 그런데 어찌된 셈인지 그 책들을 잘 구할 수가 없었다. 버틀러에서도 찾지 못했던 것 같다. 당시에는 지금처럼 국제적인 중고 서적 판매망이 가동되지 않고 있던 때였다. 그러던 어느 날, 볼티모어에서 뉴욕에 온 나는 평소처럼 버틀러에 들러 서가의 '신착' 폐기 도서들을 살펴보고 있었다. 그런데 이게 웬일인가! 내가 애타게 찾고 있었던 『파르나소 통신』 한 질(전3권)이 떡하니 꽂혀 있지 않은가! 나는 눈을 의심하였다. 하지만 곧 정신을 차리고 그것을 판매대로 가지고 갔다. 내 기억으로 당시 판매가는 하드커버 1달러, 페이퍼백은 50센트였다. 그런데 그때 이탈리아 서적은 대부분 후자였으므로 세 권 값은 다 합해야 1달러 50센트에 지나지 않았다. 나는 지금에 와서도 그때의 기억을 떠올리면 이상하게 전율이 일어나곤 한다. 아마 알 만한 사람은 이 기분을 십분 이해할 것이다.

보칼리니와 버틀러가 나와 얽힌 인연은 여기서 끝나지 않았다. 더 구하기 어려운 것이 『타키투스 논고』였다. 이 책은 1677년과 1678년의 고古판본만이 존재하고 있었고, 이 정도 오래된 것은 당연히 희귀본 소장실에서만 열람이 가능했다. 언제 그곳에 들어가 그 두꺼운 책을 다 읽는단 말인가. 몇 달은 꼬박 그곳에 출퇴근해야 할 판이었다. 그런데 어느 날 어두컴컴한 서가를 배회하던 중, 그 저작을 담은 세 권짜리 1678년 판본이 꽂혀 있는 것을 발견하였다. 300년이 넘은 고서가 그냥 서가에 방치되어 있었던 것이다. 워낙 소장 도서가 많은 데다 오랫동안 대출이 되지 않다 보니 이런 경우가 생기는 것 같았다. 문제는 이 귀중한 책들을 어떻게 빌리느냐 하는 것이었다. 여태까지는 잊혀 있었지만 막상 책을 빌리려 하면 그 진가를 알아보고 거부할 것 같았다. 하지만 이 절호의 기회를 놓칠 수는 없었다. 나는 고민하다가 용기를 내어 책을 도서 대여 데스크로 가지고 갔다. 마침 철없이 보이는 학부 학생이 일하고 있었는데 고맙게도 별말 없이 책을 대출해 주었다. 나는 부리나케 그것을 복사했다. 이 고서들은 지금까지도 현대 판본이 나오지 않고 있다.

나는 작년 여름에 다시 컬럼비아 대학을 방문할 기회가 생겼다. 과거의 만남이 이루어졌던 곳들이 그대로 있는지 궁금해서 버틀러로 갔다. 하지만 마침 그때가 일요일이었던지 문을 닫은 통에 아쉽게도 발걸음을 돌릴 수밖에 없었다. 이 정도면 그 책들과 그 장소와 그 시간들은 분명히 나와 운명적으로 얽혀 있었다고도 할 수 있지 않을까.

48

짓밟아라. 되살아날지니

책은 사상과 의견을 주장하고 전달하는 중요한 매개물이다. 따라서 위정자들에게 책은 자신의 통치 이념을 전파하기 위한 유용한 도구이지만 때로는 항거와 배덕背德의 정서를 부추기는 위험한 물건이 되기도 한다. 그들이 책을 통제하려 하는 것도 그 때문이다. 그것을 통해 사상을 통제하려는 것이다.

책을 통제하는 통상적인 방법은 검열이다. 검열에 걸린 책은 일부가 삭제되든가 압수된다. 삭제가 경고나 시정 명령쯤에 해당된다면, 압수는 유죄 판결을 받은 것과 같다. 책에 대한 유죄 판결에는 비밀 저장소에 모아두든지 불태우든지 두 경우밖에 없다. 전자가 책의 무기 징역이라면 후자는 사형인 셈이다. 책이란 것이 통상 불에는 극히 취약한 양피지나 종이로 되어 있다 보니, 사형이란 곧 화형을 뜻한다.

역사는 이렇게 '화형'당한 책들을 다수 기록하고 있다. 1494년 말, 메디치 가문이 득세하던 피렌체는 프랑스 샤를 8세가 이탈리아를 침공한 여파로 도미니코 교단의 산마르코 수도원장이던 지롤라모 사보나롤라의 급진 공화정으로 바뀐다. 그는 배덕背德과 타락에 대한 신의 응징에 대해 설교하며 피렌체 사람들을 손아귀에 틀어쥔다. 4년에 걸친 그의 통치 말년에 있었던 유명한 사건이 이른바 '허영의 모닥불'이다. 청소년으로 구성된 그의 '홍위병'이 가가호호를 돌며 '허영'의 물품들을 모은다(사실은 강제로 빼앗는 것이지만). 그것들을 정무 궁 광장에 산더미처럼 쌓아두었다가 전통적인 카니발 날짜에 맞추어 그것으로 모닥불을 피우면서 이단적 축제를 비난하는 노래를 부른다. 카니발을 기독교 식으로 패러디한 셈이다.

이 허영의 모닥불 속에서 사그라진 것을 보면, 포커 카드, 체스판, 가발, 거울, 인형, 화장품, 향수병, 악기, 사치스러운 옷과 보석, 여인의 나체를 묘사한 그림과 조상彫像 등인데, 여기에는 물론 라틴어나 속어로 된 '더러운' 책들도 빠질 수 없었다. 사보나롤라파派에게 '더러움'의 기준이 어느 정도였는지는 모르지만, 아마 이교적 냄새가 나는 것은 모두 불쏘시개가 되었으리라. 조르조 바자리는 「봄」과 「비너스의 탄생」처럼 이교적 주제를 애호했던 보티첼리가 그의 설교를 듣고는 그를 따르는 '피아뇨니', 즉 읍도파泣禱派의 일원이 되어 화가로서의 삶을 내팽개쳐 버렸다는 이야기를 전하고 있다.

사보나롤라가 '더럽다'고 한 책에는 대개 에로틱한 내용이 담겨 있었을 것이다. 르네상스를 고전 고대의 가치를 복원하려 한 일종의 문화 운동이라고 볼 때, 그 과정에서 고대인의 삶 속에 깊이 내재했던 세속주의 경향이 기독교적 가치를 신봉하던 당시의 도덕론자들에게 큰 충격을 안겨 주었던 것도 사실이다. 특히 '새로운 몸의 미학'을 보여 주는 르네상스 시기의 에로티시즘/포르노그래피는 화형의 대표적인 표적이 되었다. 교회는 이 책들의 '더러움'을 성서에서와 같이 불로써 응징하고 정화하려 했으리라.

우리는 16세기 초의 '괴짜' 논객이었던 아레티노의 일화에서 또 다시 이런 유의 처형 장면을 목도한다. 1523년 라파엘로의 제자 줄리오 로마노는 바티칸 궁의 콘스탄티누스 홀에다 16가지 체위로 남녀가 교합하는 장면을 적나라하게 묘사한 그림들을 그려놓았다고 한다. 이 그림들은 곧 당대의 판화가 마르칸토니오 라이몬디에 의해 판각되고 파르마에서 인쇄되어 인기리에 팔려나간다. 교황은 이에 진노하여(왜? 그 진귀한 그림을 아무나 보니까) 이 음란한 소책자를 모두 압수하라고 명한다. 줄리오는 몸을 피했으나 라이몬디는 투옥된다.

아레티노가 이야기에 등장하는 것은 바로 이 즈음이다. 그는 판각의 각 장면마다 그림을 직설적으로 묘사한 16편의 『음란한 소네트』를 지어 붙인 것이다. 그는 뒤에 친구인 바티스타 자티에게 보낸 편지에서 그때의 정황을 이렇게 전하고 있다. 그것이 도대체 어떤 것이길래 그 야단인지 궁금해 그 그림들을 본 순간, "줄리오로 하여금 그것을 그리게 만든 것과 똑같은 어떤 분위기에 휩싸여 버렸다"는 것이다. 그는 이어 여인이야말로 "인류 탄생의 원천일 뿐만 아니라 축제일에 세상 사람들이 마시는 불사不死의 음료"라고 칭송을 거듭한 뒤, 자신이 과연 "각 체위 아래 있는 연인들을 시로 자연스럽게 그려냈는지 어떤지 봐달라"고 정중하게 요청한다.

이렇게 해서 그림과 글이 합쳐진 서양 역사 최초의 포르노그래피가 탄생하게 된다. 이 작품은 이후 '체위들'이라는 뜻의 '포지치오니' 혹은 '이 모디'라는 이름으로 불리게 된다. 아레티노의 소네트는 코르티자나

오네스타—르네상스 시기의 고급 창녀—와 손님이 성적 행위를 더 잘 탐닉할 수 있도록 극히 노골적인 표현과 다양한 세부 묘사를 통해 서로를 부추기는 내용을 남녀가 대화하는 형식으로 그리고 있다. 『체위』는 그야말로 르네상스 시기에 판매를 목적으로 제작된 가장 유명한 에로티카였고, 이후 이 방면의 원형으로서 지대한 영향을 끼치게 된다.

교황이 이 두 번째 에로티카를 그냥 두었을 리 없다. 전부 몰수하라는 명을 내린다. 아마 책을 불태웠을 것이다. 지금까지 전해오는 사본은 극소수의 파편들뿐이기 때문이다. 다행히도 그 화형의 순간을 모면한 한 사본으로부터 그 대강의 면모를 볼 수 있으니 그야말로 구사일생이 따로 없다. 칼로 펜을 박해할 수는 있어도 펜을 아주 죽일 수는 없는 법이다.

49

커피를
마신다는 것

17세기 중후반에 살았던 프랑스의 커피 상인이자 문인이었던 필립 실베스터 뒤푸르는 커피와 초콜릿에 대한 한 라틴어 서책에서 커피의 음용과 효능을 최초로 기록한 인물로 10세기 초 고대 페르시아의 철학자이자 의사였던 무함마드 이븐 알 라지를 들고 있다. 그가 말하는 '분춤'(Bunchum)이 바로 커피라는 것이다. 물론 이견도 있으나, 커피의 원조가 아랍 세계이며 그 기원이 적어도 이 시기 이전으로 거슬러 올라간다는 주장은 이미 통설이 되고 있다.

하지만 커피를 약용이 아닌 음료로 받아들이기 시작한 때는 이보다 한참 뒤인 것 같다. 13세기 중엽 모카(현재의 북예멘) 수호성인의 추종자 셰이크 오마르가 커피의 효능을 알고 음용을 시작했다는 전설적 이야기가 전해오기는 하지만, 좀 더 신빙성 있는 것은 1454년 아덴의 이슬람 법학자였던 제말레딘 아부 무함마드 벤사이드가 아비시니아(현재의 에티오피

아) 여행 중 커피에 대해 알게 되었다는 기록이다. 그는 커피에 잠을 쫓는 약효가 있음을 알고, 기도나 다른 의식을 행할 때 좀 더 주의를 집중할 수 있을 것이라면서 그 음용을 재가해 주었다는 것이다.

성공리에 아덴으로 도입된 커피는 15세기 후반에는 메카와 메디나로, 16세기 초에는 이집트로 급속하게 퍼져나갔으나 그 과정이 마냥 순조로웠던 것만은 아니었다. 낯선 것에 대한 종교적 박해가 시작된 것이다. 1511년경 카이르 베이가 카이로 술탄의 총독으로 메카에 파견되었다. 현지 사정에 무지했던 그는, 어느 날 저녁에 사원을 몰래 순시하다가 사람들이 무언가를 마시고 있는 광경을 보게 되었다. 그는 처음에 그것이 율법으로 금지된 와인이라 생각하고 격분했으나 조사 결과 그것은 커피이며, 그곳 사람들은 늦은 예배에서의 각성을 위해 그것을 마시는 관습이 있다는 것을 알게 되었다. 엄격한 교리주의자였던 그는 커피가 기분을 고양시키기 때문에 금욕을 추구하는 신앙에 위배된다는 결론을 내렸다. 그는 법령을 선포하여 메카에서 일체의 커피 매매를 금지하였다. 그리하여 모든 커피 하우스가 폐쇄되었고 창고에 쌓여 있던 커피콩은 모두 불태워졌다. 하지만 그는 잘못된 길을 택했다. 왜냐하면 정작 카이로의 술탄은 그의 커피 억압 정책을 받아들이지 않았기 때문이다. 메카의 커피 하우스는 다시 문을 열 수 있었고, 커피 억압파는 축출되었다.

그로부터 23년 뒤인 1534년, 이번에는 카이로의 법학자들이 커피가 율법에 어긋난다는 주장을 들고나왔다. 그 이유는 사람들이 삼삼오오 무리를 지어 커피를 마시면 이야기를 나누느라 사원 출입이 준다는 것이었다. 성직자들의 권력에 위협이 된다고 느낀 것이다. 메카에서와 같이 사람들은 다시 커피 애호파와 커피 혐오파로 나뉘었다. 하지만 이미 대다수의 사람들에게 퍼져 있던 커피 문화는 꺾기 힘든 상태에 이르러 있었다. 다시 커피 애호파가 승리하였고, 이로써 커피의 사회적 위상은 더욱 높아졌다.

16세기 초에 커피 문화는 아랍 세계에 더 깊이 침투하였다. 이집트를 정복한 오스만 튀르크의 술탄 셀림 1세에 의해 이스탄불(콘스탄티노플)에 커피가 들어온 때가 1517년이었다. 1530년에는 다마스쿠스, 1532년에는 알레포로 전파되었다. 당시 다마스쿠스의 몇몇 커피 하우스는 이미 높은 명성을 자랑하고 있었는데, 장미 카페와 구원의 문 카페가 그런 곳이었다.

유럽인들이 처음 커피를 마시게 된 것은 아마 16세기 후반 어느 때의 베네치아에서였을 것이다. 16세기의 베네치아는 유럽 어느 나라보다도 더 국제적인 곳이었기 때문이다. 곧이어 커피는 로마에 전해진 것으로 보이는데, 가톨릭 성직자들이라고 이 '수상한' 음료에 호의적이었을 리는 없었다. 그들이 교황 클레멘스 8세에게 이단적인 음료인 커피를 금지하라고 조언하자, 결정에 앞서 그 맛을 본 교황은 그 풍미에 반해 오히려 커피에 세례를 주면서 기독교의 음료로 만들라는 명을 내렸다는 일화가 전해져 온다. 물론 이 이야기는 뒤에 만들어졌을 가능성이 크지만 적어도 커피에 대한 당시 유럽인들의 생각을 읽을 수 있다.

커피를 마신다는 것은 단순히 기분을 각성시키는 음료를 마신다는 것만을 뜻하지는 않는다. 커피 전파의 역사가 보여 주듯이, 그것은 사람들에게 커피를 매개로 일상적 잡담이든 정치적 비평이든 무언가를 이야기하게 만드는 힘을 가지고 있다. 이야기한다는 것은 생각하게 하는 것이고, 그래서 커피에는 우리를 소통케 하고 때로는 저항케 하는 효능까지 있다고 한다면 지나친 주장일까.

50

차를 마신다는 것

나는 매일 아침 차를 마신다. 우선 뜨거운 물을 차관茶罐과 찻잔에 부어서 찬 그릇을 따끈하게 데운다. 잠시 후 물을 식힘 그릇에 붓고 차관에 찻잎을 넣는다. 김이 잦아드나 싶을 때 식힘 그릇에 따라놓은 물을 다시 차관에 붓는다. 첫 번째 우려내는 차는 취향 따라 다르겠지만, 1분 정도 내에 따라내야 한다. 더 두면 너무 많이 우러나서 맛이 쓰고 텁텁해진다. 두 번째부터는 조금 더 시간을 준다. 잘 우려낸 차는 아주 은은하면서 입안 전체를 감싸는 풍미를 선사하는데, 오래 마실수록 더 미묘한 맛을 느낄 수 있다. 좋은 차의 여부는 바로 이 은은하면서 미묘하게 혓바닥과 입천장을 어루만져 주는, 필설筆舌로 다 할 수 없는 맛이라 할까 멋이라 할까, 하여튼 그런 것에 있다. 맛이 달든 고소하든 간에, 한 가지가 너무 돌출하면 상품上品의 차라 하기 어렵다.

아침에 연구실에 와서 혼자 차를 마시는 시간은 참 소중하다. 하루 동안에도 쉽게 얻기 힘든, 짧지만 깊은 무념無念의 모멘트를 주기 때문이다. 차를 마시는 데 걸리는 시간은 사실 얼마 되지 않는다. 차관을 덥히는 때부터 세 번 정도 우려내서 차 맛을 보는 때까지 다 합쳐도 대략 20여 분에 불과하다. 하지만 이 길지 않은 시간이야말로 나에게는 누구로부터도 방해받지 않는 귀중한 순간이다. 때때로 이 순간을 방해하는 것은 타인이 아닌 오히려 바로 나 자신이다. 보통 그러하듯이, 연구실에 들어서면 먼저 하는 일 가운데 하나가 컴퓨터를 켜는 것일 텐데, 이 지극히 일상적이면서도 문명적인 행위가 무상지경無想之境에 발을 들여놓고자 하는 나를 방해하는 최대의 적이다. 차관이 덥혀지고 있는 동안에 서둘러 부팅을 완료한 컴퓨터가 초기 화면을 띄우면서 나를 유혹하기 때문이다. 우선 이메일이라도 체크하라고 성화를 부리는 것이다. 하루에도 여러 차례 들여다보는 이메일에 무슨 연정戀情의 사연이라도 있을 리 없건만, 나는 이 건조하면서도 뿌리치기 힘든 유혹에 빠져들고 마는 일이 적지 않다. 이 유혹에 빠지면 차를 맛보며 느끼려 했던 무념무상의 순간도 끝이다. 차는 마치 질투심 많은 연인처럼 오직 자신만을 보라고 한다. 여기 기웃저기 기웃하는 사람에게는 그 미묘하고 은은한 풍미도, 그것이 인도하는 평온하고 정갈한 무사無邪의 순간도 보여 주지 않는다. 그러고 보면 차와 컴퓨터는 먼저 서로를 보라고 유혹하는, 연적戀敵인 셈이다.

나의 다실茶室이기도 한 내 연구실은 남향 4층이다. 복도 끝에 있어 문 앞을 지나가는 사람도 없으니 내내 조용한 편이다. 게다가 모某 선생님이 조상 음덕이라고 만날 때마다 농담을 던지는, 교수동 안에서도 가장 넓은 몇 개의 방 중 하나이다. 남쪽 베란다로 나가면 푸르른 솔밭이 바로 가까이로 내려다보이고, 앞뒤 문을 열어놓으면 싱그러운 솔향기가 부드러운 바람 속에 묻혀 들어온다. 여름 내내 새순이 탐스럽게 쑥쑥 자라 올라오던 솔가지마다 이제는 아직은 설익은 젊은 솔방울들이 주렁주렁 맺혀 있다. 하지만 이 솔밭에 언제나 생기를 불어넣어 주던 다람쥐며 청설모가 보이지 않아 참 아쉽다. 그러고 보니 건물을 나설 때마다 길을 갈 때마다 잽싸게 몸을 숨기고 그 맑고 또랑또랑한 눈망울로 나를 가만히 쳐다보던 그 녀석들을 본 지도 이미 오래된 것 같다. 주변 세상이 옛날이나 지금이나 늘 그대로인 것처럼 보이는 것도 내 착각인 게다.

내가 매일 마시는 차는 중국차가 아닌, 흔히 녹차라 부르는 우리 차다. 이런저런 중국차도 가끔 마시기는 하지만 역시 우리 차가 내 취향이다. 중국차는 일반적으로 뜨거운 물을 바로 부어 마시고 향도 강한 편이다. 그래서 부드럽고 미묘한 맛을 더 선호하는 내 입맛에는 잘 맞지 않다. 녹차 중에서도 주로 우전雨前이나 작설雀舌을 마신다. 우전이란 봄비가 내려서 온갖 곡식이 윤택해진다고 하는 곡우穀雨 전에 이제 막 돋아나는 잎을 따서 제다製茶한 것으로 맛이 아주 순한 최상품이다. 작설은 잎의 모양새가 흡사 참새 혀처럼 보인다고 해서 붙은 이름인데, 입하쯤에 따서 만드는 세작細雀의 일종이다. 그런데 사실 우전은 우전이 아니다. 양력으로 4월 20일인 곡우 전에 새순을 따는 것은 옛 중국 남방 원산지에서나 가능한 일이지 기후가 다른 하동이나 보성에서는 가능치 않다. 그래서 보통 5월 초에 열리는 하동 차 축제에 가봐도 우전을 보기가 쉽지 않다. 아직 제다가 이른 탓이다. 나는 해마다 5월 초나 중순에 하동으로 가서 새 차도 맛보고 사기도 하면서 차 순례를 한다. 그때쯤이면 쌍계사 벚꽃길이 무릉도원과 다름없으니 아내와 꽃구경을 겸해서 하루 차행茶行의 즐거움을 만끽하곤 했다. 올해는 무엇이 바쁜지 그것도 하지 못했으니 또 한 번 아쉽다.

차의 미덕은 많다. 그 중 하나는 나눔의 덕이다. 차는 아무리 잘 보관

해도 1년이면 상품上品의 풍미가 사라지고 2년이면 더 이상 맛을 음미하기 힘들게 된다. 공기와 만나 산패酸敗하기 때문이다. 해서 비록 상품의 차라 하더라도 오래 갖고 있을 수가 없다. 1년 안에 마실 수 없을 것 같으면 친구와 지인들에게 아낌없이 나누어주는 편이 좋다. 차는 자랑하는 것이 아니라 맛보고, 느끼고, 음미하는 것이기 때문이다. 짧지만 매일 무념무상의 순간을 제공해 주고, 필설이 모자랄 정도로 미묘하면서도 다양한 풍미를 선사하고, 게다가 나눔도 때가 있다는 평범하면서도 현현玄玄한 진리를 깨우쳐 주는 것이 차다. 차를 마신다는 것은 이 모든 미덕을 나누어 받는 것이다. 그래서 나는 차를 사랑한다.

제❷부

책을 읽으면 행복하다

1

책에 관한 기억, 혹은 정신에 대한 향수

아득한 옛날부터 책이 있었다. 처음에는 말로 된 책이었고, 다음에는 글로 된 책이었다. 중세의 철학자와 근대의 과학자에게는 자연도 책의 일종으로 비쳤다. 신령의 말씀도 책으로 꾸며졌다. 우리가 말하고 읽고 쓰는 모든 것이 책이었다. 책 속에 책이 있고, 책이 또 책을 낳으니 무릇 책 아닌 것이 어디에 있겠는가. 책이 혀와 귀로 전달되건 눈으로 읽혀지건 무슨 상관이랴! 책이 잉크와 종이의 물리적 결합이 아니라 주사선과 화면의 전자적 합성물인들 또 무슨 상관이랴! 미래의 학인學人은 종이책 대신에 디스켓들로 가득 찬 서재, 혹은 그 모든 것을 깡그리 담아놓은 '슈퍼컴퓨터' 하나만이 달랑 놓인 방에서 무언가 생각에 잠기겠지. 인간이란 항상 묵은 문제를 해결하기보다는 새로운 문제를 만들어내는 동물이니까 말이다. 그래도 어쨌든 그것 역시 책이며 서재인 다음에랴.

문자가 생겨난 이후, 사람들은 입으로 전해져 오던 이야기를 글로 옮겼다. 그들은 그것을 진흙, 갈대, 대나무, 양피지 등으로 만든 종이 이전의 '종이' 위에 써나갔다. 얼핏 보기에 고대인들은 현대인들에 비해 다작多作이었던 것처럼 보인다. 그들의 저작 하나가 10권이나 20권으로 이루어지는 경우도 종종 있었기 때문이다. 하지만 그 사정을 자세히 들여다보면, 고대인들의 책이란 그 내용상의 귀결보다는 종이 두루마리 하나가 끝나는 물리적인 귀결에 더 가까웠음을 알 수 있다. 따라서 사실상의 길이도 짧았다.

하지만 그들도 다수의 책(또는 권)으로 된 '대작'大作들을 칭송은 했지만 정작 마음먹고 일독하기에는 부담이 갔는가 보다. 고대나 중세 유럽에서도 대작을 다이제스트한 요약본들이 인기가 있었으니 말이다. 심지어는 저자 자신이 스스로 요약본을 내놓는 경우도 있었다. 예컨대 13세기에 『크로니카 마요라』를 썼던 영국의 연대기 작가 머츄 파리스는 이를 다시 요약하여 『히스토리아 앙글로룸』, 『플로레스 히스토리아룸』 등을 내놓았는데, 이것이 오히려 그의 명성을 높여 주었다. 이를 보면 예나 지금이나 긴 책을 읽기 싫어하는 독자들의 성향은 마찬가지였던 것 같다. 요즘 누가 아널드 토인비의 12권짜리 대작을 완독하려 하겠는가? 요약본 하나라도 정독하면 다행인 것을.

1450년경 마인츠에서 완성된 활판 인쇄술은 그때까지의 책 개념을 송두리째 바꾸어놓았다. 당시의 사람들에게 책이란 아무나 가질 수 없는 상당한 고가高價의 물건이었다. 그런데 금속활자를 이용한 새로운 인쇄술은 책값을 대폭 하락시킴으로써 책 시장을 엄청나게 넓혀 놓았다. 독자의 숫자가 늘어난 것은 말할 것도 없다. 이는 물론 지식의 독점과도 밀접한 관련이 있었다. 페트라르카 같은 세속적 학인의 출현이나 단테의

『신곡』과 같이 라틴어가 아닌 속어俗語로 된 수준 높은 문학 작품의 등장은 이러한 혁명적 변화를 알리는 징후적 사건이었다. 물론 활판 인쇄에 적합한 종이의 발전도 결코 간과할 수 없는 중요한 요소였다.

누가 금속활자를 처음 '발명'했는가? 우리나라 초등학생이라도 그것이 13세기 초 고려에서 시작되었다는 사실을 자신 있게 대답할 것이다. 『직지심경』이 그 최초의 결과물이라는 것도. 하지만 '누가' 발명했는지는 나 자신도 들은 바 없다. 물론 『직지』를 찍은 사람들이겠지. 하지만 서양에서 누가 금속활자를 발명했는지는 교과서에 뚜렷이 나와 있다. 요하네스 구텐베르크. 하지만 어떻게 그가 혼자 힘으로 활판 인쇄술을 '발명'할 수 있었겠는가? 좀 더 진실에 가까이 가보자. 우리가 아는 것은 지금까지 남아 있는 가장 오랜 금속활자본이 1455년에 간행된 구텐베르크의 이른바 42줄짜리 성서라는 사실뿐이다(이전에는 36줄짜리가 보통이었다). 이 판본의 성서는 베스트셀러가 되었고, 그래서 구텐베르크의 이름이 더 부각되었을 따름이다. 발명의 문제에서 우리가 좀 더 공평한 위치에 서려면 1457년에 나온 요하네스 푸스트와 페터 쇠퍼의 금속활자본인 『시편』을 기억해야만 한다. 송아지 피지 위에 붉은색과 검정색 잉크로 인쇄된 이 책은 마치 호화롭게 장식된 채색 필사본을 보는 듯한 느낌을 줄 정도로 그 아름다움을 과시한다.

하지만 더 중요한 것은 '누가' 발명했는가의 문제가 아니라 그 귀중한 '발명품'이 어떻게 쓰였는가 하는 점이다. 우리의 『직지심경』은 극소수의 한정판으로 찍혔다. 그리고 당시 우리에게는 15세기의 마인츠와 같이 많은 사람들에게 책을 유통시킬 수 있도록 해줄 아무런 사회적 장치가 없었다. 우수한 기술에도 불구하고 그것이 하나의 문화로 확산되지 못한 까닭이 여기에 있다. 18세기 말까지도 우리에게는 서점이라고 할 만한 것이 없었다. 그저 북경의 유리창琉璃廠에서 어렵게 입수한 서책들이 알음알음을 통해 전해지고 있었을 뿐이다. 이러한 예는 우리에게 서책을 찍어내는 기술도 중요하지만 서책의 유통망이라는 것이 얼마나 중요한 문제인지를 잘 보여 준다. 문화란 기술의 창출보다는 기술의 공유로 이루어지는 것이다.

다시 시시콜콜한 사실로 돌아가 보자. 활판 인쇄술은 고가의 필사본을 저가의 인쇄본으로 바꾸어놓았다. 물론 부유한 귀족과 부르주아지들은 여전히 호화로운 장정의 필사본을 선호하였다. 흥미로운 것은 인쇄본 역시 초기에는 필사본 흉내를 내고 있었다는 점이다. 앞서의 구텐베르크 판 『성서』나 푸스트-쇠퍼 판 『시편』들은 글의 첫머리 글자가 필사본의 경우처럼 아름답게 채색된 커다란 문자로 시작되며, 가장자리의 여백은 갖가지 꽃과 조그만 동물들로 우아하게 장식되어 있다. 과거에는 솜씨 좋은 사자생寫字生이 하던 일을 이젠 인쇄기가 한다는 차이점밖에는 없었다.

필사본에 대한 이러한 향수는 활판 인쇄술이 출현한 지 한참 뒤에까지도 끈질기게 살아남았다. 1678년에 간행된 이탈리아 풍자 작가 보칼리니의 『라 빌란차 폴리티카』를 보면, 비록 15세기의 장식은 사라졌지만 두頭문자는 여전히 큰 호수의 활자로 찍혀 있다. 또한 특기할 점은 본문의 서체가 필기체의 형태로 이루어져 있다는 사실이다. 'S' 자나 'F' 자는 아래위로 비스듬히 길게 늘여 멋을 부리고 있다. 하지만 본문 밑에 달린 각주의 서체는 사체斜體가 아니라 바로 선 정자체이다. 이는 필사본의 전통에 더 가까운 서체가 위계적으로 더 우위에 있었음을 보여 준다. 이러한 현상은 특히 이탈리아에서 심했다. 우리가 현재 이런 서체를 '이탤릭체'라고 부르는 연유도 여기에 있다. 하지만 이 오랜 문화 중심지의 관행은 새로운 기술을 적극적으로 받아들인 네덜란드의 인쇄업자들에 의해 서서히 밀려났다. 그들은 전통을 고집하던 이탈리아의 동종업자들과 경쟁하여 승리하였다. 현재 우리가 서양 책에서 보는 활자체는 바로 이 신흥 인쇄업자들에게서 비롯된 것이다.

몇 해 전에 내가 책을 낸 한 출판사에서 그것을 전자책으로 발간할 예정이라는 편지가 왔다. 전자책이라 ……. 책의 내용을 온라인상에 올려 원하는 대로 다운받을 수 있도록 하자는 것이겠다. 하지만 당시는 솔직히 그것을 책이라 부를 수 있는지 느낌에 와닿지가 않았다. 화면에 떠 있는 글자들, 언제든지 지워 버릴 수 있는 그 글자들, 필요하다면 일부만을 떼어낼 수도 있는 이상한 성질의 글자들. 아니 책들.

이런 내 마음을 알았는지, 화면상에서 마치 진짜 책을 넘기듯 마우스로 한 장 한 장 넘겨가며 보는 전자책 읽기 소프트웨어도 등장하였다. 읽다가 잠이 오면 '버추얼' 책갈피를 끼운 뒤, 나중에 다시 펼쳐보는 호사도 가능하리라. 종이로 만든 책이 나온 때가 어제오늘이 아닌데, 책장을 (침을 발라) 넘기고 책갈피를 꽂아두는 습관을 어떻게 하루아침에 그만둘 수가 있겠는가. 하지만 유감스럽게도 이 역시 그냥 향수일 뿐, 서서히 스러져가 어느 때쯤이면 과거의 기억으로만 남을 그러한 것이리라.

최근 신문에서 이른바 '마지막 책'이라는 디지털 프린팅에 대한 기사를 읽었다. 원하는 만큼의 부수와 내용을 짧은 시간 내에 책으로 만들어 주는 신기술이다. 이를테면 전자책에 대한 옛날 책의 마지막 도전인 셈이다. 하지만 나의 짧은 과학 지식으로도 언젠가는(물론 상당한 시간이 필요하겠지만) 종이 책이 박물관에서나 볼 수 있는 골동품으로 전락할 것 같은 예감이 든다. 때로는 시원한 그늘 아래서, 때로는 따뜻한 이불 밑에서, 읽다가 졸음이 오면 얼굴 가리개로도 썼던 종이 책이여. 그 향긋한 잉크

냄새여. 먼 훗날의 세대에게는 이 냄새 역시 문명의 향수 같은 것으로만 느껴지겠지. 하지만 그래도, 책은 있겠지. 인간의 정신이 죽지 않는다면.

2

마키아벨리의 시민-전사

마키아벨리의 주저 중 하나인 『전쟁의 기술』이 우리말로 완역되었다. 이영남이 옮긴 『마키아벨리의 전술론』(스카이, 2011)이 그것이다(비전문적 번역의 문제점들은 여전하긴 하지만). 지금까지 이 저작의 번역이라면 1987년 범우사에서 『군주론』과 묶어 일부만을 간행했던 것이 전부였다. 언론이든 독자든 이 책이 우리말 초역이라는 사실을 거의 몰랐던 것 같다. 마키아벨리라는 이름의 높은 지명도에도 불구하고, 어떤 매체도 이 번역본의 간행에 대해 언급하지 않고 넘어가 버렸기 때문이다. 추측컨대, 매년 하나씩은 간행되고 있는 마키아벨리의 『군주론』이 언론의 관심을 끌지 못하는 것과 같은 이유가 아니었던가 싶다.

『전쟁의 기술』(1521)은 마키아벨리의 주저 중 그가 살아 있을 때 간행된 유일한 작품이다. 그는 이미 『군주론』과 『리비우스의 로마사 첫 10권에 관한 논고』(일명 『리비우스 논고』)에서 무력 혹은 군대와 정치의 밀접한 관계에 대해 강조한 바 있는데, 그러한 관점은 이 『전쟁의 기술』에서 더욱 상세히 조명되고 있다. 현대 민주주의 체제 아래의 사람들이라면 대개 군과 정치의 관련을 싫어할 것이다. 군대를 폭압적 정치의 상징쯤으로 여기기 때문이다. 독재자들은 예외 없이 군대를 자신의 수단으로 삼게 마련이었고 우리에게도 그러했던 기억이 아직도 생생하다.

마키아벨리가 군대와 정치를 결합하려 한 이유는 전혀 다르다. 고전 고대의 복원이라는 르네상스의 문화적 조류 속에서 그는 아리스토텔레스 이래 전해온 고전 공화주의자의 흐름을 이어받았다. 공화주의는 시민이 곧 전사戰士여야 한다는 것을 기본 강령으로 삼았다. 스스로가 무장하여 스스로를 지킬 수 있을 때, 비로소 자신이 주체가 되는 진정한 자유가 가능해진다는 것이다. 이 자유가 곧, 최근 다시 점화되고 있는 공화주의 대對 자유주의 논쟁 속에서 전자가 지향하는 '적극적 자유'이다. 신자유주의의 뿌리를 이루는 자유주의 정치 철학이 간섭만 받지 않으면 자유롭다고 주장하는 데 반해, 공화주의자들은 노예가 주인의 간섭을 받지 않는 행운을 누린다고 해서 그것이 자유로운 삶인가를 되물으면서 스스로가 경제적으로 독립하고 외적으로부터 자신을 방어할 수 있을 때 비로소 진정한 주체로서의 자유를 누리는 것이라고 항변한다.

『전쟁의 기술』의 요점은 고대의 시민병제에 기초한 군사적 개념과 강령들을 현대의 군사 조직 재편에 적용해야 한다는 것이다. 당시 이탈리아에서는 용병제가 이미 확고한 위치를 점하고 있었다. 피렌체든 베네치아든 주요 도시 국가들은 전투 시에 전적으로 용병에 의존했다. 하지만 모든 용병대가 그랬던 것은 아니지만, 속성상 신속한 승리보다는 전투를 질질 끌며 돈만 받아 챙기려는 경우도 결코 드물지 않았다. 16세기 초에 두 차례에 걸친 피렌체의 피사 공략 실패도 다름 아닌 이런 유의 용병대 때문이었다는 것이, 특히 마키아벨리의 생각이었다. 고전 공화주의자로서의 전사-시민 개념을 갖고 있던 그가 이러한 실패를 접했을 때 용병제에 대한 회의는 더 깊어졌을 것이다. 그가 공화 정부를 설득하여 이미 오래전에 사라졌던 시민병제를 피렌체에 부활시킨 것도 바로 이러한 신념 때문이었다.

『전쟁의 기술』 초역이 아무런 관심도 받지 못하고 지나가 버렸다는 사실은 독자들이 그것에 담겨 있는 공화주의적 자유의 고전적 의미를 다시 한 번 음미할 기회를 놓쳐 버렸다는 점에서 매우 유감스럽다. 작금의 신자유주의에 대한 대안으로 운위되는 공화주의의 핵심적 강령이 피렌체의 신사 코지모 루첼라이와 용병대장 파브리치오 콜론나의 진지한 대화 속에서 어떤 식으로 펼쳐져 나가는가를 확인하는 것은 지적인 독자에게는 분명히 흥미로운 일일 것이다. '민주 공화국'을 외치며 청와대 앞에서 벌였던 촛불 시위가 어떤 의미에서는 곧 우리의 '마키아벨리언 모멘트' 중 하나였다는 것도, 우리의 '민주' 과잉을 '공화'로 균형 잡아야 한다는 한 우익 인사의 발언이 얼마나 우스꽝스러운 것인가도 이 책을 읽음으로써 재확인할 수 있다.

3

크리스토프 도슨의 유럽

내가 크리스토퍼 도슨의 이름을 들었던 것은 대학원에서 막 역사 공부를 시작했던 1980년대 초로 기억된다. 그는, 세속 학문의 보루로 자처하는 역사학에서, 자신의 기독교(가톨릭)적 관점을 역사 서술 속에 성공적으로 녹여 낸 역사가라는 것이 당시 한 교수님의 평가였다. 지금도 그 출처는 알 수 없지만, 도슨은 자신의 종교적 관점을 역사학이라는 강물 밑의 하상河床에 비유하면서 강의 수량이 풍부하면 그 바닥은 보이지 않는 법이라는 인상 깊은 말을 남겼다는 것이다. 나는 이를 종교적 편견이 하나의 관점이라는 이름 아래 역사 속의 다양한 세력들을 불균형하게 취급하는 것을 경계하는 취지로 해석하였다. 그때 읽었던 책이 바로 『유럽의 형성』(한길사)이다. 이 저작이 첫 출간된 때가 1932년이었으니, 한국의 독자들은 무려 80년 만에 이 책을 우리말로 읽을 기회를 얻은 셈이다.

사실 20세기 초에 나온 역사서들이 21세기에 접어든 지금에까지 읽히는 경우는 거의 없다. 그동안 역사학 연구가 많이 쌓여 지식적 측면에서 당시의 책들에 대한 평가가 달라진 때문이기도 하지만, 무엇보다도 20세기 후반에 들어오면서 역사와 역사학을 바라보는 관점과 전망이 엄청나게 변했다는 것이 가장 큰 이유일 것이다. 유럽의 20세기 전반기는 두 차례의 세계대전을 겪었던 유례없는 파란의 시기였을 뿐만 아니라 민족주의와 국가주의가 발호하고 제국주의가 기승을 부리던 시대였다. 하지만 전쟁이 끝나자—여전히 냉전의 그림자가 드리워져 있기는 했지만—상황은 바뀌었다. 식민주의와 인종주의에 대한 비판—특히 에드워드 사이드의 『오리엔탈리즘』에서 잘 표출된—은 새로운 역사 인식의 출발을 알리는 신호탄이었다. 1970년대 이후에는 포스트모더니즘이라는 다소 모호한 이름 아래 이른바 언어적 전환과 같은, 역사의 본질을 심층적으로 되묻는 메타 역사적 조망에다가 민족이나 국가와 같은 종래의 공식적 경계를 의도적으로 가로지르고 순종純種보다는 혼종混種을 지향하는 모든 종류의 '트랜스 히스토리'—그것이 지구사든 미시사든—가 새로운 흐름을 이루고 있는 것이다.

전통적 역사 인식이 급격히 쇠퇴하고 새로운 역사 서술의 관점과 방식이 대세를 이루는 지금, 도슨의 오래된 저작은 독자에게 어떤 가치가 있을까? 『유럽의 형성』이 지닌 놀라운 점은 오랜 시간의 흐름에도 불구하고 전혀 케케묵은 느낌을 주지 않는다는 사실이다. 여기에는 소박하면서도 재치가 있어 술술 잘 읽히게 만드는 저자의 이야기 식 문체도 한몫하고 있지만, 그가 공공연히 표방하는 가톨릭적 역사관이 결코 편벽한 정도는 아니라는 점이 사실 크게 작용하고 있다. 어떤 종교를 실제로 믿고 그것이 한 문명의 주춧돌이자 정신이라는 점을 거듭 강조하면서도 다른 문명과 신앙을 가진 독자에게 큰 거부감을 주지 않는다면, 균형 감각을 중요시하는 역사가의 입장에서 볼 때 분명히 성공적인 시도라 말하지 않을 수 없다. 사실상 그는 무함마드가 이슬람교를 창시한 7세기 초부터 유럽이 근대 문명의 단계로 넘어간 15세기경까지 유럽이 이슬람 문명에 얼마나 큰 신세를 졌는가를 비교적 상세하고도 공평하게 기술하고 있다.

도슨이 이 책에서 지향하는 가치는 기독교—가톨릭적이기는 하지만—정신이 구석구석 배어든 보편 문화로서의 유럽이다. 그가 굳이 "유럽 통일성의 역사에 대한 서론"이라는 부제를 붙인 것도 바로 이러한 역사 인식에서 비롯되었을 것이다(번역자는 이를 "유럽 통합체의 기원을 찾아서"라고 옮겨 놓았는데, 만약 이러한 표현이 현재의 유럽연합 같은 것을 염두에 둔 것이라면 과녁을 좀 비켜난 것이라 생각된다). 그가 로마 제국 이후 유럽의 통일성이 재정비된 시기를 11세기의 오토 시대로 잡고 있는 것도 이 때문이다. 오토 1~3세를 거치며 탄생한 신성 로마 제국이야말로 기독교 정신과 세속 권력의 통합을 향한 새로운 시대라고 믿은 것이다. 마치 단테가 『제정론』에서 성속일체의 통합적 유럽 질서를 꿈꾸었던 것과 같다.

역사가로서의 도슨의 비전은 마지막 부분에서 분명히 드러난다. 그에 따르면, (서)유럽은 현재 중세 이후 르네상스의 인문·세속주의라는 두 번째 통일성 단계의 연장선상에 있는데, 문제는 이러한 통일성이 붕괴 직전에 있다는 것이다. 그는 아마 서구 문명에 대한 오스발트 슈펭글러의 동시대적 비관론을 공유하고 있었던 것 같다. 그는 이에 대한 치유책으로 다시 한 번 기독교적 원리와 정신으로 되돌아가야 한다는 점을 역설한다. 문명적 조망이 '타자화'의 방식으로 비판받는 현 시점에서 도슨의 종교-문명적 입장은 약간 불편한 구석이 없지는 않겠지만, 강바닥을 드러내지 않고 도도히 흘러가는 물줄기 같은 균형 잡힌 서술이야말로 역사가로서 그가 지금도 여전히 읽힐 수 있는 미덕이 아닐까 한다.

4

에드워드 사이드

"그들은 스스로를 대변할 수 없다. 다른 누군가에 의해 대변되어야 한다." 이미 고전이 된 사이드의 『오리엔탈리즘』 첫머리에 나오는 구절이다. 그가 주로 겨냥한 것은 아랍인과 이슬람 문화 그리고 무엇보다도 팔레스타인 사람들의 삶을 왜곡하고 비하하는 미국과 유럽의 문필이었지만, 이 유명한 언명은 주체를 잃어버린 모든 종류의 식민지인들과 주변부 사람들에게도 아무런 대차 없이 그대로 들어맞는다. 강고한 가부장제 아래, 아버지와 남편과 아들의 이름으로만 자신을 드러낼 수 있었던 여성들 역시 그러했다.

『오리엔탈리즘』과 그 후속작인 『문화와 제국주의』가 근·현대 서양 문학의 제국주의 담론들을 통렬히 비판한 것이었다면, 2010년 12월에 번역·출간된 사이드의 『펜과 칼』(마티)은 우리에게 저자의 육성을 직접 들을 수 있는 흔치 않은 기회를 선사한다. 이 책은 1987~94년 사이에 언론인 데이비드 버사미언이 팔레스타인 문제에 대해 사이드와 나눈 몇 차례의 인터뷰를 담고 있다. 『펜과 칼』은 200쪽이 채 되지 않는 작은 책이지만, 확신하건대, 독자들은 이 책을 결코 단숨에 읽을 수 없을 것이다. 아마도 몇 쪽을 읽다가 자기도 모르게 문득 상념에 잠긴 스스로를 돌아보고는 약간 놀랄 것이다. 그리고 책을 읽어나가는 동안 이 과정은 되풀이될 것이다. 글이 우리에게 계속해서 생각거리를 던져주기 때문이다.

잘못된 편견과 단선적 관점을 파고드는 냉철한 지성은 때로 그의 무기가 펜이 아니라 칼인 것 같은 착각을 일으키게 할 정도이지만, 그의 글은 언제나 그 날카로움이 따뜻함에 포섭되면서 끝난다. 그의 글에는 작위적인 꾸밈이 없다. 근래의 비평 이론의 전유물 같은 알쏭달쏭한 개념과 용어도 거의 보이지 않는다. 그는 문제를 만들어내지 않기 때문이다. 그저 오랫동안 그곳에 있었으나 아무도 보지 못한, 아니 그 누구도 애써 보지 않으려 했던 팔레스타인 사람들의 문제를 그들의 시각에서, 혹은 좀 더 열려 있는 다자적 입장에서 바라보고 있을 뿐이다. 그는 이러한 태도를 가리켜 단순히 역사를 "파헤치는 것이 아니라 말로써 재현하는 것"이라고 표현한다. 역사를 '파헤쳐서' 상대방을 공격하기보다는 역사에 대해 침묵하지 않고 '이야기하는 것'이야말로 스스로를 대변하는 유일한 길이라는 것이다.

『펜과 칼』은 팔레스타인 문제에 대해 우리가 잘 몰랐던 것, 희미하게 알고는 있었지만 그냥 흘려보냈던 것, 혹은 알고 있다고 착각했던 많은 사실과 인식들을 새롭게 깨우쳐 준다. 유대인 대학살과 그들에 대한 이슬람의 적개심을 다룬 영화(「델타포스」나 「블랙 선데이」 등)는 많지만 '나크바'(Al-Nakba, 팔레스타인 파괴)에 대한 메이저 영화는 전혀 찾을 수 없다는 것, 이슬람 원리주의를 비난하지만 이스라엘 원리주의는 언급도 하지 않는다는 것, 아랍 세계의 정치적 부패에 대해서는 열을 올리지만 그러한 부패를 비판하는 내부적 투쟁에는 무관심하다는 것, 이슬람 문명 속에서 나타난 다양한 역사와 운동들 간의 차이를 무시하고 그것이 그저 공산주의를 이은 새로운 서구의 적이라는 획일화의 잣대로만 본다는 것. 이 모든 것이 아이러니지만 최대의 아이러니는 역사를 통해, 특히 나치에 의해 그토록 큰 희생을 겪어왔던 유대인들이 그 고통스러운 기억을 팔레스타인 사람들에게 되풀이하고 있다는 점이다. 희생자의 희생자가 되는 또 하나의 비극이 탄생하고 있는 셈이다.

저명한 우파 역사가 버나드 루이스는, 이슬람인들이 근대 이후 서구와의 대결에서 패했다는 열패감에 시달리고 있을 뿐만 아니라 나아가서는 그들의 문명적 뿌리 자체가 근대 테러리즘의 기원이라는 놀라운 주장들을 제시해 왔다. 서구 기독교 문명과 이슬람 문명의 충돌은 불가피하다는 그의 언명을 '문명의 충돌'이라는 정치적 테제로 일반화한 것이 한때 세계의 독서계를 풍미한 새뮤얼 헌팅턴의 이른바 문명 충돌론이다. 사이드 식의 분석을 빌리자면, 이들은 지독히도 내면화한 오리엔탈리스트들이다. 그들과 같은 사람들에게 이슬람 문명은 단지 수치스럽고 폭력적이며 부패하고 속물적인 '닫힌 집단'일 따름이다.

사이드는 결코 편협한 팔레스타인 애국주의자나 민족주의자가 아니다. 그에게 민족주의는 팔레스타인 사람들이 꿈꾸는 진정한 해방을 향한 하나의 수단일 뿐이지 결코 목적 그 자체는 아니다. 그는 이념과 권력을 혼동하지 않는 혜안을 지니고 있다. 그는 역사가 수많은 목소리들로 이루어진다는 것을 잘 알고 있었다. 그의 펜은 칼을 이겨낸 희망의 펜이었다.

5

헤겔과 아이티

아이티란 나라를 아는가. 뉴스에 밝은 독자라면 약 2년 전에 그곳을 강타한 진도 7의 강진으로 최소한 220,000명 이상이 사망했다는 비극적 사실을 떠올릴 수 있을 것이다. 또한 그곳이 아메리카 대륙에서 최빈국이며, 아울러 폭력이 난무하는 곳이라는 암울한 이미지도 함께 떠올릴 것이다. 민주적으로 선출된 아이티 최초의 대통령이었지만 2004년의 군사 쿠데타로 쫓겨났던 장-베르트랑 아리스티드의 얼굴이 그 위에 겹쳐 보일지도 모르겠다.

카리브 해의 크지 않은 섬 히스파뇰라의 서쪽 3분의 1을 점하고 있는 이 나라가 남아메리카 및 카리브 해 국가들을 통틀어 최초의 독립 국가이며, 세계 최초의 흑인 공화국이라는 사실을 아는 사람은 별로 많지 않을 것이다. 더욱이 그러한 흑인 독립 공화국이라는 흔치 않은 위치를 1804년 프랑스의 지배에 대항하여 식민지 흑인 노예들이 일으킨 무장

혁명을 통해 획득했다는 사실을 아는 사람은 더욱 적을 것이다.

수전 벅모스의 『헤겔, 아이티, 보편사』(문학동네)는 지금까지 잊혀온 아이티혁명을 실마리로 헤겔의, 혹은 18, 19세기 서구 지식인들의 인종주의와 반反흑인, 반아프리카 담론을 파헤치고 나아가서 해체된 서구 중심주의의 폐허 위에서 '새로운' 보편사의 기획을 모색한다는 야심 찬 저작이다. 이렇게 보면 눈치 빠른 독자들에게는 이 책이 언뜻 요즘 '유행'하는 포스트식민주의의 작은 결과물로밖에 보이지 않을 수도 있다.

하지만 이 책은 그런 정도로만 평가하기에는 부족한 새로운 면모들을 갖추고 있다. 어떤 '중요한 사실'이 그 중요성에도 불구하고 왜 어떻게 망각되었는지, 그리고 그러한 '의도적' 망각 뒷면에는 노예제를 근간으로 하는 자유라는 서구 근대 담론의 거대한 역설이 자리 잡고 있다는 것을 저자는 마치 범인을 쫓는 형사처럼 조그만 단서들을 쫓아가며 탐색하고 있다. 그에게 헤겔은 이 역설적 사건의 가장 유력한 용의자이다. 그의 용의선상에는 또한 장-자크 루소나 드니 디드로 같은 저명한 계몽사상가들뿐만 아니라 카를 마르크스를 포함하여 헤겔을 마르크스적으로 전유한 죄르지 루카치, 헤르베르트 마르쿠제, 알렉상드르 코제브 같은 20세기의 명망 높은 학자들도 다수 올라 있다.

1791년 투생 루베르튀르의 선도 아래 번성하던 프랑스 식민지 생도맹에서 그의 흑인 노예들은 무장 혁명을 일으켜 서구 지배자들을 몰아낸 뒤, 놀랍게도 법치와 자유 노동을 근간으로 하는 근대적 독립 국가를 세웠다. 이후 나폴레옹 정부는 군대를 보내 루베르튀르를 제압하는 데 성공했으나 아이티인들은 장-자크 데살린 등의 지휘 아래 침략자들을 물리쳤고, 결국 1804년 아이티 공화국의 독립을 선언하기에 이르렀다. 인간이 아닌 '물품'으로 취급받던 노예들, 그것도 생물학적으로 열등하다고 치부되던 흑인들이 스스로의 자유를 쟁취하기 위해 봉기했고 나아가 성공적으로 자신들의 나라를 세웠다는 사실은 인간의 자유와 평등을 소리 높여 외치던 프랑스혁명 시기 전후의 서구 지식인들에게 큰 충격을 주었다.

헤겔도 예외가 아니었다. 그는 바로 이 아이티혁명이라는 전대미문의 사건에서 착상을 얻어 『정신현상학』(1807)에 나오는 유명한 노예와 주인의 변증법을 완성했다는 것이다. 스스로의 목숨을 던져 예종 상태를 벗어나기로 각오할 때, 노예는 비로소 자유로운 인간이 된다는 언명이 그것이다. 하지만 헤겔은 이러한 사유가 아이티와 관련되어 있다는 데 대해서는 침묵했다. 서구 지식인과 학자들 역시 지난 200년 동안 이러한 데 대해 입을 닫았다. 왜, 어떻게 이런 일이 일어났는가. 그리고 이러한 망각에 대한 탐색과 발견이 과연 인종주의의 신화를 넘어선 '새로운' 보편사에 기여할 수 있을 것인가. 이러한 점들이야말로 저자가 이 책에서 밝히고자 하는 '진실'과 '비전'이다.

이 책을 읽는 동안 내 마음속에는 자연스럽게 조선 시대 노비들의 얼굴이 떠올랐다. 한국의 역사가와 철학자들은 노예가 분명한 이 노비들을 현대의 '양심'(그런 것이 있다고 할 때)에 비추어 어떻게 볼 것인가. 헤겔처럼 망각할 것인가, 아니면 벅모스처럼 그 망각의 고리들을 밝혀내려 할 것인가.

6

아감벤의 '무슬림'

아직도 아우슈비츠인가? 서점 진열대에서 혹시라도 연초에 나온 조르조 아감벤의 『아우슈비츠의 남은 자들』(새물결)을 얼핏 본 독자 중에는 이렇게 반문하는 경우도 있을 것이다. 이제 아우슈비츠로 대변되는 나치의 유대인 학살 문제는 대충 다 밝혀지지 않았느냐는, 약간은 힐난조의 말이다. 전범에 대한 재판은 이미 일찌감치 마무리되었고, 게다가 그들 대부분은 이제 더 이상 이 세상 사람도 아니다. 비록 일부 유럽 극우파들이 아우슈비츠는 역사적 사실이 아니라 연합국이 지어낸 날조라고 우기고는 있지만, 그 말을 믿는 사람들은 그리 많지 않다.

아우슈비츠란 말에 식상할 수도 있는 것은 수용소에서 비참하게 죽어간 수많은 사람들을 망각해서가 아니라 그들의 증언이 현재의 우리에게 별다른 성찰을 주는 것처럼 보이지 않는다는 데 그 이유가 있다. 유대게 재력가들은 사람들에게 아우슈비츠가 잊히지 않도록 하기 위해 주기적으로 관련 학술회의를 개최하고 책을 간행하며 대규모 자금을 투여한 영화를 제작해 왔다. 하지만 그들이 유대 민족에 대한 이러한 전대미문의 '쇼아'(대재난)를 과연 인류의 쇼아에 대한 교훈으로 받아들였는지는 의문이다. 지금 팔레스타인에서 벌어지고 있는 이스라엘 정부의 파시스트적 만행들은 이들이 정말로 한때의 희생자였는지를 의심하게 만든다. 사이드의 표현처럼 '희생자에 의한 희생자'가 다시 생겨나고 있는 셈이다.

이런 의미에서 아우슈비츠를 새로운 관점에서 성찰하고자 한 노력이 바로 아감벤의 책이다. 그는 아우슈비츠에 가스실이 있었고 그곳에서 수많은 사람들이 죽어갔다는, 중요하지만 이미 잘 알려져 있는 사실을 되풀이하려는 것이 아니다. 그는 바로 그곳과 그곳에서 일어난 일들이야말로 인간을 주체적 의지를 지닌 인민과 시민이 아니라 단지 먹는 입口을 가진 인구人口로만 치부하는 생물학적 통치술('생명 정치')의 극한을 보여주는 생생한 예증이라고 본다. 당시 아우슈비츠에 있었던 것은 수인囚人과 나치 경비원만이 아니었다. 거의 최근까지 잘 알려지지 않았으나 그곳에는 '무젤만'도 있었다.

무젤만, 즉 독일어로 무슬림(이슬람교도)이란 뜻의 이 말은 수용소의 수인들 중 거의 아사 상태에 이른, 그리하여 곧 가스실로 들어가기 직전의 사람들을 가리키는 은어隱語였다. 그들은 한마디로 '움직이는 시체'였고 '껍데기만 남은 인간'이었다(이들이 몸을 가누지 못하고 흔들거리는 모습이 유대인들이 보기에는 무슬림의 기도하는 모습과 흡사하다는 데서 '무젤만'이란 말이 나왔다고 한다). 그들은 동료 수인들조차 외면한 "선악도, 존엄도, 부끄러움도 망각한" 유기체 꾸러미에 불과했다. 아우슈비츠에 대한 가장 뛰어난 증인 중 한 사람이었던 프리모 레비는 『이것이 인간인가』에서 이렇게 증언한다. "그들을 살아 있다고 부르기가 망설여진다. 죽음을 이해하기에는 너무 지쳐 있기 때문에 죽음을 두려워도 하지 않는 그들 앞에서, 죽음을 죽음이라 부르기조차 망설여진다." 인간임을 보여 주는 '신성한 불꽃'이 이미 꺼져버렸기 때문에 "안이 텅 비어서 진실로 고통스러워 할 수도 없다"는 것이다.

"이것이 인간인가." 아감벤은 레비가 던진 의문을 되묻는다. "그래서 무엇이 인간이란 말인가." 사실 『아우슈비츠의 남은 자들』은 이러한 의문에 대한 철학과 역사를 넘나드는 성찰적 주석서이다. 레비는 자신이 진정한 증인이 아니라는 점을 부끄러워했다. 자신은 어쨌거나 살아남았고 인간 극한의 상황, 즉 나치가 자행한 '생명 정치'의 한계를 증거 해줄 진정한 증인인 '무젤만'은 이미 죽고 없기 때문이다. 오직 그들만이 스스로가 겪은 일을 증거 할 수 있다. 증거 할 수 없는 것을 증거 해야 하는 역설 아닌 역설을 통해 인간과 비인간의 간극을 윤리학적으로 성찰하고, 나아가 과연 무엇이 인간을 이렇듯 단지 살아 있는 유기체 덩어리에 불과하게 만들었나를 정치학적으로 통찰함으로써, 인간을 생물학적 통제 대상으로 보는 '생명 정치'야말로 권력의 본질이라는 것이 아감벤의 주장이다. 권력 앞에 '벌거 벗겨진 생명' 무젤만이 바로 그 증인이다.

7

디드로의 미美

나는 2002년형 산타페를 10년째 타고 다닌다. 출고된 차에 어떤 장식도 하지 않고 원래 그대로 두는 것이 내 '취향'이다. 길눈 어두운 나 자신을 위해 얼마 전에 내비게이션을 단 것이 고작이다. 그런데 최근에는 이 취향이라는 것이 '귀차니즘'과 결합하여 세차까지도 거의 하지 않게 되었다. 가끔 비가 오면 누리는 자연 세차의 효과에 의존하는 것이 전부이다. 한번은 같이 탔던 오경환 선생에게 세차를 안 해 차가 깨끗지 못하다고 했더니, 그 분 대답이 이랬다. "그것도 미학美學이에요!"

미학이라 ……. 세차를 하지 않고 더러운 그대로 몰고 다니는 것도 미학이라면, 보티첼리가 사랑했음이 틀림없는, 그래서 그가 그린 「비너스의 탄생」과 「프리마베라」, 「팔라스와 켄타우르스」를 비롯한 수많은 성모자상에 단골로 등장하는, 늘씬한 키와 갸름한 얼굴과 길고 긴 머리칼에

다가 어딘지 우수에 잠긴 듯한 분위기를 지닌 여인을 두고, 그녀의 이 모든 점을 아름답다고 느끼는 것을 어찌 감히 미학이라 하지 않을 것인가. 아니 그렇다면 미학이란 진정 무엇이란 말인가. 더러운 차 그 자체를 아름답다고 할 사람은 없을 것이니, 오 선생이 던진 말의 핵심은 차의 외양을 더러운 채로 계속 고수하는 행위가 미학적이란 의미였을 터이다.

그러나 보티첼리의 '비너스'는 그 자체로 아름답지 않던가. 아름다운 것을 아름답다고 하는 것도 미학이 될 수 있을까. 그것은 누구에게나 그냥 자연스러운 느낌이 아닐까. 하지만 누군가는 필시 이렇게 반문할 것이다. 아름다운 여인이라면 역시 라파엘로의 '갈라테아'라고. 하긴 그가 그린 여인들은 대개 얼굴이 동글동글하고 체형도 좀 후덕한 편이니, 보티첼리와는 취향이 사뭇 달랐던 것 같다. 「유니콘을 안고 있는 여인」과 「카니자니 성가족」, 「폴리뇨의 성모」에서도 우리는 비슷한 얼굴형을 확인할 수 있다. 보티첼리의 여인과 라파엘로의 여인을 두고 어느 쪽이 더 아름다운가를 논할 수는 있겠지만, 이렇게 되면 아름다움의 기준이란 게 또 모호해진다. 그것은 취향인가 혹은 본질인가.

1752년에 프랑스 계몽사상가 디드로는 『백과사전』 제2권에 "아름다움"(beau)이란 항목을 집필했다. 『미의 기원과 본성: 철학적 탐구』(도서출판 b)는 바로 이를 번역한 것이다. 디드로는 『백과사전』을 통해 세계에 대한 당시의 가장 새로운 지식을 널리 알림으로써 사람들의 생각을 바꾸고, 더 나아가 세계를 바꾸고자 하였다. 그리스도교 교리, 교회의 도그마, 인간과 자연에 대한 부정확한 학설과 주장들, 이 모든 것에 대한 도전이 바로 『백과사전』이었다.

'아름다움'에 대해 철학적으로 고구考究하는 미학美學이란 분야가 새롭게 등장한 것이 18세기이고, 그 선구자 중 하나가 다름 아닌 디드로라는 사실도 『백과사전』의 이러한 간행 목적과 배경을 생각하면 결코 우연이 아니다. 디드로에 따르면, 아름다움에 대해 논할 때는 으레 아름답다고 느끼게 하는 어떤 대상과 그렇게 느끼는 주체가 있게 마련이다. 디드로는 규칙성, 질서, 균형, 대칭 등의 요소를 갖춘 대상이 아름답다는 앙드레 신부의 플라톤적 견해와 아름다움의 유무는 어디까지나 그것을 판단하는 주체의 자율성에 달려 있다는 프랜시스 허치슨의 경험론적 견해를 모두 받아들이면서 양자를 '관계들에 대한 지각'으로 종합하고자 한다. 우리가 아름다움을 느끼는 대상은 필시 그것을 구성하는 다양한 요소들 간에 그러한 느낌을 유발하는 어떤 특별한 관계를 맺고 있으며, 우리는 그 관계를 지각함으로써 그것이 아름답다고 느끼게 된다는 것이다. 이는 음악, 회화, 시, 건축 등 모든 예술과 학문에 적용될 수 있다. 때로는 그 기준이 수학적 비례이기도 하고, 심지어는 숭고함과 같은 일종의 도덕 감정일 수도 있다. 우리가 어떤 행위에 대해 아름답다고 말할 수 있는 것도 이 때문이다. 그래서 때로는 죽음까지도 아름답게 된다. 본문은 80쪽 정도에 불과한 짧은 글이지만, 아름다움에 관심을 가진 독자들이라면 이 책을 벗삼아 늦은 오후 커피 맛이 '아름다운' 카페에서 저자와 대화를 나눠보는 것도 즐거운 일이리라.

8

타키투스의 인간 희극

"오토는 지배자가 되기 위해서라면 노예처럼 뭐든 마다하지 않았다." "갈바는 그저 한 개인으로 남아 있기에는 너무 탁월해 보였다. 그래서 혹 황제가 되지 않았다 해도, 그는 황제가 될 그릇이라는 것이 세간의 중론이었다." 두 경쟁자의 캐릭터를 이처럼 극명하게 대비해 놓은 사람은 고대 로마의 역사가이자 문필가 타키투스이다.

때는 기원후 1세기 중엽, 제위를 두고 유례를 찾기 힘들 정도의 각축전이 벌어졌던 이른바 '4황제의 해'였다. 68년에 기괴하고 사악한 성벽으로 악명이 높았던 네로 황제가 자살하자 짧지만 치열한 내전이 그 뒤를 따랐다. 기원전 30년에 마르쿠스 안토니우스가 율리우스 카이사르의 암살에 반발하여 전쟁을 일으킨 후, 거의 1세기만에 발생한 제국 최초의 내전이었다. 68년 6월에서 69년 12월 사이의 약 1년 반 동안에 로마에서는 갈바, 오토, 비텔리우스, 베스파시아누스가 차례로 제위를 차지하는 전대미문의 사건이 일어났다. 당연히 권력의 향방을 놓고 동료들 사이에 서로를 살해하는 참혹한 유혈극이 동반되었다. 어쩌면 인간 세상에서 언제든 일어날 수 있을 갖가지 기만과 배신의 로마 판 드라마를 기술해 놓은 것이 바로 타키투스의 『역사』(한길사)이다.

69년 새해가 밝자마자, 고지高地 및 저지低地 게르마니아 군단들은 황제 갈바에 대한 충성 서약을 거두어들이고 대신에 비텔리우스를 황제로 추대하였다. 이 전언을 들은 갈바는 서둘러 칼푸르니우스 피소를 자신의 후계자로 지명하였다. 참극은 바로 이로부터 시작되었다. 호시탐탐 제위를 노리고 있던 오토가 이에 반발한 것이다. 그는 근위대를 움직여 자신을 황제로 옹위하도록 만들었다. 그는 자신에 가담하는 병사들에게 "손을 내밀어 …… 경의를 표하고 키스를 퍼부었다. 지배자가 되기 위해서라면 노예처럼 뭐든 마다하지 않았다". 갈바의 군대는 이미 전의를 상실하고 있었다. 그를 호위하던 경호대 기수는 오토의 군대가 접근하자 "군기에서 갈바의 초상을 뜯어내 땅바닥에 내동댕이쳤다. 이를 신호로 모든 병사가 오토에 대한 열렬한 지지를 표명했다. 인민은 광장을 버리고 도망쳤으며, 얼쩡대는 자들은 창검의 위협을 받았다". 갈바는 외쳤다. "자, 내리쳐라. 그것이 국가를 위한 것이라 생각한다면." 혹자는 그가 살려달라고 애원했다고도 한다. 하지만 그가 뭐라 했던, 그는 결국 목이 잘리고 팔다리마저 잘렸다. "이미 사지가 절단된 몸통에 더 여러 차례 잔혹한 칼부림이 가해졌다."

하지만 오토는 7개월 동안 재위했던 갈바보다 더 단명했다. 황제가 된 지 불과 3개월만인 4월 16일에 자살로써 생을 마감했기 때문이다. 그가 스스로 목숨을 끊은 것은 또 다시 내전의 유혈극을 일으키지 않겠다는 의지 때문이라고 전해온다. "생전生前의 카토가 율리우스 카이사르 그 자신보다 더 위대하다고 해도/과연 죽음에서 오토보다 더 위대하다고 할 수 있겠는가." 후일 시인 마르티알리스는 이렇게 읊었지만, 타키투스는 오토의 진정한 의도에 대해 분명한 언명을 주지는 않는다. 그를 죽음에 이르게 한 장본인은 비텔리우스였지만, 그 역시 불과 8개월간 황제였을 뿐 다시 베스파시아누스에게 그 자리를 내주게 된다.

타키투스의 『역사』가 권력을 둘러싼 인간 희극의 장면들로만 이루어져 있지는 않다. 그 속에서 우리는 종종 다양한 종족의 관습과 종교에 대한 흥미롭고도 구체적인, 현대 인류학자들의 민족지民族誌를 연상케 하는 묘사들을 찾아낼 수 있다. 책의 말미인 제5권은 유대인의 반란에 관한 것인데, 여기에는 그들의 인종적·종교적 기원, 지리적 위치, 일상 풍속 등이 잘 그려져 있다. 타키투스는 그들이 유일신과 영생에 대한 강한 믿음 때문에 죽음도 불사하는 특징이 있다고 말하면서도 그러한 것을 긍정적으로 보지는 않는다. 그들의 관습이 "터무니없고 천하다"는 것이다. 특히 그들의 배타성에 대해서는 강한 반감을 나타내고 있다. 제국적 관용의 반증反證이랄까. 타키투스는 네로 이전 황제들의 암투를 다룬 『연대기』도 썼다. 사실 르네상스 시기에 타키투스를 유명하게 만든 것은 다름 아닌 이 책이었다. 정적에 대한 무자비한 탄압 때문에 '마키아벨리언'으로 알려진 티베리우스의 치세를 포함하고 있기 때문이다. 마저 번역되었으면 좋겠다.

9

입자의 운동이 만물을 만든다!

1417년, 이탈리아의 유명한 휴머니스트이자 고서古書 수집가였던 포조 브라촐리니는 콘스탄츠 공의회 참석차 독일에 가 있었다. 공의회의 목표는 '이단자' 얀 후스 일파를 처단하고 새로운 교황 마르티누스 5세를 옹립하려는 것이었다. 하지만 포조의 관심사는 다른 데 있었다. 인근 수도원 서실書室들에 오랜 세월 동안 방치되어 있는 다수의 필사본들이 있다는 소문이 들려왔기 때문이다.

그곳들을 배회하던 어느 날, 그에게 한 고색창연한 필사본이 눈에 띄었다. 시간의 침식으로 빛은 바랬지만, 그 첫머리에는 유려한 고전 라틴어로 "아이네아스의 후손들의 어머니시여, …… 생명을 주는 베누스시여"라고 쓰인 문구가 분명히 박혀 있었다. 그는 급히 한두 쪽을 더 넘겼다. 다음 순간 그의 눈길은 다음과 같은 구절에 고정되었다. "제가 사물의 본성에 대하여 친애하는 멤미우스 집안의 자손에게 엮어 보이고자

……." 그 순간 포조는 자신이 보고 있는 이 필사본이 다름 아닌 예수 탄생 때보다 약 2세대 앞서 살았던 고대 로마 시인 루크레티우스의 명저 『데 레룸 나투라』의 텍스트임을 깨달았다. 9세기 이후, 프랑스와 독일 수도원 두세 곳에서 떠돌다가 갑자기 사라져버린 이 책이 무려 500년 만에 처음으로 빛을 보게 된 것이다.

시의 율격을 빌려 쓴 이 저작은, 말하자면 루크레티우스가 고대 그리스 철학자 에피쿠로스에게 바치는 오마주이다. 에피쿠로스는 원자론과 '쾌락주의'로 우리에게 알려져 온 사상가이다. 그는 대부분의 사람들이 신의 권능을 두려워하던 시대에 신이 우리의 행동에 대해 상을 내리지도 벌을 내리지도 않는다고 주장하였다. 그는, 무한하며 영원한 우주의 공간 속에서, 최소의 알갱이인 '원자'가 운동하고 상호 작용하면서 우리가 겪는 사건들이 발생한다는 놀랍도록 세속적이고 현대적인 우주관을 피력하였다. 아울러 그는 이러한 원자론적 우주관에 기초하여 무언가 스토아적이기도 하고 불교적이기도 한, 다시 한 번 놀라운 윤리관을 제시하였다. 그에 따르면, 신의 권능에서 자유로워진 우리에게 선악이란 사실상 즐거움과 괴로움에 다름 아니다. 따라서 두려움으로부터 해방되고('아타락시아') 괴로움으로부터 벗어난('아포니아') 행복하고 평온한 상태에 도달하는 것이야말로 인간이 추구해야 할 지고의 목표이다. 게다가 자신을 생각해 주는 친구들과 함께 자족의 삶을 누리면 더할 나위가 없다. 루크레티우스는 무려 2,400년 전에 에피쿠로스가 설파한 이 놀라운 철학의 메시지를 자신의 부드러운 운율에 실어 우리에게 전해 주고 있다.

잠깐 책을 열어 시인의 리듬을 느껴보자. "나는 그대를 위해 하늘과 신들의 최고의 이치에 대하여 논하고 사물들의 기원을 밝히려 하노라. 자연은 그것으로부터 모든 것을 만들어내고, 키우고, 사멸하도록 다시 그것으로 헤쳐 보냈으니, 이것들은 재료, 사물이 될 생산의 몸, 씨앗, 첫 번째 알갱이. 모든 것이 이로부터 나왔노라. 인간의 삶이 무거운 종교에 눌려 땅에 납작 엎드려 있을 때, 처음으로 한 그리스인이 필멸의 눈을 들어 감히 그에 맞섰다. 그는 자연의 문에 굳게 채워진 빗장을 부숴버렸고, 우주의 끝을 벗어난 저 머나먼 곳으로 눈을 돌렸다. 그는 측정할 수 없는 우주로부터 무엇이 생겨나고 무엇이 생겨날 수 없는지, 그것들은 어떤 이치에 의해 그런지를 말해 주었다. 그리하여 이제 종교는 우리의 발 아래로 내던져졌고 승리는 우리를 하늘과 대등한 존재로 만들었다." 이야말로 한 편의 장대한 우주적 드라마가 아닌가.

이 세상 그 어떤 것도 무에서 나오거나 무로 돌아가지 않으며, 단지 끊임없이 '최소의 알갱이'로 쪼개지고 뭉치는 상태가 반복될 뿐이다. 하지만 이러한 원자의 운동은 영원히 파괴적이지도 영원히 생산적이지도 않다. 생산과 파괴는 무한한 시간부터 지속적으로 반복된다. 영혼(아니마)도 예외가 아니며, 몸이 스러지면 영靈도 스러진다. 경이롭고도 급진적인, 그래서 언제나 위험한 사유로 간주되어 온 한 고대 철학자를, 강대진이 번역한 『사물의 본성에 관하여』(아카넷)를 통해 이제 직접 대면할 수 있게 되었다. 한국의 독자들이여, 일찍이 마키아벨리와 몽테뉴와 산타야나가 심취했던 그를 한번 만나보시지 않겠는가?

10

크리스틴 드 피장

이브는 왜 하필 아담의 갈비뼈로 만들어졌을까? 12세기의 저명한 신학자 롬바르두스의 대답은 이랬다. "여자가 남자의 머리로부터 생겨났다면 그녀가 그를 다스려야 한다는 뜻이다. 여자가 남자의 다리로부터 생겨났다면 그녀가 그를 섬겨야 한다는 뜻이다. 하지만 여자는 이도저도 아닌 남자의 갈비뼈에서 생겨났으니, 이는 그녀가 그의 반려가 되어야 한다는 뜻이다." 여자는 남자의 주인도 종도 아닌 반려라는 이 말이야말로 사실 지금까지의 인류 역사를 통틀어 여자를 가장 칭송해 준 수사修辭일 수 있다. 왜냐하면 반려라는 말은 평등과는 거리가 한참 멀고, 게다가 남자가 여자의 반려라는 말을 한 사람은 단연코 없었기 때문이다.

여자는 남자보다 선천적으로 열등하고 저급하다는 비난은 서양에서 고대 이래의 보편적 중론이었으나, 15세기 초 크리스틴 드 피장이라는 한 도전적인 여성이 나타남으로써 오랫동안 여성에 대한 '진실'이었던 것이 어느덧 하나의 '논쟁'으로 바뀌게 되었다. 그녀가 쓴 『여성들의 도시』(아카넷)는 진정으로 여성의 가치를 주장한 근대 최초의 저작이었다. 여성에 대한 수천 년간의 비난에 대해 이후 수백 년에 걸쳐 여성들이 스스로의 목소리로 항변하기 시작한 이른바 르네상스 '여성 논쟁'이 점화되는 순간이다. 이런 의미에서 이 저작을 페미니즘의 기원으로 본다고 해도 큰 잘못은 아니다.

크리스틴은 이 책에서 그동안 여성에 가해졌던 수많은 종류의 비난들을 통렬히(하지만 부드러운 필치로) 반박한다. 이러한 비난 중에서도 가장 눈에 띄는 것 두 가지가 바로 여자는 정숙하기 어렵다는 것과 지성이 없다는 것이었다. 먼저 여자가 정숙하지 못하다는 것은 곧 음탕하다는 뜻인데, 특히 아름다운 여자일수록 그렇다는 것이다. 심지어 "여자는 겁탈당하고 싶어 한다"는 극단적 주장까지도 공공연히 회자膾炙될 정도였다. 크리스틴은 이에 대해 "대체 어떤 여자가 그런 끔찍한 일을 즐거워할 수가 있겠느냐"면서 고대 로마의 열녀 루크레티아를 한 예로 든다. 그녀는 남편의 친척 섹스투스에게 강간당한 뒤, 모든 사람에게 전모를 고하고 자결한 여인이다. 이 사건으로 인해 섹스투스의 아버지 오만왕 타르퀴니우스는 결국 권좌에서 쫓겨난다. 이후 서양에서 그녀의 이름은 정절의 상징이 되었다(마키아벨리는 『만드라골라』에서 그녀의 이름을 패러디하고 있다).

여자는 공부 머리가 없고 할 필요도 없다는 것은 최근까지도 통용되던(혹은 여전히 계속되고 있는) 주장이다. 크리스틴은 이에 대해 좀 더 직설적으로 반박한다. "만일 소녀들을 학교에 보내 소년들처럼 학문을 가르친다면, 그들만큼이나 온갖 어려운 기술과 학문을 이해하게 될 것"이라는 것이다. 하지만 여자들은 "여러 가지 세상사를 겪어보지 못하고 집안에서 살림만 하고 있기" 때문에 학식 있는 여성을 보기 어려울 뿐이다. 신과 자연은 여자나 남자나 동일한 신체와 영혼을 주었으므로 제대로 배우기만 하면 여자가 남자보다 못할 것이 없다는 것이 크리스틴의 결론이다. 남녀평등의 전제로서의 여성 교육에 대한 강조는 이후 여성 논쟁에서 주요한 주제가 되었고, 그 결과는 현재 우리가 보는 대로이다.

당시의 비난 중에는 여자는 입이 헤프다든지, 아내의 말에 귀 기울이는 남편은 한심한 작자라든지, 혹은 여자가 치장하는 것은 남자를 유혹하기 위해서라는 등 지금도 남자들 입에서 나올 법한 이야기들도 들어 있다. 이에 대해 크리스틴은 상식과 경험에 의거해 그것이 근거 없음을 짤막하게 밝힌 뒤, 그 반례反例가 되는 여성의 사례를 열거하는 방식을 취하고 있다. 현대의 독자에게는 이러한 논증 방식이 불완전하고 소극적인 것으로 보일 수도 있겠다. 그녀가 든 예는 주로 성경이나 성인전 또는 보카초의 『유명한 여자들』의 일화 등속에서 끄집어낸 것이고, 더욱이 마지막 부분인 제3부를 10여 명의 성녀 이야기로만 채우고 있기 때문에 혁명적인 무언가를 기대한 독자에게는 실망감을 안겨줄 수도 있다. 하지만 무려 700여 년 전에 '장미'를 정복하려는 수많은 남성들에 대항하여 바로 그 '장미'를 적극적으로 옹호한 거의 유일무이한 여성이 바로 크리스틴이니, 어찌 가벼이 여길 수 있겠는가.

11

필립 페팃과
비지배의 자유

이명박 정부 초기에 대통령은 청와대 앞을 가득 채운 촛불들을 바라보며 민심의 무서움을 알았다고 고백한 적이 있다. 물론 그의 앎은 진정한 앎이 아니었다. 그에 따른 실천이 수반되지 않았기 때문이다. 그런데 그에게 두려움을 준 이 촛불들은 어떻게 나타났을까. 촛불 행진을 단순한 반정부적 행위로 치부하기는 쉽다. 하지만 그 속에 담긴 깊은 의미를 알기는 쉽지 않다. 나는 그것을 '덕德의 행위'로 해석하고 싶다. 그리고 이러한 덕의 정치를 구현하고자 한 것이 공화주의이다.

우리에게는 이 말이 갖는 함의含意가 잘 느껴지지 않을 수도 있다. '덕'이란 말에는 익숙하지만 '공화주의'라고 하면 어쩐지 잘 다가오지 않는다. 하지만 이 말은 의외로 우리 가까이에 있다. 헌법 제1조 제1항에도 "대한민국은 민주 공화국이다"라고 명시되어 있지 않은가. 하지만 다시

한 번 공화국이란 말이 걸린다. 초등학교 시절부터 민주주의에 대해서는 많이 들었지만, 공화국 혹은 공화주의란 말은 어쩐지 들은 기억이 나지 않는다. 사실 헌법 제1조 제2항에 "대한민국의 주권은 국민에게 있고, 모든 권력은 국민으로부터 나온다"라는 구절이 나오지만, 이는 민주주의에 대해 기술한 것일 뿐이고 공화국과 공화주의에 대해서는 아무런 명시적 언급이 없다.

공화국이 지향하는 정치 교의가 공화주의라면, 과연 공화주의란 무엇인가. 서양사에 관심이 있는 사람이라면 프랑스혁명의 지도자 로베스피에르의 '덕의 공화국'이 떠오를 것이고, 혹은 북한의 공식 국가명이 '조선민주주의 인민공화국'임을 새삼 상기할 수도 있다. 그것이 무엇이든, 우리가 지금 그러한 것들로부터 얻을 수 있는 것은 무엇일까. 이러한 점들을 고구考究한 것이 바로 필립 페팃의 『신공화주의: 비지배 자유와 공화주의 정부』(나남)이다.

고대 그리스(아리스토텔레스)와 고대 로마(키케로)에 그 연원을 가진 공화주의는 각별히 서로 불가분의 관계에 있는 세 가지를 요구한다. 법의 지배, 예속되지 않을 자유, 시민적 덕성이 그것이다. 법의 지배란 법 앞의 평등과 법에 대한 복종을 의미한다. 예속되지 않을 자유란 '지도자는 두지만 주인은 두지 않는' 자유를 의미한다. 법이 진정으로 힘을 가진다면 자유민은 법 이외의 어떤 다른 권위에도 예속되지 않는다는 것이다. 시민적 덕성이란 공공선을 지향하는 평범한 보통 사람들의 참여적 가치와 태도를 가리킨다.

최근 작고한 영국의 철학자 아이제이아 벌린은 자유를 소극적 자유와 적극적 자유로 나누었다. 소극적 자유란 외부의 모든 간섭과 강제로부터의 자유를 가리킨다. 이런 의미에서 아무리 선한 목적을 가졌다고 해도 간섭은 나쁜 것인 반면에, 간섭받지 않는다는 것은 설사 그것이 유일무이한 선은 아니겠지만 언제나 좋은 것이 된다(자유주의). 적극적 자유란 인간 스스로가 자기 자신의 주인이 되는 것을 뜻한다. 이러한 자유를 지향하는 시민에게 중요한 것은 공동체(폴리스)를 위한 공공선이다. 그는 자신의 자유를 지키기 위해서라도 공공선을 최우선으로 삼지 않으면 안 된다. 그는 사적 욕망의 노예로 전락하지 않고 공동체적 이성의 합리적 명령에 따라 행동할 때 진정으로 자유롭게 된다는 것이다(공동체주의).

소극적 자유와 적극적 자유는 서로 수렴될 수 없는 것일까. 즉 개인의 자유와 공동체의 선을 결합하는 '제3의 길'은 없을까. 페팃은 이를 '비지배의 자유'로서의 공화주의로 규정한다. 그에게 '비지배'란 완전한 자치를 목표로 하는 고전적 시민의 상태에 이르지는 못하지만, 간섭하지 않는 너그러운 주인을 가진 노예는 아닌 그런 상태를 의미한다. 비지배적 자유를 얻기 위해서는 법적 평등과 사회 경제적 평등이 필요하다. 공화주의는 결코 관념적 유희가 아니다. 그것은 이상을 이루기 위한 참여의 제도이며 과정이다. '촛불'이야말로 바로 이러한 참여의 현대 한국적 전유인 것이다. 새로운 형태의 '덕의 공화국'이라고나 할까.

페팃은 공자孔子나 플라톤처럼 자신의 철학을 실제 정치에 접목하고자 했다. 2004년 이후 로드리게스 사파테르가 이끄는 에스파냐 사회노동당은 그의 공화주의적 원칙에 입각한 정강과 정책을 수립하기 시작했다. 과도한 '자유주의'가 초래한 세계적 현상으로서의 정치와 경제의 위기에 '공화주의'가 어떤 치유책이 될 수 있을지 대선을 앞둔 우리로서도 귀추가 주목된다.

12

중세의 가을

르네상스를 공부하는 사람이라면 비켜 가기 어려운 두 역사가가 있다. 스위스의 야코프 부르크하르트와 네덜란드의 요한 하위징아가 바로 그들이다. 둘은 모두 미술사가라는 점, 그리고 특히 15세기 유럽에 주목했다는 점에서 공통점이 있다. 하지만 이들을 유명하게 만든 것은 15세기에 대한 상반된 해석 때문이었다. 부르크하르트가 『이탈리아 르네상스의 문화』(1860)에서 이 세기를 '근대의 시작'이라 본 반면에, 하위징아는 『중세의 가을』(1919)에서 같은 시기를 중세의 절정이자 마감이라 간주하였다. 이후 두 사람의 해석은 르네상스 문화를 바라보는 대표적인 관점으로 자리 잡았다.

그들의 출발점은 15세기 회화의 리얼리즘이었다. 부르크하르트는 이 시기를 아직은 덜 성숙한 '아이의 천진함' 정도로만 치부해 왔던 종래의 시각을 거부하고 15세기 전반기의 이탈리아에서 이미 새로운 정신이 감지된다고 주장했다. 그는 도나텔로의 조상彫像 「막달라 마리아」가 표현하고 있는 극단적 자연주의에 경악했음을 고백한 바 있다.

그는 점점 더 실제 세계의 모습을 그려내려 했던 당시의 경향이 교회가 요구하는 신앙적 기준보다는 현실의 인간과 사물이 몸담은 자연적 기준으로 옮아가는 것을 의미한다고 생각했다. 교회의 권력이 약화되면서 인간적 개성이 발현된 결과가 곧 리얼리즘이라는 것이다. 그에게 화가들의 개성은 곧 르네상스적 개인의 발현과 동일한 것이었다. 근대인의 결정적 승리는 15세기에 일어났다고 한 그의 언명도 이런 맥락에서 이해될 수 있다.

부르크하르트와는 달리, 하위징아는 15세기 리얼리즘을 오히려 중세의 대미大尾를 장식하는 쇠퇴의 징후로 보았다. 그는 반 에이크 형제와 그들을 계승한 플랑드르 회화가 극명하게 묘사하고 있는 리얼리즘을 근대의 전령이 아닌, 중세의 광휘가 마지막으로 빛을 발한 국면으로 간주한 것이다. 반 에이크의 걸작 「롤린 상서尙書의 마돈나」를 보자. 그는 이 작품이 그려내고 있는 "세부적인 것의 섬세함은 가히 황홀할 지경"이라면서 "만약 호기심에 이끌려 너무 가까이 가서 보는 무모함을 저지르게 되면 끝장"이라고까지 경고한다. 그 세밀함에 사로잡혀 버릴 것이기 때문이다.

하지만 그가 보는 바로는 바로 이 세밀함에 '기적'이 있었다. 세세하고도 정밀한 묘사는 결코 종교화의 기준을 넘지 않으며 그것과 완벽한 조화를 이룬다는 것이다. 바로 이것이다. 15세기 리얼리즘에서 근대적 개인성과 세속성을 보는가 혹은 중세 내내 견지되어 온 종교적 조화를 보는가가 둘 사이의 좁힐 수 없는 차이이다.

서문에서 밝히고 있는 것처럼 하위징아는 이러한 회화적 관점을 15세기 전체의 역사에 투영하고자 했다(부르크하르트 역시 그랬다). 가을은 그동안 가꾼 곡식을 거두어들이는 때이다. 하지만 추수가 끝난 후에 남는 것은 황량하고 텅 빈 들판이다. 하위징아가 굳이 '가을'을 제목으로 쓴 것도 바로 이러한 이중적 함의를 염두에 두고 있다. 15세기 플랑드르 회화가 구현한 극적인 리얼리즘은 그에게 중세의 찬란한 광휘이자 동시에 그 사멸로 느껴졌던 것이다.

현대의 많은 역사가들은 부르크하르트적 '인간의 발견'이 넓게 잡아 14세기 후반에서 16세기 전반까지의 약 150여 년 사이에 새로이 등장했음을 인정한다. 동시에 르네상스 시기를 반드시 중세와의 단절로 간주하기보다는 아직도 중세적 요소가 다수 혼재되어 있는 일종의 과도기로 생각한다. 이런 점은 사실 부르크하르트보다는 하위징아의 입장에 더 가깝다.

2001년에 타계한 저명한 미술사가 에른스트 곰브리치는 『서양미술사』에서 반 에이크 형제가 그린 겐트 제단화가 "말의 눈에 어린 빛이나 가죽의 주름까지도 볼 수 있을" 정도라서 마치 "살아 있는 것 같다"라고 경탄한다. 하지만 이러한 경이로움에도 불구하고 그들은 회화를 여전히 관례의 문제로 생각했기 때문에 중세적이라고 평가한다. 회화를 일종의 과학으로 생각한 당시 이탈리아(특히 피렌체) 화가들의 근대성과는 뚜렷이 대비된다는 의미이다. 이 역시 하위징아의 해석과 대동소이하다. 하위징아의 문체는 부르크하르트에 비해 좀 더 심미적이고 시적이다. 종종 멜랑콜리의 느낌마저 준다. 르네상스에 관심이 있는 독자라면 『중세의 가을』(연암서가)을 통해 '가을'이 주는 다양한 향취를 음미해 보기 바란다.

13

사랑에 빠진 단테

영국의 작가 앤드류 윌슨이 쓴 『사랑에 빠진 단테』(이순)는 여러모로 묘한 책이다. 독자들은 우선 존 매든 감독의 영화 「셰익스피어 인 러브」를 마음속에 떠올릴지도 모르겠다. 르네상스 문학에 조예가 있는 사람이라면 마리아 보이아르도의 서사시 『오를란도 인나모라토』가 즉각적으로 생각날 것이다. 하지만 "사랑에 빠진 오를란도"는 결국 아리오스토에 의해 『오를란도 푸리오소』, 즉 "광란의 오를란도"로 변할 운명에 처하지 않았던가.

왜 이런 이야기를 하는가 하니, 사랑은 광란을 잠재한 정념이기 때문이다. 단테가 정녕 지독한 사랑에 빠졌다면, 그는 필연코 광란에 이르게 마련이다. 그를 이런 상태로 몰아갈 만한 유일한 여인은 베아트리체이다. 전언에 의하면, 그는 9세 때 한 살 아래인 그녀를 또래 모임에서 만났다고 한다. 아무리 서양 사람들이 조숙하다 해도 10세도 안 된 아이들에게 사랑이라니! 아마 그것은 욕정이 동반된 성인의 사랑이 아닌 지순한 애정의 한 자락이었을 게다.

'비체'라는 애칭으로 불린 그녀를 후세에 단테의 연인이자 이상적인 여인으로 만든 인물은 단테를 열렬히 찬양한 조반니 보카초였다. "아름다움뿐만 아니라 순결과 정숙함이 넘쳐흐르는" 그녀를 본 단테는 "그날 이후 스스로 살아가는 동안 벗어나지 못할 애정과 그녀의 아름다운 얼굴을 마음에 새겼다". 비체가 21세의 젊은 나이에 세상을 떠나자, 단테는 "엄청난 슬픔과 괴로움과 비탄"에 빠져 "어떠한 위로의 말도 들으려 하지 않았다". "밤낮의 어느 한순간도 통곡과 탄식과 하염없이 흘러내리는 눈물 없이는 지나가지 않았다." 슬픔이 어느 정도 가실 즈음, 친지들은 그에게 아내를 정해 주어 마음을 다독거리고자 했다. 그녀가 젬마 도나티이다. 젬마는 악역을 맡았다. 그녀는 어디까지나 당시 남자들이 '혐오하던' 아내이지 사랑스런 연인은 아니었다는 말이다. 젬마 덕분에 비체는 더욱 이상화되었다. 비체와 젬마에 대한 보카초의 편향적인 평가는 15세기에 단테 전기를 쓴 잔노초 마네티에 의해 더욱 확산되었다.

조숙한 (짝)사랑에 빠진 단테. 하지만 그러한 감정을 가슴에 묻고 오직 학업에만 정진을 거듭한 단테. 다시 비체의 이른 죽음으로 비탄에 빠진 단테. 하지만 다시 한 번 정치로써 슬픔을 이겨낸 단테. 그러나 정쟁에 휘말려 결국 길고 긴 망명의 길을 떠나지 않으면 안 되는 불운에 처한 단테. 결국 그는 다시 학문으로 돌아와 불후의 걸작 『라 코메디아』를 썼다. 보카초는 이 저작을 '신이 내린' 글이라 칭송하면서 그것을 '라 디비나 코메디아', 즉 '신곡'神曲이라 불렀다. 이것이 바로 단테의 『신곡』을 해석하는 오랜 전통이었다.

다시 윌슨의 『사랑에 빠진 단테』로 돌아가자. 그가 본 단테의 사랑은 어떤 것이었을까. 비체와의 지순한 사랑을 말하는 것일까. 그는 "사랑이 모든 것을 포용하며, 태양과 별들까지도 움직이게 하는 힘"이라고 한 단테의 말을 인용하며, 책의 제목은 무언가 더 넓은 범위를 포괄하는 것으로 이해해 달라고 부탁한다. 예컨대 컬트 성향의 단테 신봉자 찰스 윌리엄스가 저자 자신에게 불러일으키는 묘한 흥분과, 여인에게 매혹되는 감성과, 시를 애호하는 마음과, 인생을 깊이 관조하는 태도들 사이에는 어떤 연관이 있다는 것, 그리고 "사랑에 빠진 단테"라는 제목의 함의 속에는 이런 것들이 모두 담겨 있다는 것이 저자 윌슨의 언명이다.

윌슨은 어떤 의미에서 '현대적' 범지론자(판소피스트)일지도 모르겠다. 그에게는 기독교 신앙과 점성술과 문학 취미와 현학이 모두 '사랑에 빠진 단테' 속에 녹아들어 있는 것 같다. 그 사랑은 아마 우주론적 사랑일 게다. 단테가 시인 베르길리우스를 따라 연옥과 지옥을 탐방한 뒤, 여러 계界로 이루어진 천국에 도달하여 비체의 인도를 받아 기독교의 진리를 확인하는 그 과정이야말로 바로 이런 유의 사랑이 가는 여정일 터이다. 이 책은 그래서 단순히 단테의 전기가 아니다. 그것은 윌슨 자신이 단테를 길잡이 삼아 떠난 스스로의 인생 여정에 대한 사색임이 분명하니, 독자들은 매우 특별한 책과 마주하게 되는 셈이다. 『신곡』의 첫 구절이 떠오른다. "우리 인생 여정에서 나는 문득 어두운 숲속에 놓이게 되었네. 이제 똑바른 길은 사라져버렸네."

14

한스 큉의 이슬람

보카초(보카치오가 아니다!)의 『데카메론』을 보면 “세 반지” 이야기가 나온다. 바빌로니아의 술탄 살라디노가 트집을 잡아 재산을 빼앗으려고 유대인 멜키세덱에게 유대교, 이슬람, 그리스도교 중 어느 것이 가장 훌륭한 종교인지 묻는다. 그의 의도를 눈치 챈 멜키세덱이 해준 이야기가 바로 그것이다. 아들 셋을 둔 한 아버지가 대대로 내려오는 반지를 누구에게 전해 줄 것인지 고민하다가 똑같은 것을 두 개 더 만들어 아들들에게 각각 하나씩 주었다. 원래 이 반지를 가진 자가 후계자가 되는 것을 알고 있는 아들들이 서로의 반지가 진짜라고 우겼지만 아직도 분명치 않은 상태이다. 신이 내려주신 세 종교도 각각의 유산과 계율을 갖추고 있으니 이 반지 이야기와 같다는 것이다.

18세기 말에 독일의 문인 고트홀트 레싱은 희곡 『현자 나탄』에서 이야기의 결말을 약간 바꾸어 어느 종교도 서로 간에 높낮음이 없고 신 앞에서는 모두가 평등한 것이며, 인간에 대한 진정한 사랑만이 구원에 이르는 길이라고 설파하였다. 특히 그리스도 교인에게 가족을 잃은 유대인 나탄, 그를 양부로 삼아 자라난 고아 레야, 그녀를 구해 준 익명의 십자군 기사, 그리고 레야와 기사가 사실은 친남매이고 살라디노는 그들의 아저씨라는 플롯은 이런 메시지를 잘 전해 주고 있다.

만일 종교 간의 대화에 혹은 불화에 관심이 있는 독자라면, 그래서 한스 큉의 역작 『이슬람』(시와진실)을 무려 1,300쪽에 가까운 두께에도 불구하고 감연히 펼쳐보게 되었다면, 그는 결국 현자 멜키세덱과 나탄의 "세 반지" 이야기를 어떤 식으로든 떠올리게 될 것이다. 왜냐하면 이 문제에서 "세 반지" 이야기 이상의 더 나은 대안을 생각해내지는 못한 것으로 보이기 때문이다.

고명한 가톨릭 신학자 큉은 20여 년 전에 『지구 윤리 구상』을 통해 "지구 윤리 없이는 생존이 없다", "종교 평화 없이는 세계 평화가 없다", "종교 대화 없이는 종교 평화가 없다"라는 세 모토를 제시한 바 있다. 그는 또 세계 평화를 위해 '문명 간의 대화'도 주장했는데, 실제로 1998년 9월의 유엔 총회에서 이란 대통령 무함마드 하타미가 이에 호응하여 2001년을 '문명 간의 대화의 해'로 정해 '보편적 정의와 자유의 실현'을 위한 첫 단계로 삼을 것을 제의하였다.

하지만 현실 세계의 난마처럼 얽힌 문제들은 이성적 대화라는 방법에 쉽사리 길을 터주지 않았다. 큉의 『지구 윤리 구상』과 거의 때를 같이 하여 헌팅턴은 『문명의 충돌』이란 베스트셀러를 내놓았다. 헌팅턴의 주장은 '상이한' 종교에 기초한 상이한 문명, 특히 이슬람 세계와 미국·유럽 세계 간의 충돌은 불가피하며, 위태로운 세계 평화를 유지하기 위해서는 이를 공리로 삼는 현실주의 정책을 펼치지 않으면 안 된다는, 퀑의 대화론과는 정반대의 '해결책'을 제시하였다. 더욱이 2001년 9월 11일, '문명 간의 대화'가 유엔에서 결의되던 바로 그 시간에 이른바 '9 · 11'이라는 전대미문의 비극이 일어남으로써 무슬림 과격파들은 퀑보다는 헌팅턴의 사도임을 극적으로 보여 주었다.

퀑은 이슬람과 그리스도교 및 유대교가 서로 이견을 좁혀 나갈 수 있도록 해줄 다양한 실마리가 있다고 말한다. 예컨대 『쿠란』이 묘사하는 예수가 초기 유대 그리스도 교인들의 예수와 유사하다는 해석이 그것이다. 그들은 공히 예수를 — 현재의 그리스도교 교리와는 달리 — '신의 아들'이자 본질적으로 '신' 그 자체로 보지는 않았다는 것이다. 즉 현재의 삼위일체설은 4세기 니케아 공의회에서 '선포'된 것이 시간이 지나면서 정교해지고 확고해진 역사적 존재물이라는(나아가서 그럴 뿐이라는) 것이 그의 주장이다. 동일한 유일신을 믿는 데도 불구하고 예수의 신성이 문제라면 그 자체도 재고할 수 있지 않겠느냐는, 대단히 급진적인(내게는 아주 합리적으로 들리지만) 제안이 과연 현재의 그리스도교 신학계에서 받아들여질지는 미지수이다. 현재의 종교 문제가 단지 종교 그 자체만의 문제에서 결과한 것이 아니며 총체적 역사 문제라는 점을 지적하지 않을 수는 없겠지만, 세계 평화를 향한 퀑의 고원한 이상에 대해서만은 존숭의 염을 표하지 않을 수 없다. 이슬람의 교리와 역사에 관심을 가진 독자에게 필독을 권한다.

15

벌린의 자유론

당신이 만약 지식인이라면, 당신은 여우 아니면 고슴도치이다. 당신이 만약 예술가라면, 당신은 순진하든가 감상적이든가 둘 중 하나이다. 당신이 지금 자유를 누리고 있다면, 그것은 적극적 자유이든가 아니면 소극적 자유이다. 당신은 어느 쪽에 속한다고 생각하는가. 마이클 이그나티에프의 『이사야 벌린』(아산정책연구원)은, 바로 이처럼 흥미로운 이분법으로 20세기 정치 철학의 한 축을 지탱했던 아이제이아 벌린('이사야'가 아니다)의 전기傳記이다.

벌린은 러시아에서 태어나 독일어를 쓰고 혁명 후에는 영국에 정착하여, 결국에는 옥스퍼드 대학 석좌 교수에다가 기사 작위까지 받은 유대 지식인이다. 그는 결코 유대 전통과 시온주의의 강박에서 완전히 벗어나지는 못했지만, 그럼에도 그것을 넘어서 현대 유럽의 역사적 굴곡과 갈등이 남긴 교훈을 '자유'(평등이 아니라)에서 찾으려 했던 인물이었다. 그가 자유를 굳이 적극적인 것과 소극적인 것으로 나눈 이유도 자신이 추구하는 자유가 어떤 것인가를 분명히 밝히고 싶었기 때문이다.

그에 따르면, 적극적 자유의 이상은 자기완성이다. 자신 스스로가 자신에 대한 주인이 된다는 뜻이다. 왜 이처럼 어려운 일이 필요한가. 그것이 요구되는 이유는 단순한 자기만족에 있지 않다. 자신을 포함한 개개인이 몸담고 있는 공동체의 자유를 유지하기 위해서는 그것이 필요하기 때문이다. 아리스토텔레스의 '정치적 동물'이 바로 이것이다. 공동체의 자유라는 최상의 공공선에 기여할 수 있는 품성, 즉 통치자이자 동시에 피치자로서 언제나 공익을 사익에 우선하는 시민적 덕성이야말로 공동체의 쇠망이라는 최악의 '부패'에 노출되지 않는 유일한 길이라는 것이다.

소극적 자유는 벌린이 적극적 자유에 대한 대안으로 제시한 개념이다. 여기서 행위의 주체는 공동체가 아니라 개인이다. 그를 온전한 한 인간으로 있게 하는 것은 자신의 자유 의지에 간섭하지 않고 내버려두는 것이며, 이것이 바로 소극적 자유이다. 개인이 강조되니 정부는 작아지는 게 필연이다. 뉘앙스는 조금씩 다르지만 로크나 프리드리히 하이에크의 자유주의와도 상통한다. 최근 페팃이 비지배의 자유라는 개념을 제시했으나, 어떤 의미에서 이는 벌린 식 자유관의 변형으로도 볼 수 있다.

러시아 출신 유대인인 벌린이 지극히 영국적 냄새가 나는 소극적 자유론을 펼쳤다는 점이 의아할 수 있다. 사실 저자인 이그나티에프가 쓴 벌린의 전기도 이런 유의 문제의식에서 출발한다. 유대 전통(공동체 의식)과 자신의 영국적 자의식(자유주의) 간의 충돌은 철학자인 그에게 어떤 식으로든 정리되어야만 하는 중요한 '문제'였을 것이 분명하다. 이제 성공한 지식인으로 막 발돋움 할 때였던 40대 초에 그는 『유대인의 노예 상태와 해방』이란 에세이를 썼다. 여기서 그는 이스라엘의 건국으로 이제 유대인은 공동체적 전통에 종속되지 않고 각자의 개인적 가치에 따른 삶을 살 수 있게 되었다는, 일견 역설적으로 보이는 주장을 제기하였다. 이는, 그 직전 헝가리 출신의 작가 아서 케스틀러가 디아스포라 상태의 유대인에게는 이주移住 국가에 완전히 동화되어 뿌리를 잃거나 혹은 이스라엘에서 '완전한' 유대인으로 사는 두 가지 길 밖에 없다는, 도발적인 주장을 한 데 대한 대응이었다. 유대인이라고 해서 언제나 유대적 공동체 의식만을 추종해야 할 이유는 없다는 게 그 요지였다. 이후 벌린의 사상적 궤적은 여기서 별로 멀어지지 않았다.

이그나티에프의『이사야 벌린』은 전기니 만큼 정치 철학적 사유를 다룬 벌린의 책만을 본 연구자나 독자들이 미처 볼 수 없었던 수많은 삶의 '흔적들'을 일별할 수 있는 좋은 기회를 제공한다(벌린의 주요 저작들은 이미 한국어로 번역되어 있다). 어린 시절 영국으로 건너와 언어 때문에 고생했던 그가, 오히려 끊임없이, 그것도 속사포 식으로 영어를 뱉어내는 것으로 유명해졌다는 것, 그리고 이러한 언어 습관이 다름 아닌 당시 영국 엘리트 지식인들을 모방한 결과라는 흥미로운 관측 같은 것은 전기가 아니면 접할 수 없는 이야기이다. 이 전기가 보수 단체의 '냉전 자유주의 프로젝트'의 일환으로 나오긴 했지만 벌린은 단순히 그러한 이념적 꼬리표만으로는 쉽게 재단할 수 없는, 꼭 읽어볼 만한 철학자이다.

16

퀜틴 스키너의 독해법

정치사상사의 고전들을 훑어보다 보면, 때로 저자가 왜 이런 이야기를 하고 있을까 의문스러운 경우가 있다. 예컨대 로크는 자신의 『통치론』 제1편에서 누가 아담의 후계자인지를 묻고 있는데, 전통적인 정치사상사가들에게 이는 자연 상태에 대한 논의로 시작되는 제2편에 비해 무언가 적절성이 떨어지는 부분으로 보였다. 그래서 그들은 아예 '별로 중요하지 않게 보이는' 제1편을 제외하고 제2편만 떼내어 "제2통치론"만으로 로크의 정치사상을 재구성했다. 토머스 홉스도 마찬가지이다. 그의 명저 『리바이어던』 뒷부분은 마법과 천사와 사탄의 권능들에 대한 논의로 채워져 있다. 이 역시 국가를 일종의 '운동하는 물체'로 본 '유물론자' 홉스에게는 어울리지 않는 듯한(그래서 잘 이해되지 않는) 대목이다. 통상적으로 학자들이 그 부분에 대해서는 거의 언급하지 않는 것도 바로 이 때문이다.

왜 이런 일이 일어나는가? 케임브리지의 정치사상사가 퀜틴 스키너의 『역사를 읽는 방법』(돌베개)에 실린 글들은 바로 이러한 문제의식에서 출발하고 있다. 과거의 사상가들이 생산해 낸 '고전들'을 어떻게 읽어야 하는가? 스키너의 답은, 아주 단순하게 말하자면, 그것을 역사적 콘텍스트 속에서 읽어야 한다는 것이다. 종래의 전통적인 독해 방식에서 중요시된 것은 한 고전 텍스트가 '어떤 구체적인 역사적 상황'에서 생산되었는가가 아니라 그것이 과연 어떤 '인류의 지혜'를 담고 있는가 하는 것이었다. 요컨대 고전 텍스트란 특정 시간 속에서 특정한 문제를 해결하기 위해 씌어졌다기보다는 본질적으로 시간을 넘어서는 '영속적인 문제'에 대한 '영속적인 대답'을 구하기 위해 집필된 것으로 보는 것이다. 피터 라슬렛의 로크 연구에서 촉발된 이른바 케임브리지 '담론사 운동'은 바로 이러한 전통적 방식에 도전하여 고전 텍스트를 역사의 일부로 보려는 시도이다. 존 던, 존 포칵, 스키너 등이 1세대를 대표하는 학자들이다.

이들이 쓴 텍스트 독해 방법에 대한 글들 가운데 가장 유명한 것이 포칵의 「정치사상사: 방법론 탐구」(1962)와 스키너의 「관념사에서의 의미와 이해」(1969)이다. 후자는 『역사를 읽는 방법』 제4장에 수정 · 게재되어 있다. 이 글들의 가장 기본적인 전제는 사상사를 사상 혹은 철학 그 자체와 구별해야 한다는 것이다. 사상사는 엄연히 역사의 일부이므로, 그것을 이해하기 위해서는 역사학의 기본 규칙인 사실에 기초한 실증성과 시간의 차이를 인정하는 시대착오성의 개념을 반드시 고려해야 한다. 즉 어떤 사상(들)을 담고 있는 텍스트는 그것이 쓰인 시점에서의 의미 탐구로부터 시작되어야 한다는 것이다. 과거에 '고전'이라는 것을 썼던 사상가는, 흔히 생각되는 것과는 달리, 결코 체계적인 철학자가 아니었다. 그들은 종종 어떤 구체적인 정치 문제를 염두에 두고 글을 썼을 뿐, 영속적인 문제를 해결하기 위해 그렇게 하지는 않았다는 것이다. 그러므로 고전 텍스트는 역사화되어야 하며, 그런 관점에서 그것을 읽어야 적절한 이해가 가능하다는 것이다.

이런 공통적 문제의식 아래에서도, 포칵이 어떤 텍스트가 어느 정도의 '추상화' 단계에 있는가를 분석하여 그것이 기초한 '언어'(로크의 자유주의적 언어, 제임스 해링턴의 공화주의적 언어 등)를 식별해 내고자 했다면, 스키너는 텍스트를 생산한 저자의 '의도'를 복원하는 데 특히 초점을 맞추었다. 이를 위해 그가 기대고 있는 언어 이론은 후기 루트비히 비트겐슈타인의 언어 놀이 이론과 각별히 존 오스틴의 화행론話行論이다. 이에 따르면, 한 저자가 어떤 글(발화)을 쓰고 있을 때, 그는 동시에 어떤 행위(발화 수반력)를 하고 있다는 것이다. 스키너는 바로 이 행위가 글로 치면 곧 저자의 의도에 해당한다고 보았다.

스키너가 뜻하는 '의도'(intention)는 '동기'(motive)와 구별되는 것으로, 단순하게 말하자면 책의 내용이 의미하는 것을 말한다. 예컨대 마키아벨리는 왜 『군주론』을 그런 식으로 썼을까? 메디치 가문에 잘 보여 관직을 얻으려고? 당시의 이탈리아 사회가 그런 식의 권모술수로 점철되어 있기 때문에? 전자는 저술 동기에 해당하며, 후자는 단지 당시의 사람 모두가 처했던 삶의 조건일 뿐 구체적 의도와는 거리가 멀다. 스키너는 그 답을 르네상스 휴머니즘의 계승과 전복이라는 지점에서 찾았다. 사실 이 책은 '역사를 읽는 방법'이라기보다는 '정치사상 텍스트를 읽는 방법'에 관한 것이며, 그 답은 '역사적으로' 읽는 것이다.

17

번역은 혁명이다

1462년, 당대 최고의 철학자 마르실리오 피치노는 피렌체의 실력자 코지모 데 메디치의 의뢰로 플라톤 번역을 준비하고 있었다. 어느 날 그를 부른 코지모는 그리스어 필사본 한 묶음을 주면서 그것을 먼저 번역해 달라고 부탁하였다. 그가 준 책은 『헤르메스 서書』의 14세기 사본이었다. 피치노는 플라톤 번역이라는 필생의 작업을 멈추고 주저 없이 이 제의를 받아들여 이듬해 번역을 끝마쳤다. 1471년 간행된 이 책은 이후 『피만드로스』란 이름으로 알려졌다. 고대 이집트로부터 전승되어 온 지혜의 정수를 담았다고 알려진(그리고 무엇보다 예수의 도래를 예언하고 있다고 믿어졌던) 『헤르메스 서書』의 피치노 역본은, 17세기 프로테스탄트 신학자 이삭 카조봉에 의한 위작설에도 불구하고 19세기까지도 비학秘學 연구에서 거의 절대적인 영향력을 발휘했다. 한 권의 번역이 수세기의 학문 연구에 지대한 역할을 한 것이다.

이는 물론 르네상스 시기에 이루어진 수많은 번역 작업에서 중요하지만 일부분에 지나지 않는다.

역사가 흘러온 여정을 살펴보면 새로운 문화의 형성에는 거의 언제나 번역이 필수 불가결한 조건이었음을 알게 된다. 서양의 경우에 망각의 중세에 새로운 지성의 빛을 던진 파리를 중심으로 한 12세기 르네상스, 일찍이 부르크하르트가 "망상의 베일을 벗어던졌다"라고 표현한 피렌체와 이탈리아의 15, 16세기 르네상스가 이를 보여 주는 대표적인 예이다. 서양뿐만 아니다. 메이지유신明治維新을 통해 탈아脫亞를 꿈꾸던 일본이 짧은 시간 내에 스스로를 바꾼 수단이 바로 서양서의 대대적인 번역이었음은 이미 잘 알려져 있다. 일본뿐인가. 아직 연구가 일천하지만 19세기 말에서 일제 강점기 직전까지의 짧은 시간 동안 조선 역시 유사한 경험을 했다. 묵직한 사상서로부터 잡다한 가정 소사에 이르기까지 다양한 종류의 서양서가 한국어로 번역되었던 것이다. 아마 당시 지식인 상당수가 이제는 유학적 전통이 끝났다는 점을 인식했던 것 같다. 사실 이 번역 과정이야말로 어쩌면 '근대 한국의 문화사적 기원'을 추적하는 실마리가 될지도 모른다.

최근 번역된 디미트리 구타스의 『그리스 사상과 아랍 문명』(글항아리) 역시 번역이 문화의 갱신과 확산에 얼마나 큰 역할을 할 수 있는가를 예증하는 흔치 않은 저작이다. 무대는 대략 8세기에서 10세기 사이 압바스 왕조 아래의 바그다드이다. 이 시기 동안 유럽에서 사멸해 가던 거의 모든 그리스어 저작들(문학과 역사보다는 철학, 과학, 비학, 예술이 중심이기는 했지만)이 아랍어로 번역되었다. 이는 전례 없는 규모와 속도로 이루어졌다는 점에서 획기적이었다.

구타스는 이 번역 운동이 왕조 엘리트 전체의 지지와 동참 아래 일어난 하나의 사회 현상 내지는 문화 현상이라는 점을 강조한다. 압바스 왕조는 페르시아의 사산 왕조를 멸망시키고 그 영토에 새로운 이슬람 신앙의 체계를 세웠다. 하지만 도처에 잔존하고 있던 구세력과 문화를 무시하기는 어려웠다. 특히 페르시아의 주 신앙이었던 조로아스터교의 위세는 여전히 위협적이었다. 압바스 칼리프들은 그들이 옛 전통을 이어받고 포용할 태세가 되어 있음을 알릴 필요가 있었다. 그 수단이 바로 그리스어 전적典籍의 아랍어 번역이었다.

3세기에서 7세기까지 지속된 사산 왕조의 조로아스터 신앙에 따르면, 모든 학문의 정수는 경전인 『아베스타』에서 비롯되었다. 하지만 알렉산드로스 대왕의 침입으로 이 지혜의 보고가 약탈되었고, 이후 그리스어 저작들 속에 흡수되었다. 그들이 그리스어 저작을 곧 『아베스타』의 일부라고 보는 것도 이 때문이다. 압바스 왕조가 벌인 대대적인 그리스어-아랍어 번역 운동은 바로 이러한 페르시아-조로아스터교적 전통을 포용하려는 의도에서 나타난 것이었다. 구타스는 알 만수르, 알 마흐디, 알 마문에 이르는 칼리프 치세에서의 번역 과정을 이러한 이념적 배경 아래 검토하고 있다.

번역은 단순한 모방이 아니라 그 자체가 하나의 창조적 행위이다. "번역은 반역"이라는 이탈리아 속담에 담긴 또 다른 의미가 바로 이것이다. 어디 이뿐인가. 번역은 동시에 혁명이기도 하다. 대대적인 번역 운동이 그 사회를 혁명적으로 바꿀 수 있기 때문이다. 압바스혁명은 이런 의미에서 정치 혁명이었을 뿐만 아니라 동시에 문화 혁명이었던 것이다.

18

군자와 시민

군자가 시민이 될 수 있는가? 좀 더 소극적으로 말하자면 군자가 시민을 만날 수 있는가? 철학자 황경식의 『덕 윤리의 현대적 의의』(아카넷)가 흥미로운 이유는 바로 이런 질문을 던지고 있기 때문이다. 고대 공맹孔孟 사상의 현대적 변용, 혹은 그것을 통한 '제3윤리'의 모색이 저자의 의도이다.

군자란 유가 사상에서 인仁을 실천하는 사람을 일컫는다. 그는 성인까지는 아니지만 당연히 소인은 넘어선, 이상적이지만 실현 가능하다고 간주되는 인격체이다. 그는 남에게는 너그럽지만 자신에게는 엄격한 자기 수양에서 출발하여 공공의 덕성과 리더십까지도 겸비한 인물이다. 조선의 선비들이 추구한 인간형이 바로 이 군자였다. 공맹의 군자가 어떤 사람이었는가에 대해서는 큰 이견이 없다.

시민은 어떤 사람인가. 시민 개념이 고대 그리스에 연원을 두고 있다는 것은 분명하다. 정치 공동체인 폴리스의 통치를 책임진 사람들이 바로 최초의 시민들이었다. 그들은 스스로를 통치하면서 동시에 그들 자신을 지켜야 한다는 시민-전사戰士의 이상을 가진 사람들이었다. 반면에 근대 이후 새로운 갈래의 시민 개념이 나타나는데, 이른바 자유주의적 시민 사회의 일원으로서의 시민이 그것이다. 이들은 고전적 시민-전사와는 달리 시민-상인의 인간형으로서, 통치와 방어는 국가에 위임하고 자신은 재산의 추구라는 자기만의 세계에 침잠하는 사람들이다. 아이제이아 벌린이 이 두 가지 시민형을 적극적 자유와 소극적 자유의 개념을 통해 설명했던 것은 이미 잘 알려진 사실이다.

그러므로 군자와 시민이 만날 수 있는가를 물으려면 우선 군자가 어떤 종류의 시민과 만나는 것인지가 분명해야 한다. 고전적 시민-전사인가 혹은 근대에 새롭게 출현한 시민-상인인가. 물론 시민-상인의 인간형이 등장했다고 해서 시민-전사의 인간형에 대한 추구가 중단된 것은 아니다. 그것은 마키아벨리 시대의 이탈리아 도시 공화국에서 다시 힘을 얻었고, (포칵에 의하면) 17세기 잉글랜드와 18세기 아메리카의 공화국을 거쳐 현대의 '민주 공화국'에서까지 그 흔적을 남기고 있다. 하지만 로크적 자유주의에 기초한 시민-상인은 17, 18세기 네덜란드와 잉글랜드에서 발원한 금융자본주의를 계기로 시민-금융가로 진화하여 20세기 이후의 세계를 지배하고 있다. 따라서 단순하게 말하자면, 고대 중국의 군자가 시민이 되려면 그는 고전적 시민-전사가 되든지, 아니면 근대적 시민-상인 혹은 시민-금융가가 되어야 한다.

여기서 우리는 저자의 지향점이 다름 아닌 '덕 윤리의 현대적 의의'라는 점을 다시 상기할 필요가 있다. 그는 시종일관 유가의 '덕'德을 고대 그리스(특히 아리스토텔레스)의 '아레테'(arete)와 로마 이후의 '비르투스'(virtus) 혹은 '버츄'(virtue)와 비교하고 있는데, 이는 그가 이들 개념의 상호 비교를 통해 군자와 시민의 조화를 모색하고 있기 때문이다. 하지만 덕-비르투스란 문을 거쳐 만날 가능성이 있는 인간형은 단지 군자와 고전적 시민-전사뿐이다(그들이 과연 조화될 수 있는가의 문제는 일단 제쳐두자). 왜냐하면 자유주의적 시민-상인과 시민-금융가는 전혀 고전적 덕-비르투스에 기초한 인간들이 아니기 때문이다. 확연히 다른 두 종류(혹은 세 종류)의 시민형을 감안하지 않고 갑자기 '공화적 자유주의의 시민적 덕'이란 알쏭달쏭한 명칭으로 양자를 적당히 버물리려 하는 것은 바른 길이 아니다. '군자와 시민의 만남'이라는 은유는 새로운 기대를 불러일으키지만 서론만 있을 뿐 본론이 없으니 어찌 아쉽지 않겠는가. 멀리 갈 것도 없이 작금의 우리는 어떤 종류의 시민이 되어야 하겠는가. 한국은 왜 민주'공화국'인가.

19

그린블랫의 루크레티우스

나는 꼭 1년 전, 루크레티우스의 『사물의 본성에 관하여』에 대해 이 칼럼을 쓴 적이 있다. 약 2,400년 전 그리스 철학자 에피쿠로스가 원자론의 토대 위에 세운 삶과 죽음에 대한 놀랍도록 '근대적'인 세계관을 약 250년 뒤의 로마 시인 루크레티우스가 유려한 장시長詩의 형식을 빌려 전하고 있는 것이 바로 이 저작이다.

글이 나간 뒤, 한 출판사에서 신간 한 권을 보내왔다. 자연과 생명에 대한 다양한 책을 써온 이브 파칼레의 에세이 『신은 아무것도 쓰지 않았다』(해나무)였다. 루크레티우스의 책이 에피쿠로스에 대한 오마주라면, 빅뱅부터 현생 인류의 출현까지의 장대한 시간을 다룬 자연사 같은 이 책은 루크레티우스에 대한 오마주이다. 나는 책을 보내준 이에게 저명한 문학 비평가 스티븐 그린블랫의 『비껴가는 입자: 세계는 어떻게 근대가 되었나』에 대해 이야기했다. 현대의 에피쿠로스-루크레티우스주의자들이 한두 명이 아니라는 의미에서였다. 이 책의 한국어판이 최근에 나온 『1417년, 근대의 탄생: 르네상스와 한 책 사냥꾼 이야기』(까치)이다.

그린블랫의 책에 대한 글을 쓰지 않을 수 없었던 것은 나 또한 심정적으로 에피쿠로스와 루크레티우스에 공감하기 때문이다. 그들의 철학은 일상의 면밀한 관찰에서 시작된다. 주변을 돌아보라. 모든 것이 시간 속에서 허물어져 가고 있지 않은가. 내가 입은 옷은 점점 더 낡게 되며, 쇠로 만든 문의 손잡이조차도 닳아간다. 낡고 닳는 이 물질들은 결국 어떻게 되는가. 더욱 더 작은 알갱이로 쪼개지다가 종국에는 더 이상 쪼개질 수 없는 알갱이로 남게 될 텐데, 이것이 바로 원자/입자이다. 우주의 삼라만상이 이 입자들의 운동과 결합으로 이루어진다. 입자들은 서로 '비껴가다가' 뭉쳐지고 흩어지며 만물을 생성한다. 이 과정은 끝없이 계속된다. 현대 물리학의 세계관과 너무나 흡사하지 않은가.

더 경이로운 것은 물질계에 관한 이러한 추론에서 우리의 삶에 대한 의미 있는 철학적 사유를 끌어냈다는 점이다. 생성 소멸의 원리가 이러니 인간이라고 해서 예외가 될 리 없다. 그의 육체는 물론 영혼조차도 다른 사물과 마찬가지로 입자의 운동으로 구성된다. 인간도 전혀 특별하지 않은 것이다. 인간이 사는 지구는 특별한가. 아니다. 우주는 무한하므로 역시 입자의 운동으로 만들어진 다른 생명체가 사는 별도 무수할 것이다. 그러므로 흔히 상상하는 사후 세계란 없다. 죽음과 탄생은 모두 그 자체로는 우연적 운동의 결과이기 때문이다. 신이란 존재도 없다. 설사 신이 있다 해도 이 세계에 아무런 영향을 끼치지 못한다. 그래서 모든 종교는 망상이다.

그러면 어떻게 살 것인가. 바로 여기서 오랫동안 오해를 낳았던 쾌락주의가 나타난다. 쾌락이란 곧 자신과 친구가 누리는 행복한 삶에 다름 아니다. 마음대로 먹고 마시고 욕망을 채우는 행위는 물론이고, 재산을 모으고 명성과 명예를 얻는 일도 별 의미가 없다. 그런 것들이 주는 쾌락은 짧고 고통은 길기 때문이다. 인생의 모든 고통과 공포는 전혀 근거 없는 공상과 환상, 미신에서 비롯된다. 입자 운동의 원리를 확신하는 사람이라면 인간에게 주어진 이 유한한 세계에서 큰 욕심 없이 일상의 작은 행복을 느낄 수 있는 평정심을 얻을 수 있으리라는 것이 에피쿠로스 철학의 요체이다.

그린블랫의 책은, 1417년 당대 최고의 휴머니스트 브라촐리니가 독일의 한 수도원에서 루크레티우스의 필사본을 찾아 세상에 알린 과정을 흥미롭게 묘사하고 있다. 17세기 말에 브루노를 화형주로 보낸 이 '이단적'인 책은 몰래 필사되고 회람되어야 하는 운명이었지만, 비유하자면 근대적 세계관을 탄생하게 한 뇌관과도 같은 것이었다. 비껴가는 입자들이 우리를 만들어냈다! 그것이 곧 루크레티우스가 말하는 '사물의 본성'이다.

20

신념으로서의 역사

역사가 사라질 수 있는가. 아마 대부분의 사람들은 이 질문에 부정적일 것이다. 어떻게 역사가 사라진다는 말인가. 역사란 원래 과거에 일어난 일일진대, 시간의 저편으로 흘러가기는 했어도 아주 사라질 수는 없는 것 아닌가. 이미 일어났던 일은 결코 바뀔 수 없으므로 '과학적'인 방법을 적절히 사용한다면 과거에 일어난 일을 '객관적'으로 '정확하게' 복원할 수 있다는 것이 전통적인, 그리고 지금도 여전히 통용되는 역사관이다.

하지만 20세기 중엽에 이르러 역사에 대한 이러한 '상식'이 아주 밑바닥부터 흔들리기 시작한다. 객관적 역사학을 견인하던 자연과학의 객관성과 진리부터가 의심받게 되었기 때문이다. 토머스 쿤은 과학자의 연구 역시 진리 그 자체보다는 특정한 과학자 세계가 공유하는 패러다임 속에서 퀴즈를 푸는 행위라는, 매우 도발적인 주장으로 과학계에 충격을 안겨 주었다. 미셸 푸코와 자크 데리다는 각 시대의 '진리'가 발견된 것이 아니라 '만들어진' 것이며, 따라서 모든 진리 묶음들은 권력 효과를 동반하는 '담론'에 불과하므로 결국에는 '해체'될 수밖에 없는 운명이라는 대담한 주장을 제시하였다.

이처럼 강력한 지적 상대주의는 사실에 기초한 객관성을 학문적 공리로 삼아온 역사학계를 분열시켰다. 새로운 회의주의를 애써 외면하고 옛날의 역사관을 고수하려는 전통주의자들과 종래의 실증주의와 객관성이 더 이상 그대로 통용될 수 없기 때문에 어떤 식으로든 역사에 대한 새로운 관점과 방식을 찾아내야 한다는 수정주의자들로 나뉜 것이다(물론 이 두 입장 사이에는 다기 다양한 변형들이 존재한다). 최근 번역된 린 헌트, 조이스 애플비, 마거릿 제이컵의 공저 『역사가 사라져갈 때』(산책자)는 바로 이 민감한 주제에 대한 역사가들의 고민을 잘 보여 주고 있다.

이 책의 저자들은 우선 과학사, 미국사, 프랑스사를 중심으로 한 서양 근대사에서 한때 절대적인 '진리'라고 간주되었던 것들이 어떻게 힘을 잃어왔는가를 살피고 있다. 아이작 뉴턴이 데카르트 식의 물질주의와 무신론을 거부하기 위해 행성 사이의 진공을 신의 영역으로 규정했다든지, 프랑스혁명의 '박애'가 사실은 여성을 배제한 남성 '형제애'였다든지, 미국을 '건국'한 초기 백인 신교도들이 사이비 인류학을 동원하여 토착 원주민과 흑인들을 열등한 존재로 만들었다든지 하는 것이 그 일부의 예이다. 이는 결국 뉴턴의 중력 법칙, 프랑스혁명의 보편 정신, 미국의 애국주의 등, 종전에는 의심의 여지가 없었던 역사적 '공리'들을 깨뜨린 '반례'가 되었다.

이 책의 저자들은 이 모든 새로운 해석과 발견을 겸허히 받아들이면서도, 뒤의 '해석'이 앞의 '진리'를 스스로 깨뜨려 나가는 과정이 계속된다고 해서 그것이 곧 지식의 추구가 허망하다는 뜻은 아니라는 점을 거듭 강조한다. 관점이 달라도 "관찰 내용의 정확성과 완전성"을 얻을 수 있으며, 그래서 '조건부 객관성'이 가능하다는 것이다. 달리 말하자면, '역사적 객관성'이라는 것을 "질문하는 주체와 외적인 객체 간의 상호 작용적 관계로 재규정"하고 싶다는 것이다(이 마지막 어구를 보면 객관성에 대한 E. H. 카의 옹호가 떠오른다).

이 책은 새로운 역사학과 역사 인식의 도전에 대해 매우 열린 입장을 보이고 있지만, 그럼에도 불구하고 말미의 결론은 역사적 '진리'와 '객관성'을 찾는 전통적 역사관에서 크게 벗어나지 못하고 있다. 역사가 언제나 달리 서술되는 가장 본질적 이유는 "관찰 내용의 정확성과 완전성"이 부족해서가 아니라 세계를 바라보는 우리의 관점과 신념이 시대에 따라 달라지기 때문이다. 이 책의 저자들은 유감스럽게도 '역사가의 행위'가 궁극적으로 '과학적 행위'가 아니라 '신념의 행위'라는 것을 인식하지 못하고 있다.

21

카카니아의 비트겐슈타인

"말해질 수 있는 것은 명료하게 말해질 수 있다. 그리고 이야기할 수 없는 것에 관해서는 우리는 침묵해야 한다." 루트비히 비트겐슈타인의 『논리-철학 논고』(1918) 머리말에 나오는 유명한 언명이다. '말해질 수 있는 것'과 '이야기할 수 없는 것'의 절대적 구분, 즉 사실의 영역과 가치의 영역을 칼로 자르듯이 단절한 것이야말로 비트겐슈타인과 종래의 모든 철학자들을 갈라놓은 결코 넘을 수 없어 보이는 경계선으로 보였다.

비트겐슈타인이 20세기의 수리 논리학이나 분석 철학의 발전에 공헌한 것으로 흔히 알려져 온 것도 사실과 가치에 대한 바로 이러한 구분 때문이었다. 그가 버트런드 러셀과 고틀로프 프레게, 그리고 조지 무어 등 영국의 논리 철학자들과 맺은 친교도, 철학이란 언표 가능한 세계만을 대상으로 해야 한다는 것이 그의 주장의 요체라는 주류 해석에 일조하였다. 요컨대 『논리-철학 논고』는 한 천재 철학자에 의한 매우 새로운, 순수 논리적 성격의 저작이라는 것이다.

하지만 이 해석에는 한 중요한 측면이 전혀 고려되어 있지 않다. 비트겐슈타인은 언제 어떻게 그러한 발상을 하게 되었을까. 그가 케임브리지에 온 뒤라고 말하면 문제는 쉬워지겠지만, 과연 그럴까? 앨런 재닉과 스티븐 툴민이 함께 쓴 『비트겐슈타인과 세기말 빈』(필로소픽)은 바로 이 의문에서 출발한다. 풍요롭게 보이지만 쇠락의 징후를 강하게 내비치고 있던 세기말 빈—19세기 말에서 제1차 세계대전 이전까지의 합스부르크 제국 말기—의 문화 지형과 시대정신을 비트겐슈타인과 연결시키지 않고서는 그의 저작 의도를 알기 힘들다는 것이다.

이 책의 재미는 사실 비트겐슈타인의 대표작 『논리-철학 논고』와 『철학적 탐구』를 다룬 부분보다는 저자들이 비트겐슈타인의 발상을 예비한 인물들로 지목한 사회 비평가 카를 크라우스, 건축가 아돌프 로스, 평론가 프리츠 마우트너 등을 중심으로 기술된 지성사적 기술을 음미하는 데 있다(칼 쇼르스케의 역작 『세기말 비엔나』와는 또 다른 맛이 느껴진다). 당시 빈의 문화계는 오늘날 상상하기 어려울 정도로 매우 촘촘히 밀착되어 있었다. 소집단을 형성한 문화 엘리트들은 일상에서 서로 빈번히 조우하고 있었다.

예컨대 안톤 브루크너가 루트비히 볼츠만에게 피아노 교습을 해주고, 구스타프 말러가 정신적 문제로 프로이트를 찾아가고, 요제프 브로이어가 프란츠 브렌타노의 주치의일 뿐만 아니라 프로이트와 결투를 벌였던 빅토르 아들러가 그와 함께 저명한 신경학자 테오도르 마이네르트의 임상 진료소 조수였다는 식으로, 세기말 빈의 문화 엘리트들은 친분으로든 적의로든 서로 가까울 수밖에 없는 상황에 있었다는 것이다. 철학계를 놀라게 한 비트겐슈타인의 '새로운' 발상은 그 자체로서는 전혀 새로운 것이 아니었으며, 바로 그가 얽혀 있던 빈의 문화적 산물이었다는 것이 저자들의 주장이다.

그래서 비트겐슈타인은 빈으로부터 무엇을 얻었던가? 결론은 이렇다. 『논리-철학 논고』는 본질적으로 논리학이 아니라 윤리학이라는 것이다. 글 첫머리에 인용한 그의 언명을 이런 관점에서 연결하자면 "이야기할 수 없는 것에 관해서는 우리는 침묵해야" 하며, 그러기 위해서는 '말해질 수 있는 것'의 한계가 어디까지인지를 "명료하게 말해야 한다"는 것이다.

세기말 빈의 이른바 '카카니아' 문화는 휘황하고 번드레한 말의 성찬을 쏟아냈지만 도덕과 가치의 문제를 진지하게 고민한 적이 없었다. 비트겐슈타인의 저작들은 바로 그러한 성찬의 허망함을 직시하려는 하나의 놀라운 철학적 시도였다. 그리고 그러한 고민을 포용하지 못한 카카니아 문화는 제1차 세계대전에서의 패배 이후 마치 신기루처럼 급속히 사라져버렸다.

22

교황들의 은밀한 삶

무신론자도 구원받을 수 있는가? "신의 자비에는 한계가 없으니, 신을 믿지 않는 사람이라도 자신의 양심에 복종하면 된다." 이런 말도 했다. "만약 어떤 동성애자가 그리스도교 믿음을 갖고 있고 선을 행한다면 누가 그를 외면할 것인가." 결국 모든 사람이 구원에 이를 수 있다는 것이다. 다만 그가 선을 행한다는 조건으로. 이 놀라운 발언의 주인공은 다름 아닌 2013년 2월 제266대 교황으로 선출된 아르헨티나 출신의 프란체스코이다. 그는 『라 치빌타 카톨리카』의 편집인 안토니오 스파다로가 "호르헤 마리오 베르골리오(교황의 속명)는 누구입니까?"라고 단도직입적으로 묻자, "나는 죄인입니다"라고 역시 간단 명쾌하게 답한 인물이기도 하다.

교황의 이런 파격적인 발언들에 담긴 진의가 무엇이냐에 대해서는 아직 의견이 분분하지만, 매우 진보적으로 보이는 그의 행보 덕분에 교황의 존재가 그 어느 때보다 우리의 관심을 끌고 있다. 일반적으로 교황은 현실 문제에 대해 매우 보수적인 태도를 보였기 때문이다. 특히 전임자인 베네데토가 그랬다. 하지만 수억 명이 넘는 사람들의 믿음을 견인하는 교황이 편협한 교리에 얽매여 낙태나 피임 혹은 동성애처럼 매우 민감한 사안에 대해 소극적으로 대처하면 교계의 지도자로서의 능력은 물론이고 다른 종교와의 대화를 이끌어나갈 수 없다. 가톨릭 신학자 한스 큉이 주창했듯이, 세계의 평화를 위해서는 무엇보다 각 종교가 앞장서야 할 필요가 있다.

교황 제도는 예수의 사도 베드로에서 시작된다. 물론 그가 스스로를 교황이라 칭한 것은 아니었다. 하지만 첫 교황이 그 아니면 누구일 수 있겠는가. 마치 옥타비아누스가 자신은 황제가 아니라고 극구 부인했지만 누구나 그를 로마 제국의 첫 황제임을 의심하지 않았듯이. 그로부터 교황은 무려 2,000년 가까운 장구한 시간의 침식을 이겨내고 지금까지 그 이름을 세상에 알리고 있다. 그뿐인가. 현재 교황은 국제 외교상 한 국가로서의 지위까지 누리고 있다. 다른 어떤 종교 단체도 이런 위치를 가진 적이 없다. 교황의 역사를 알지 못하고 서양의 역사를 제대로 알 수 없는 것도 바로 이 때문이다.

호르스트 푸어만이 쓰고 차용구가 옮긴 『교황의 역사: 베드로부터 베네딕토 16세까지』(도서출판 길)는 역대 교황들이 밟아온 이러한 오랜 족적을 단 한 권의 책에 정리해 놓았다는 장점이 있다. 책을 펼치면 우선 교황과 관련된 다수의 호칭들—파파, 로마 교구장, 베드로의 후계자, 그리스도의 대리자, 성좌聖座, 바티칸 국의 원수元首 등—의 기원은 무엇이며, 교황을 선출하는 비밀회의 콘클라베는 어떻게 진행되는지, 교황은 무슨 돈으로 '먹고사는지'에 이르기까지 교황 제도의 간략한 역사와 구조를 일별할 수 있다. 이어서 역대 교황들의 역사가 이어진다. 말미에 첨부되어 있는 주요 교황사 개관도 유용하다. 우리는 여기서 플라티나, 랑케, 파스토르 등 르네상스 시기에서 현대에 이르는 유명한 '교황의 역사'에 대한 뒷이야기를 읽을 수 있다.

교황도 사람인 만큼 성스러움과 속됨 사이에 벌어지는 수많은 일화도 독자들에게 즐거움을 선사한다. 레오 1세가 경쟁자 힐라리우스와 언쟁을 벌이다가 용변이 급해 볼일을 보러 갔다가 얄궂게도 그곳에서 급사한 이야기, 예수의 인성이 신성 속에 꿀처럼 녹아 혼합된 것이라는 알쏭달쏭한 교리로 교계의 대립을 격화시킨 에우티케스 이야기, 크리스마스 미사 참석차 베드로 대성당에 온 샤를마뉴에게 레오 3세가 '갑자기' 왕관을 씌워 황제로 만들어버렸다는 이야기, 정적政敵 독살로 유명한 알렉산데르 6세(체자레 보르자의 아버지)가 손님이 마실 독이 든 음료를 자신이 마시는 바람에 죽었다는 이야기 등도 재미있다. 한 권짜리 교황사의 소략함이 아쉬운 것은 어쩔 수 없겠지만.

23

오사리 잡놈들

누구나 그렇겠지만 아이들이 어릴 때는 아빠에게 재미있는 이야기를 해달라고 조르는 것이 보통이다. 물론 나도 그런 경험이 있다. 처음에는 어릴 때 들었던 옛날이야기에 이리저리 살을 붙여 그럭저럭 넘어갈 수 있었다. 그런데 그것도 하루이틀이지, 빈약한 내 이야기 주머니도 곧 동나고 말았다.

고민하다가 서점에서 눈에 띈 것이 바로 이훈종 선생이 쓴 '깨가 쏟아지는' 옛 이야기책들이었다. 이때가 1990년대 중반쯤이었다. 한동안 이 이야기책들을 서가 뒤에 감추어두고는 적당히 각색해서 아이들에게 들려주어 큰 환영을 받았던 기억이 새롭다. 결국 초등학교에 다니던 딸아이가 서가에서 문제의 책들을 찾아냈고 나의 무한정한 이야기 주머니의 비밀도 아쉽게 밝혀지고 말았다.

얼마 전에 도서관에서 민속 용어에 관한 책을 찾다가 우연히 이 분이 쓴 『민족생활어 사전』(한길사)이란 것을 보게 되었다. 이 책은 한 권짜리지만 그 내용을 들여다보면 사실 좀 놀랍다. 사람의 몸에서 시작해 옷차림, 갖가지 모자, 바느질 도구, 노리개, 전통 문양, 집, 창살, 세간살이, 베짜기, 농기구, 갖가지 연장, 공예, 등불, 심지어는 숙박 시설, 성곽, 무기에다 묘제墓制와 장의葬儀 및 종교의식까지도 나와 있다.

이 책은 단순한 민속 백과사전이 아니다. 내가 어릴 적부터 듣고 보아온 수많은 물건과 풍습, 그리고 어휘들이 이 속에 녹아들어 있다. 게다가 손수 그림까지 그려놓았다. 지금부터 이훈종 민족생활어 퀴즈에 여러분을 초대한다. 과연 몇 점이나 올릴 수 있는지 각자 시험해 보기 바란다.

책의 맨 첫 항목 해설에 나오는 표현부터 시험해 보자. '메뚜기이마'가 무언지 아시는 분? 첫 표제어가 '천정 · 이마'인데, 해설은 이렇게 나와 있다. "이마가 훤하게 트이면 소견이 넓고 출세한다고 하는데, 그것을 말한다. 이마 전체가 톡 튀어나왔으면 '되빡이마', 뒤로 버스러졌으면 '메뚜기이마' 등의 별명을 붙여서 부른다." 이런 표현이 국어사전에도 나와 있나 싶어 국립국어원 홈페이지의 온라인 판 "표준국어대사전"에서 이 말을 검색했으나 나오지 않았다. 이 사전은 '이마'를 "얼굴의 눈썹 위로부터 머리털이 난 아래까지의 부분"이라고 해설해 놓고 있을 뿐이다. 둘을 비교해 보라. 그 차이가 바로 이훈종 식의 '민족생활어' 해설의 묘미이다.

사람의 눈에도 여러 종류가 있다. 마늘모눈, 도끼눈, 나비눈, 고리눈 등. 나는 솔직히 도끼눈은 들어봤어도 다른 눈은 잘 들어보지 못했다. 그런데 '도끼눈'은 어떤 것인가? "도끼눈을 하고 째려본다"라는 표현에서 보듯이, 좀 살벌한 느낌을 주니 그 '도끼'는 필시 장작을 패는 도끼이리라. 아니었다. 이훈종은 이때의 '도끼'는 '토끼'의 옛말이라서 토끼눈모

양 동그랗게 뜬다는 소리라는데, 그러고 보니 "어딜 감히 눈 똥그랗게 뜨고 쳐다봐!"라는 표현을 쓰지 않는가. 앞으로 도끼눈을 할 때는 '째려보지'말고 눈을 '똥그랗게' 뜰 일이다. 나비눈도 마찬가지이다. 나비처럼 하늘거리는 미녀의 눈웃음이 아니라 "못마땅해서 사르르 굴려 못 본 체하는 눈짓"이란다. 이 '나비'는 노랑나비가 아니라 고양이이니, 곧 고양이의 눈을 뜻한다. 마늘모눈은 "눈의 위 꺼풀이 이상하게 모가 져서 눈 전체가 삼각형으로 보이는 것"이고, 고리눈은 "눈을 부릅뜨면 흰자위가 동자를 둘러서 드러나는 특수한 눈"이라는데, 『삼국지』의 장비張飛가 바로 이 '특수한' 눈의 소유자였다고 한다. 당신의 눈은 어떤 눈인가?

민족생활어의 달인 이훈종 선생의 이야기책 중 특히 기억나는 것이 『오사리 잡놈들』(한길사, 1994)이다. 이는 "온갖 못된 짓을 거침없이 하는 잡놈들"이란 말이다. 여기서 '오사리'란 5월 사리란 뜻인데, 질 좋은 새우만 잡히는 6월 사리와는 달리 이때는 게딱지, 오징어, 곰장어 등 별의별 잡고기들이 섞여 올라오니 새우만 필요한 어부들에게는 아주 귀찮은 존재들이라 이런 표현이 생겼다고 한다. 한마디로 쓰레기 잡탕이라는 말이다.

최근 뉴스를 보니 방송에서 시끄럽게 구는 한 인사를 가리켜 '듣보잡'(듣도 보도 못한 잡놈이란 뜻의 인터넷 신조어)이라고 한 어떤 논객에게 명예 훼손죄가 적용되었던데, 그런 경우에는 국어사전에도 나오지 않는 그런 말보다는 점잖게 "오사리 잡놈 같으니!"라고 일갈했더라면 어땠을까? 민족생활어도 살릴 수 있으니 일석이조가 아니겠는가.

24

아르마다

사회 계약을 통해 절대적 권력을 가진 왕이 출현했다고 주장한 『리바이어던』을 써서 교회와 왕 모두에게 버림을 받았던 토머스 홉스의 탄생에 얽힌 유명한 이야기가 전해온다. 그의 어머니는 10개월을 채우지 못하고 조산早産했는데, 그 이유는 에스파냐의 이른바 무적함대가 영국을 침공할 것이라는 소문에 큰 두려움을 느꼈기 때문이라고 한다. "어머니는 나와 공포라는 쌍둥이를 낳았다." 홉스 자신이 실제로 했던 말이다.

홉스가 태어난 때가 1588년 4월 5일이었고 영국과 에스파냐의 함대가 실제로 맞붙었던 것이 그해 7월 31일이었으니, 그녀가 느꼈던 공포는 결코 빈말이 아니었다. 엘리자베스 1세가 다스리던 당시의 영국인들에게 에스파냐의 '아르마다'(무적함대)는 도저히 이기지 못할 것 같은 두려운 존재였다. 게다가 1588년에 '전 세계가 대격변을 겪을 것'이라는 무시무시한 예언이 유럽을 횡행하고 있던 터라 사람들이 느낀 공포는 배가되었을 것이다.

16세기 후반에 유럽을 장악한 절대 강자는 에스파냐의 펠리페 2세였다. 그의 아버지는 신성 로마 제국의 황제였던 합스부르크 가문의 카를 5세였다. 펠리페는 카스티야와 아라곤뿐만 아니라 포르투갈의 왕이었고, 여기에다 나폴리와 시칠리아의 왕도 겸했다. 당시는 중남미 식민지에서 채굴한 막대한 은이 흘러들어 오고 있던 시기였으니, 그는 아마 에스파냐의 역사를 통틀어 가장 강력했던 통치자 중 하나일 것이다. 프랑스 역사가 페르낭 브로델의 표현을 빌리자면, 16세기 후반의 지중해는 다름 아닌 '펠리페의 지중해'였다.

그런데 그런 그가 한때 잉글랜드의 왕이었다는 사실을 아는 사람은 많지 않을 것이다. 잉글랜드 종교개혁을 주도한 헨리 8세의 형수이자 뒤에는 아내가 된 캐서린의 딸 메리 튜더가 1554년 펠리페와 정략결혼을 함으로써 그는 메리와 함께 잉글랜드의 공동 통치자가 되었다. 하지만 그들 사이에는 자식이 없었고 게다가 불과 4년 후 메리가 죽자, 그의 왕위도 자연히 사라져버렸다.

메리를 이은 통치자가 엘리자베스 1세였다. 둘은 악연이었다. 아버지 헨리 8세가 버린 아내 캐서린과 그 자리를 차지한 앤 불린(영화 「천일의 앤」으로 알려진), 그리고 각각의 딸 메리와 엘리자베스로 대물림된 권력을 향한 각축전은 16세기 중엽의 영국이 남긴 한 편의 드라마였다. 이야기는 여기서 그치지 않는다. 엘리자베스를 괴롭히던 배다른 언니 메리가 죽고 나서 약 20여 년 뒤에, 또 한 명의 메리가 엘리자베스에 도전했기 때문이다. 스코틀랜드의 메리로 불리는 그녀(메리 스튜어트)는 헨리 8세의 여동생 마가렛의 친손녀였으니, 좀 복잡하게 들리지만 엘리자베스에게는 고종 질녀가 된다(원문의 'cousin'을 '사촌'이라 한 것은 이런 촌수 관계를 무시한 오역이다). 그녀의 어머니 역시 메리였는데, 프랑스의 유력 귀족인 기즈 가문 출신으로 보통 로렌의 메리라고 불린다. 엘리자베스는 무려 세 명의 메리를 상대해야 했으니, 이름에 얽힌 기연奇緣이라 아니할 수 없다.

미국의 역사가 개럿 매팅리의 걸작 『아르마다』(너머북스)는 이처럼 복잡하게 얽힌 유럽 왕가의 계보 속에서 영국 여왕 엘리자베스와 한때는 형부이기도 했던 에스파냐의 펠리페의 함대가 정면으로 충돌한 유럽 근대사 희대의 전투를 매일매일의 전황을 따라가며 아주 세세하고도 박진감 넘치게 묘사하고 있다. 1588년 7월 31일, 메디나 시도니아가 이끄는 아르마다는 불패의 초승달 대형으로 찰스 하워드가 통솔하는 잉글랜드 함대와 최초의 '근대적' 해전을 치르게 된다. 갈고리로 배를 붙이고 접전을 벌이려는 전자와 치고 빠지는 속도전을 선호하는 후자 중 누가 승자가 될 것인지는 당시로서는 아무도 알 수 없었다.

잉글랜드 남부 해안과 프랑스 북부 해안을 따라 약 2주일 동안 벌어진 해전에서 누가 승리했는지를 아는 데는 시간이 꽤 걸렸다. 9월 말까지도 파리 주재 에스파냐 대사인 베르나르디노 데 멘도사는 승전에 대한 기대를 버리지 않고 있었다. 전자 통신망이 없던 수백 년 전의 일이었으니 그럴 만도 하다. 하지만 모든 사람의 예상과는 달리 아르마다는 패배하고 말았다. 더 비극적인 것은 귀환 중 아일랜드 해안에서 폭풍을 만나 병사 수천 명이 익사한 일이었다. 아르마다의 처절한 패배와 함께 펠리페와 에스파냐의 운세는 꺾이고, 반면에 엘리자베스는 이류 국가였던 잉글랜드의 국위를 한 단계 높인 위대한 '처녀 여왕'으로 칭송되었다. 그 직후가 셰익스피어 시대라는 것은 결코 우연이 아니다.

매팅리는 거의 소설가 같은 유려한 필치로 때로는 주인공들의 성격과 언행의 다양한 측면들을 세밀히 묘사하기도 하고, 때로는 그들을 중심으로 벌어지는 일상적 사건들을 마치 눈앞에서 보는 것처럼 생생하게 그려내면서 에스파냐와 잉글랜드 간의 해전을 이 모든 것이 충돌하는 결과로 해석한다. 『아르마다』는 그 서술의 세밀함으로 볼 때 일종의 미시사이기도 하고, 소설적 문체를 상기시킨다는 점에서는 짙은 문학적 향기를 간직한 전통적 역사 서술의 계보를 잇는다고도 볼 수 있다. 이 흥미롭고도 중요한 책을 우리말로 읽을 수 있다는 것만으로도 행복하다.

25

치체로네

르네상스에 관심을 가진 독자라면 필연코 한번은 만나지 않을 수 없는 고전적 저작들이 있는데, 19세기 스위스 역사가 야코프 부르크하르트의 대표작 『이탈리아 르네상스의 문화』(1860)가 바로 그 중 하나이다. 특히 제2부 "개인의 발전"에 나오는 다음의 대목은 이탈리아 르네상스야말로 근대성이 최초로 발현한 시기라는 그의 테제를 압축한 것으로 유명하다.

> 중세에는 의식의 두 측면, 곧 세상을 향한 것과 인간 스스로의 내면을 향한 것이 하나의 베일에 덮여 꿈꾸거나 혹은 절반쯤 깨어 있는 상태에 있었다. 그 베일은 맹목적 신앙심과 소아적 편견과 허황된 망상들로 짜인 것이었다. 그것을 통해 보는 세상과 역사는 이상한 색깔로 채색되어 있었고, 인간은 스스로를 오직 종족, 민족, 당파, 가족 등 그 형태야 어떻든 간에 보

편적인 형태로만 인식하였다. 이러한 베일을 맨 처음 벗어던진 곳이 다른 아닌 이탈리아였다. 국가 및 이 세상의 모든 사물들에 대해 '객관적'으로 관찰하고 생각하는 방법들이 비로소 나타났다. 바로 그 옆에서 '주관성' 역시도 힘차게 기지개를 켜고 있었다. 인간은 정신적인 '개인성'을 찾아내었고 스스로 그 사실을 깨닫게 되었다.

과연 르네상스가 '개인'을 탄생시켰느냐는 문제는 20세기 후반에 들어 뜨거운 논쟁의 대상이 되었지만, 르네상스가 근대의 시작이라는 그의 테제는 여전히 그 도전을 이겨내고 있다. 그는 프리드리히 헤겔과 쥘 미슐레로부터 이러한 개념을 빌려왔지만, 그것을 통상적인 역사로 쓰기보다는 당시로서는 새로운 '문화사'의 틀을 통해 완전히 새로운 이야기로 녹여내려 하였다. 그의 목표는 국가, 문화, 종교라는 세 가지 역사 동력의 관점에서 사회를 분석하되, 동시에 '영속적인 것, 회귀적인 것, 전형적인 것'에 초점을 맞춤으로써 르네상스라는 한 시대의 문화적 초상을 보여 주는 데 있었다. 마치 르네상스 화가들이 고명한 인물들의 초상화를 그려내고 기억할 만한 사건들에 대한 역사화를 제작했듯이, 부르크하르트 역시 근대적 '개인'과 '개인성'—물론 그 의미에 대해서는 수많은 논쟁이 있을 수 있겠지만—에 대한 그만의 그림을 그리려 했던 것이다.

부르크하르트는 중세 도시의 부와 자유가 르네상스 문화를 창출했다고 보는 점에서는 자유주의자였지만, 정치 자체에 염증을 느끼고 당시의 현대 문명에도 애착을 느끼지 못했다는 점에서는 보수적인—약간은 냉소적인—성격의 인물이었던 것으로 보인다. 그는 바젤의 명망 있는 가문 출신으로 목사였던 아버지를 따라 신학을 공부했으나, 곧 기독교 정통 신앙에 회의를 느끼고 미술사와 역사 연구에 진력하였다. 그가 중세와 르네상스를 각각 망상으로 짜인 베일과 그것을 벗어던진 시대로 비유한 것도 이러한 종교관과 무관하지는 않은 듯하다. 그는 일생의 대부분을 고향인 바젤 대학에서 강의하며 보냈고, 그의 날카롭고 풍부한 식견에 끌린 젊은 니체를 만나 절친한 친구가 되었다.

당시의 유럽 지식인들에게는 이탈리아 미술 기행이 하나의 전통이었다. 그들에게 이탈리아는 자신들이 선호하던 고전 고대와 르네상스 문화에 대한 지식의 보고寶庫와도 같은 곳이었다. 독일의 경우 일찍이 18세기 말에 요한 볼프강 폰 괴테는 30대 후반의 나이에 이탈리아를 다녀온 뒤 그 여정의 감흥을 책으로 썼고, 이는 후세의 지적 모험가들에게 큰 영향을 주었다. 이후 독일 최초의 본격적인 미술사가라 할 수 있는 카를 프리드리히 폰 루모르는 1828~29년까지 이탈리아 초기 회화를 연구하기 위해 그곳에 다녀왔고, 그의 제자였던 요한 파사반트 및 구스타프 바겐 역시 올드 마스터 컬렉션에 대한 연구를 위해 1833년, 1837~39년, 1854~57년에 걸쳐 이탈리아를 방문하였다.

부르크하르트 역시 미술사가로서의 이러한 전통에 따라 1847~48년 사이에 로마를 다녀온 뒤, 이를 바탕으로 1852년 『콘스탄티누스 대제의 시대』를 간행하였다. 이듬해 3월 그는 다시 이탈리아 여행에 나서 여러 도시의 미술관들을 주유한 뒤, 1855년 중세 후기 및 르네상스 미술사를 기술한 『치체로네』(*Der Cicerone: Eine Anleitung zum Genuss der Kunstwerke italiens*)를 내놓았다. 고대 로마의 유명 연설가 키케로처럼 달변의 여행 가이드를 뜻하는 '치체로네'란 말에다 "이탈리아 미술 작품을 즐기기 위한 안내"라는 해설까지 덧붙인 원제가 보여 주듯이, 저자는 서문에서 자신이 "단지 이탈리아 주요 예술 작품을 개관"하기 위해 지역별 "양식에 대한 이해와 기초 소양"을 제공하면서 이탈리아 여행의 "기분 좋은 기억을 환기시키는" 소박한 목적을 가지고 글을 썼다고 말하고 있다. 하지만 서언 격인 고대에서 시작하여 17세기 '근대'에 이르는 건축, 조각, 회화에 대한 방대한 양의 정보가 담겨 있을 뿐만 아니라(『치체로네: 회화편』은 서명이 말하는 대로 이 중 회화 편만을 번역한 것이다) 글 곳곳에서 간략하지만 예리한 나름의 예술 비평을 가하고 있다는 점을 감안하면, 이 책자를 단순한 여행 안내서로만 보기는 어렵다. 어쨌든 부르크하르트가 미술사가로서 명성을 얻은 것은 바로 이 저작을 통해서였다.

『치체로네』가 여행 안내서 이상의 의미를 갖는 중요한 이유 중 하나는 — 잘 알려져 있지 않은 사실이지만 — 그것이 부르크하르트로 하여금 르네상스에 대한 근대적 해석의 선구자로 자리매김하도록 한 그의 주저 『이탈리아 르네상스의 문화』의 토대를 제공했다는 데 있다. 앞서 말했듯이 그가 이탈리아 르네상스를 근대적 개인성의 발현으로 보았을 때, 그 초점은 무엇보다 15세기에 주어져 있었다. 이전의 18, 19세기 비평가 대부분은 르네상스의 본질인 '예술과 문학의 부활'이 16세기 고전 고대의 발견으로 시작되었다고 보았다. 이는 『치마부에에서 우리의 시대에 이르기까지 가장 탁월한 이탈리아 건축가, 화가, 조각가의 생애』(1550, 개정판 1568)를 통해 서양 최초의 미술사 및 미술 비평이라는 장르를 개척했던 조르조 바자리의 관점을 따른 것이었다. 예컨대 알렉시스 프랑수아 리오, 알렉산더 윌리엄 린제이, 존 러스킨 등은 15세기 이탈리아 미술이 아이와 같은 천진성과 정신적 가치에 대한 겸허한 헌신을 표현하고 있으며, 이는 전기前期 라파엘로를 통해 이어지다가 이후 현학성, 부패, 육감적 물질주의로 쇠퇴한다고 보았다.

하지만 부르크하르트는 '근대인의 결정적 승리'가 16세기가 아닌 15세기에 일어났으며, 그 뿌리는 14세기로까지 소급될 수 있다고 주장하였다. 게다가 르네상스의 본질은 고전 고대의 부활보다는 개인성에 대한 숭배에 있음을 강조하였다. 그는 『치체로네』의 「15세기 회화」 서두에서 "15세기 초엽에 이르러 서양 회화사에는 하나의 새로운 정신이 엄습하였다"라고 썼다. 회화는 여전히 교회에 매여 있었으나 이제 그것은 "교회가 요구하는 것 이상"으로 "종교적 맥락 외에 실재하는 세계에 대한 묘사"에 몰두하게 된다는 것이다. 그리하여 화가들은 사물의 외양을 연구하고 재현하는 데 마음을 쏟게 되었고, 그리하여 인체와 공간의 묘사는 그 나름의 '원리'를 얻게 되었다. 사실적 묘사에다 원근법을 적용한 이른바 르네상스 리얼리즘이 출현한 것이다. 이전에는 사람의 얼굴이나 제스처, 혹은 옷 주름을 대략적으로만 그렸으나, 이제는 개별적 상황에 따라 그것에 적절한 정확하고 세밀한 묘사가 이루어지게 되었다. 성스러움의 표현이라는 중세적 회화 원리는 이제 정확성과 세밀함이라는 사실적이고 세속적인 미의 추구 속에서 서서히 그 힘을 잃어가게 되었다는 것이다.

보편성보다는 개별성을 추구하는 새로운 회화 미학은 나체를 비롯한 인체의 형태와 움직임에 대한 연구로 이어졌고, 성서적 사건도 구체적인 역사적 상황을 동반하는 역사화 제작을 고취하였다. 여기에다 고전 고대를 부활하고자 한 휴머니즘의 영향으로 이교적 주제들로 화제畫題의 폭이 넓어졌다. 나아가 네덜란드 화파가 발명한 유화 기법으로 이전과는 비교할 수 없을 정도의 색조와 깊이가 가능해졌고 작품의 보전성도 크게 개선되었다.

부르크하르트는 화가들의 야심과 개성의 발현이 미술에 대한 교회의 통제력이 약화된 결과라고 보았다. 그리고 미술이 신앙심의 고양에 그치지 않고 그것을 넘어서서 미술 본연의 미를 추구하기에 이르렀다는 그의 관점은 단지 미술에 그치지 않고 정치와 사회의 측면으로 확장되었다. 그는 『이탈리아 르네상스의 문화』의 제1부 「예술 작품으로서의 국가」에서 이렇게 말하고 있다.

> 14세기 신성 로마 제국의 황제들은 그 세력이 가장 강했을 때조차도 봉건제의 주군이 아니라 그저 현존하는 세력의 우두머리나 후원자 정도로만 여겨졌고 또 그런 대접을 받았다. 한편 교회령 국가와 동맹국들을 거느린 교황은 그 자체로는 이탈리아의 통일을 이룰 여력이 없으면서도 다른 세력에 의한 통일은 저지할 수 있는 힘은 가지고 있는 상태였다. 이 두 세력 사이에 …… 어떤 경우는 오래전에 또 어떤 경우는 최근에 생겨난 수많은 국가들이 존재하고 있었는데, 그들은 모두 자력으로 스스로를 유지할 어느 정도의 능력을 갖고 있었다. 우리는 이들로부터 처음으로 유럽의 근대 정신을 목도하게 된다. 그것은 자유로이 자신의 본능에 따라 움직이고, 종종 재갈이 풀린 말처럼 좌충우돌하는 통제 불능의 에고이즘을 특징적으로 보여 주면서 건강한 문화를 향한 모든 싹을 짓밟아 놓기도 했다. 그러나 이러한 사악함이 극복되거나 어떻게든 보완되는 곳에서는 어디에서나 새로운 역사가 탄생하였다. 즉 성찰과 계산의 산물인 국가, 곧 예술 작품으로서의 국가가 나타난 것이다.

부르크하르트는 『치체로네』에서 교회가 더 이상 권력을 독점할 수 없기 때문에 화가들이 리얼리즘을 창출해 낼 수 있었다고 말한 것처럼 『이탈리아 르네상스의 문화』에서는 교황과 황제의 권력이 충분히 강하지 못했기 때문에 그 틈새에서 '예술 작품'—이는 더 정확히 말하면 현대적 의미의 예술이라기보다는 어떤 기술 혹은 기예(arte)의 소산이라는 뜻이다—으로서의 국가가 탄생했다고 말함으로써 결국 미술에서나 정치에서나 14~15세기 이탈리아에서 새로운 근대정신이 처음 그 모습을 드러냈다는 결론에 이르고 있는 것이다. 결국 『치체로네』와 『이탈리아 르네상스의 문화』는 모두 이미 15세기에 근대정신이 발현된 것으로 봄으로써 15세기는 휴머니즘, 16세기는 르네상스라는 이전의 도식을 깨뜨리고 14세기 후반에서 16세기 전반까지를 이탈리아 르네상스의 시대로 보는 현대적 해석에 중요한 실마리를 제공하였다.

『치체로네』가 부르크하르트의 르네상스 관觀에서 차지하는 의미에 대해서는 이 정도로 하고, 르네상스 회화에 대한 저자의 비평 몇 가지를 살펴보자. 『치체로네』를 읽다보면 우선 눈에 띄는 것은 그가 누구보다도 라파엘로를 더 애호하는 것처럼 보인다는 점이다. 그에게는 라파엘로야말로 '아름다운 영혼'의 표현이라는 회화의 내적 법칙을 터득하고 체현한 거의 유일무이한 화가였다. 그는 '동요하는 영혼'이라는 말도 쓰는데, 명확치는 않지만 이는 아마 라파엘로 그림들이 보는 이들을 정신적(혹은 영적)으로 감동시키는 힘이 있다는 뜻일 게다. 부르크하르트는 특히 16세기 초 피렌체에서 제작된 일련의 성모 그림들을 높이 칭송하고 있다. 「홍방울새의 성모」와 「아름다운 정원지기의 성모」가 그 대표적인 예인데, 색채와 데생이 섬세하게 조화를 이루면서 성모의 고결함을 한껏 고양시키고 있다는 것이다. 이 그림들에 비하면 레오나르도 다 빈치의 「암굴의 성모」 같은 걸작조차도 "덜 고결하고 더 세속적으로 보일 지경"이라는 것이 부르크하르트의 평이다. 나아가 더 옛 작품으로 보이는 「대공의 성모」는 비록 옷의 묘사가 아직 "페루지노 풍의 둔탁하고 구식인" 옛 방식에서 여전히 벗어나지 못하고 있지만, 성모의 고귀한 모습과 아기 예수의 아름다운 자태에서 "라파엘로의 영혼이 간직한 힘이 느껴져 더 완성도 높은 후대의 마돈나조차도 압도할 기세"라고 이 화가에 대한 존숭의 염을 이어간다.

모든 점에서 라파엘로와 대조되는 인물이 바로 미켈란젤로인데, 후자에 대한 부르크하르트의 관점도 독특하고 흥미롭다. 그는 미켈란젤로를 가리켜 "미술을 위해 예비한 운명의 강력한 현화現化"라고 말하면서 그의 작품 속에는 "근대 미술의 근본 특징이라 할 만한 모든 요소들이 들어 있다. 지난 3세기 미술의 특징이라 할 주관성의 요소가 그의 작품 속에서, 모든 외적 한계로부터 자유로운 창조력이란 가면 아래 그 모습을 드러내고 있다"라고 평하였다.

미켈란젤로의 근대성(혹은 르네상스 미술의 절정)을 지적한 것은 바자리 이래의 평가와 궤를 같이 하는 듯 보이지만, 정작 이 최고의 거장에 대한 부르크하르트 자신의 공감은 그렇게 크지 않은 것 같다. 즉 그의 그림들에는 사람들을—아마 부르크하르트 자신을 포함하여—거북하게 만드는 어떤 요소가 있다는 것이다. 라파엘로가 극명하게 표현한 '아름다운 영혼의 동요' 같은 것은 그에게서 찾을 수가 없다. 그가 이상적으로 추구한 형태 구성은 고귀한 속성보다는 '물질적으로 강화된 속성'을 갖고 있다. 예컨대 「최후의 심판」을 보라. 이 거대한 군상에 대한 묘사에는 교회가 요구하는 '종교적 감수성'이 아니라 '고양된 육체의 힘을 지닌 나신裸身'들만이 존재한다. 상부의 성인들이든 하부의 악마들이든 간에 그 묘사에서 다를 것이 없다. 여기서 성인들의 광휘는 찾을 수가 없다. 결국 그는 종교적 영감보다는 '순수한 인체의 운동감이나 자세들'을 구현한다는 '프로메테우스적 쾌락'—지나치게 인간적이라는 뜻일까?—에 탐닉하였다는 것이다. 이러한 평은 그 자체로는 충분히 받아들일 수 있는 것이지만, 그 뒤앙스로 볼 때는 미켈란젤로의 그림이 성소의 데코룸—규칙 혹은 관례—에 적절치 않다고 주장하는 듯한 인상을 받게 된다. 부르크하르트는 기독교 정통 신앙을 버렸다는 것이 중론이지만, 그의 내면 깊숙한 곳에서는 어떤 종류의 종교적 경건함이 작동하고 있지 않으냐는 것이 나의 개인적 느낌이다.

르네상스 미술에 관심을 가진 독자가 이 책을 읽노라면 일찍이 부르크하르트가 밟았던 여정을 따라, 그리고 그를 '치체로네'(안내자) 삼아 적어도 하나쯤은 내밀한 옛이야기를 품고 있는 이탈리아의 고풍스러운 이 도시 저 도시를 주유周遊하는 기분이 들 법도 하다. 때때로 부르크하르트 미술 비평이 풍기는 약간 아마추어리즘 같은 면모—지금에서 볼 때—나 이미 먼 과거가 되어 이제는 전혀 정확성과는 거리가 멀어져 버린 작품 관련 정보들, 혹은 좀 더 원저原著의 색깔을 잘 드러냈으면 하고 아쉬움을 느끼게 하는 번역상의 모호한 대목들도 이 책을 읽는 우리의 즐거움을 빼앗지는 못할 것이다. 즐거움이란 받는 것이라기보다는 바로 자기 자신이 만들어내는 것이기 때문이다.

26

조르조 바자리

피렌체를 방문하는 사람이라면 누구나 산타마리아 델 피오레 대성당의 아름다운 돔을 보게 된다. 그러고는 "저렇게 큰 규모의 돔이 저토록 아름다운 모습을 하고 두오모 천장 위에 우뚝 솟아 있는 모습은 정말 ……" 하면서 감탄하게 마련이다. 이 돔이 건축된 15세기 초에는 그처럼 대규모의 돔을 지붕에 얹는다는 것 자체가 거의 기적적인 일이었다. 오랜 시간 동안 그 일을 자신 있게 해내겠다는 사람이 없었던 이유도 그 때문이었다. 설왕설래가 계속되던 중에 필리포 브루넬레스키는 수많은 건축가와 공사 당국자들이 모인 자리에서 평평한 대리석 위에 달걀을 똑바로 세울 수 있는 사람이 돔을 건설할 수 있을 것이라고 말한다. 여러 사람이 그렇게 해보려 했지만 모두 실패했다. 그러자 브루넬레스키는 달걀 한쪽 끝을 약간 깨고는 그쪽으로 달걀을 세웠다. 다른 사람들이 자기들도 그렇게 세울 수는 있다고 불평하자, 그는 웃으면서 "당신들도 내가 만든 모형과 디자인을 본 다음에는 돔을 만들 수 있지 않겠는가"라고 응수하였다. 조르조 바자리의 『미술가 열전』 가운데 「필리포 브루넬레스키 전傳」에 나오는 일화이다. 어디서 많이 들어 본 이야기가 아닌가.

예술가—특히 천재나 거장이라고 불리는 오래전의 인물일 경우—에게는 필시 수많은 전설과 일화들이 따라다니게 마련이다. 자세히 고구해 보면 그러한 전설과 일화들이 단지 그로부터 나온 것도, 그에게만 있는 것도 아님을 알게 된다. 그것은 하나의 모티프가 되어 옛날로 옛날로 거슬러 올라간다. '예술가의 전설'은 유구한 세월 속에서 고대의 거장에 얽힌 일화 속에 그 원형을 가지는 것이다. 여기에는 대개 두 가지 패턴이 있다. 그 하나는 유년기의 일화인데, 어린 조토가 양을 치며 흙에다가 그림을 그렸다는 이야기가 그 예이다. 천재성은 어릴 적부터 나타난다는 것이다. 다른 하나는 작품에 대한 것인데, 너무 진짜와 똑같아서 구분할 수 없을 정도였다는 것이다. 신라의 화가 솔거率居가 벽에 그린 소나무에 참새가 날아들었다는 일화가 그런 것이다. 미켈란젤로가 자신이 만든 아모르 상을 고대의 것이라며 팔아먹은 실제의 이야기도 이러한 전설적 일화와 겹친다.

예술가를 따라다니는 전설과 일화는 그의 전기를 쓰려는 작가에게는 축복이자 동시에 저주일 수 있다. 그것은 자칫하면 딱딱해 질 수 있는 글에 풍부한 감성과 재미를 제공한다. 하지만 계속 경계하지 않으면 전설과 일화 때문에 그 전기는 성인전으로 전락하기 십상이다. 어린 시절 나타나는 재능의 발현은 예술가의 생애에서 대단히 중요하다. 하지만 그것은 무슨 '운명적 만남'이라는 작위성을 초래할 수도 있다. 거장의 작품은 진정 그것 자체가 하나의 기적이라 아니할 수 없겠지만 작가가 쓰려는 인물은 신이나 영웅이 아닌, 비범하지만 그럼에도 불구하고 그 역시 하나의 인간이니 어쩌겠는가. 성인전이나 위인전이 아닌 인간 누구누구의 생애를 쓴다는 것. 결코 녹록치 않다.

바자리 — 번역자는 '바사리'라고 옮겼는데, 유성음이니 '바자리'로 표기하는 쪽이 더 낫겠다. 물론 실제 발음상으로는 그 중간쯤이 된다 — 전문학자인 롤랑 르 몰레가 쓴 평전인 『조르조 바사리: 메디치가의 연출가』(미메시스)에서도 그런 고민이 묻어난다. 우선 전기 작가는 어떤 식으로 서두를 열어야 할지 고심하게 된다. 르 몰레는 일단 '운명적 만남'과 그것이 던지는 '예시'豫示라는 전통적 방식으로 전기를 시작한다. 첫 번째 만남은 8세의 어린 나이였던 바자리와 사돈댁 어른으로 당시 78세의 노인이었던 루카 시뇨렐리 사이의 조우이다. 1519년의 일이다. 루카는 피에로 델라 프란체스카의 제자로 미켈란젤로를 예기케 한다는 오르비에토 대성당의 산 브리치오 예배실의 연작 프레스코로 유명한 화가이다. 그가 바자리에게 열심히 그림 공부하라는 당부와 함께 벽옥 목걸이를 걸어주었다는 것이다. 두 번째는 1524년 메디치 가문의 측근으로 바자리 가문의 먼 친척인 추기경 실비오 파세리니와의 만남이다. 13세의 소년 바자리는 그의 앞에서 아이네아스 몇 구절을 암송하였다. 아이에게 문재文才가 있다고 본 추기경이 그를 피렌체로 데려가게 되는데, 바로 그곳에서 일생에 걸쳐 봉직하게 될 메디치 가문의 군주들을 만난다는 것이다. 르 몰레는 이 두 만남에 큰 의미를 부여한다. 루카와의 만남으로 화가의 길로 들어서게 되었고, 추기경과의 만남으로 메디치 가문과의 인연을 맺게 되었다는 것이다. 하지만 저자는 여기서 한 걸음 더 나아간다. 첫 번째 조우에서 등장한 그림과 돌(벽옥)은 "후에 바자리가 걷게 될 회화와 건축이라는 두 길을 너무나도 분명한 언어로 암시했다"는 것이다.

게다가 아이네아스의 암송은 『미술가 열전』이라는 문학으로의 길을 암시한다는 것이다. 약간은 과장적인 인상을 줄 수도 있는 대목들이다(더욱이 이 두 만남에 대해 의미를 부여한 사람은 원래 바자리 자신이었다).

하지만 이 전기에서 르 몰레를 시종 따라다닌 망령은 '예술가의 전설'보다는 『미술가 열전』과 바자리의 작품들에 대한 해설이었다. 저자가 워낙에 그쪽 전문가여서 그랬겠지만, 그는 번역본으로 거의 700쪽에 이르는 방대한 지면의 상당량을 바자리의 인생보다는 그의 저작과 작품에 대한 학술적 논의로 가득 채워놓았다. 바자리가 무엇보다 화가이자 그 유명한 『미술가 열전』을 쓴 인물이니 이 두 측면에 대한 이야기를 빼고 그의 생애를 논할 수는 없다. 하지만 그러한 주제들을 둘러싸고 계속되는 논의는 때때로 좀 번잡하다는 느낌마저 주지 않을 수 없게 되어 있다. 예컨대 『미술가 열전』의 태동에 얽힌 일화에서 시작하여(132쪽) 그 시발점이 되는 모임의 시기, 28년에 걸친 작업, 정보 출처 및 수집 방법, 내용 및 서술상의 특징과 문제점, 매너리즘적 요소, 미학, 유년기(조토), 청년기(마사초), 장년기(미켈란젤로)로 이어지는 주기 이론, 1550년 초판본과 1568년 재간본의 공통점과 차이점, 이야기꾼으로서의 저자, 언어 분석, 독자들의 반응, 미술가-작가의 전통에 관한 개관, 향토주의 등 무려 150쪽이 『미술가 열전』에 관련된 논의로 일관되어 있다. 메디치 가문과의 관계를 다룬 제6장도 거의 둘 사이의 관계라기보다는 코지모(코시모가 아니라) 1세와 그의 시대에 대한 이야기로 채워져 있다. '화가 바자리'를 주제로 내세운 제8장 역시 16세기 미술 시장, 여러 동시대 예술가들의 걸작품 해설, 매너리즘 등 예술 사조의 흐름과 같은 미술사적 주제에 많은 지면이 할애되어 있다. 사실 250쪽 이상을 줄이고 압축했더라면 인간 바자리에 대한 평전으로의 면모가 더 살아나지 않았을까 하는 ― 물론 지극히 주관적인 생각일 수 있겠지만 — 아쉬움이 남는다.

독자가 원하는 바자리의 인간적 면모란 어떤 것일까. 가족과 친구 관계, 성격, 직업상의 능력, 처세술, 인생관, 삶의 여정 속에서 드러나는 갖가지 이야기들, …… 때로는 에로틱한 사생활까지. 르 몰레는 이런 측면들을 책의 곳곳에 분산 배치해 놓았다. 그에 따르면 바자리는 경직성과 관용, 약함과 집요함, 너그러움과 인색함, 졸부적 사고 및 행동과 중요한 인물에서 보이는 고귀한 권위가 공존하는 인물이었다(좀 모호하다). 또한 다양한 생각에 대해 열려 있었고, 다른 사람의 말을 경청했고, 한번도 악하게 행동하지 않았고, 우정에 충실한 사람이었다. 체구는 왜소한 편이고 체질도 허약했지만 만사를 집요하리 만큼 꼼꼼하게, 그리고 놀랄 만한 속도로 처리하는 보기 드문 능력의 소유자이기도 했다. 바로 이러한 점들이야말로 16세기 중후반의 격변기에서 — 반反종교개혁과 메디치 절대주의라는 — 그를 누구보다도 뛰어난 예술가-정신廷臣으로 만든 요인이었다. 바자리는 중하층의 부르주아 출신으로 일찍부터 아버지를 여의고 가장으로서의 막중한 책무 — 가족 부양, 누이들의 지참금 마련 등 — 를 짊어지지 않으면 안 되었다. 그것이 일생 동안 메디치 가문 군주라는 후원자를 간절히 바라게 된 배경이었을 것이다. 피렌체의 오랜 공화주의 망령을 떨쳐 버리고 군주로서의 절대권력을 확립하고자 했던 메디치 가문으로서도 바자리 같은 인물이 절실히 필요했다. 16세기 후반 바자리가 관장의 임무를 맡았던 관제官制 피렌체 아카데미들은 1세기 전 '비타 악티바'(행동적 삶)의 망령을 걷어내기 위해 메디치 군주들이 후원했던 플라톤 아카데미의 '매너리즘' 판이었다고 하면 적절한 비유일까.

평전으로서 이 책이 지닌 가장 큰 장점은 저자 르 몰레의 박학에서 오는 다양한 정보이다. 이 책을 주의 깊게 숙독하면 넓게는 16세기 르네상스 미술사 전반, 좁게는 바자리를 둘러싼 피렌체의 예술과 정치에 대해 자세히 알 수가 있다. 번역도 이런 유의 책으로는 보기 드물게 전반적으로 대단히 유려하고 정확하다. 행문도 좋다. 다만 르네상스에 대한 번역서에서 공통적으로 나타나곤 하는 몇 가지 오류를 지적할 필요는 있겠다. 15세기 말까지 살았던 로렌초 데 메디치 일 마뉘피코를 '위대공偉大公 로렌초'라 옮겨놓았는데, '대인'大人이 정확한 번역어이다. 그것은 '우르비노 공' 같은 귀족 칭호도, '미남왕' 필립 같은 별명도 아니었고, 공화국 도시에서 아무런 칭호도 없는 부르주아 유력자를 가리키는 존칭일 뿐이었다. 비非한자 세대가 흔히 범하는 오류적 표현 중에 20세를 뜻하는 '약관'弱冠이 있는데, 번역자 역시 '19세의 약관'이니 '25세밖에 되지 않았던 약관'이니 하는 말들을 하고 있다. 약관이란 말에는 물론 젊은 나이라는 넓은 뜻도 들어 있다. 하지만 구별 없이 아무 나이에나 이런 식으로 사용하는 것은 적절치 못하다. '헌양'獻揚이라는 말도 종종 보이는데, 한자 뜻 상으로 말이 안 되는 것은 아니지만 현양顯揚으로 충분하니 굳이 그렇게 쓸 필요는 없다고 본다(오경환 교수의 자문에 의하면 이는 일본 식 표현이라 한다). 이 모든 비판에도 불구하고 나는 이 평전을 즐겁게 읽었다. 그 속에는 원하는 사람에게만 제공되는 지적 충만함이 있다. 가로로 좀 더 길쭉해 좌우 여백이 풍부한 판형도 읽으며 떠오르는 이런저런 단상들을 메모하기에 아쉬움이 없어 지적 유희를 즐기는 데 일조하고 있다.

27

인간 미켈란젤로

나는 얼마 전 한 잡지에 "전기傳記 쓰기: 인간적 공감에 기댄 이해"라는 글을 쓴 적이 있다. 그 요점은 이러하다. 전기를 쓰는 데는 공감과 관찰이라는 두 가지 시선이 있을 수 있는데, 나로서는 공감의 시선이 더 낫게 보인다는 것이다. 역사 속의 한 인물을 그보다 더 나을 것도 없는 작가 혹은 학자란 한 인간이 '관찰'한다는 것은 어불성설이기도 하고, 한 인간을 좀 더 잘 알 수 있는 인간적 혹은 인문적 방법은 '공감'이 거의 유일하기 때문이다. 만일 흔히 운위하는 '객관성'이란 것을 내세워 이러한 공감의 시선을 배제한다면, 그것은 그 인물을 역사의 무대 위에 되살려내는 것이 아니라 오히려 다시 한 번 역사 속의 '잊힌 사람'으로 만드는 결과를 초래한다. 사실을 모으고 그것을 합리적으로 고구하는 일은 전기 작가에게 그저 기본적인 의무 사항일 뿐이지, 그것 자체가 그 인물의 모든 것—인간성까지도—을 말해 주리라고 믿는다면 그것만큼 어리석은—나아가서는 오만한—생각도 없을 것이다.

좀 다른 쪽 이야기이기는 하지만 최근에 이러한 공감의 시선이 관찰의 방법을 밀어내고 새로운 시야를 연 좋은 예가 있다. 우연히 아프리카 침팬지를 연구하게 된 제인 구달은 당시까지도 생소한 방법으로 그들을 바라보았다. 그녀는 종래의 학자들과는 달리, 침팬지 개체에 연구용 식별 번호를 붙이는 대신 그들에게 인간의 이름들을 붙여 주었다. 그들을 인간과 같은 퍼스낼리티를 가진 존재로 대접한 것이다. 그녀는 한 저작에서 그들에게도 이성이 있으며, 때로는 웃기도 하고 울기도 하는 '인간적' 면모를 가지고 있다고 썼다. 처음에 학자들은 이런 방법이 학문적 '객관성'을 훼손한다고 경멸했지만 그녀는 자신의 방식을 밀고나갔고, 이제는 모두가 그렇게 하고 있다. 그녀는 당시 대학도 나오지 않은 '아마추어'였기 때문에(뒤에 케임브리지 대학에서 박사 학위를 받기는 했지만) 학자들의 편견과 협소한 시각을 벗어나 침팬지에 대한 공감을 가지고 그들을 '관찰'할 수 있었던 것이다. 전기 속의 인물 역시 이와 같다. 그—남녀 구별 없이 쓰겠다—가 위인이든 악인이든 간에, 전기 작가는 그에게 인간적 공감을 갖지 않고는 그에 대한 전기를 쓰기 어렵다.

그런데 전기 작가가 이러한 공감의 시선에 동의하더라도 그것을 어떻게 표현할 것인가의 문제가 남는다. 이를 단지 글 쓰는 사람의 문학적 역량에 달렸다고 하면 간단하겠지만, 전기에는 그것만으로는 부족한 어떤 면이 있다. 전기적 사실들을 고구한 결과만을 독자에게 보여 줄 것인가, 혹은 그러한 고구의 과정까지도 보여 줄 것인가? 전기 쓰기의 과정을 독자와 공유한다는 면에서는 후자가 물론 전자보다 낫지만, 종종 얽히고설킨 사실 조각들의 관계를 파고드는 '추론'의 방법이 독자에게는 공감의 느낌을 빼앗아버릴 위험도 있다. 전기적 사실을 연대기적으로 풀어가는 것이 전기의 기본이기는 하지만, 상당한 문학적 능력이 뒷받침되지 않으면 그 인물이 지니고 있다고 생각되는 특유의 퍼스낼리티를 제대로 부각하지 못하고 사실의 나열 속에서 파편화되기 쉽다. 전기를 써본 사람은 알겠지만 부족한 사실들에 대한 추정과 그럼에도 불구하고 또렷이 그려내야 하는 인상적인 퍼스낼리티 사이에서 망설이고 고민하기 일쑤이다.

최근 나는 미켈란젤로의 전기 몇 가지를 읽었다. 그가 워낙 유명한 인물인데다가 이미 다양한 배경을 지닌 작가들에 의해 많은 수의 전기가 나와 있어 그들이 남다른 퍼스낼리티를 가졌다고 생각되어 온 미켈란젤로에 대한 '공감'의 시선을 어떻게 처리했는지가 궁금했다. 최근에도 계속해서 미켈란젤로 전기가 나오고 있지만 역대 전기 중에 특히 주목되는—여러 측면에서 서로 대조적이라는 의미에서도—경우가 로맹 롤랑과 조반니 파피니의 저작들이다. 롤랑은 프랑스의 저명한 희곡 작가, 소설가, 예술사가로서 대작 『장 크리스토프』로 1915년 노벨 문학상도 받았다. 스스로가 신비주의적 경향을 가졌던 그는 루트비히 판 베토벤, 마하트마 간디, 레프 톨스토이 등 역사 속의 악성樂聖, 위인, 문호의 내면을 따라가는 독특한 방식으로 다양한 전기들을 남겼다. 동양 사상에 심취했던 그는 19세기 인도 신비주의자인 라마크리슈나와 비베카난다에 대한 전기적 에세이도 썼다. 그가 1907년에 쓴 『미켈란젤로의 생애』(정음사, 1976: 범우사, 2007) 역시 이러한 경향에 속하는 저작이다. 10여 년 차이로 롤랑과 동시대를 살았던 파피니는 이탈리아의 소설가, 시인, 문학 비평가로 초기에는 극단적인 무신론자의 입장을 취했으나 뒤에 가톨릭으로 귀의하였다. 그는 다소 저돌적이고 자유분방한 지적 편력을 가진 인물로서 『철학자들의 황혼』(1907)을 통해 칸트, 아르투어 쇼펜하우어, 헤겔 등 당대의 저명한 철학자들을 맹공하였다. 무솔리니 등장 뒤에는 파시즘에 복무했다가 패전 후에 프란체스코 수도원에 은거하였다. 1949년에 쓴 그의 전기 『미켈란젤로 부오나로티』(글항아리)는 가톨릭 우파를 지향하던 후기의 산물이었다.

신비주의자 롤랑과 자유분방한 우익 문인 파피니는 과연 미켈란젤로를 어떻게 바라보았을까? 우선 두 사람의 전기에서 뚜렷이 나타나는 차이는 글의 체재體裁이다. 롤랑은 먼저 미켈란젤로의 성격을 제시하는 서언에서 천재의 불안과 고독이 그를 미완성의 작가로 만들었다고 말하면서 그는 르네상스의 이상을 예술에 담고자 했으나 결국은 실패한, 그럼에도 불구하고 고뇌의 실패는 결코 진정한 실패가 아니라는 일종의 역설로 그의 인생행로에 담긴 의미를 제시하고 있다. 그가 포기한 것이 "르네상스의 자랑, 그 장대하고 우주적인 자유와 숭고한 정신"이라면, 그 덕분에 얻은 것은 "십자가 위에서 두 팔을 벌리고 기다리는 저 신의 사랑"이라는 것이다. 이처럼 고원한 신비주의적 전망 아래, 롤랑은 제1부 "투쟁"과 제2부 "포기"라는 신학적 냄새를 풍기는 장들을 배치한다. 제1부는 다시 "힘", "꺾어지는 힘", "절망"으로 나뉘고, 제2부는 "사랑", "신앙", 그리고 "고독"으로 세별된다. 에필로그가 "죽음"이라는 이름을 달고 있는 것은 이러한 장 배치를 보면 자연스러운 귀결이다. 롤랑은 이러한 체재 아래 미켈란젤로의 편지와 시구詩句를 계속해 인용하면서 그가 얼마나 세속적·이교도적 이상과 영원한 신앙적 고민 사이에서 방황하고 있었는가를 재차 강조한다. 그가 이루지 못한 미완의 작품들은 바로 이처럼 심오한 불안의 산물이라는 것이다. 비평가들 사이에서 회자되어 온 이른바 '미완성'의 미학은 롤랑에게는 일생에 걸친 고뇌 끝에 죽음으로써 비로소 완성된 깊은 신앙의 미학이었던 셈이다. 어떤 점에서 『미켈란젤로의 생애』는 다름 아닌 롤랑 자신의 신비주의적 종교관이 깊숙이 투영된 결과라 할 수 있겠다.

파피니는 롤랑의 전기가 격조가 있기는 하지만 낭만주의적 경향에 심히 매몰되어 미학적 비약의 위험에 빠진 것으로 보았다. 그래서 자신은 그런 추상적 인상印象보다는 미켈란젤로를 둘러싼 "사건과 친구, 친지와 반목, 약점과 불운, 출세와 고백 등 그의 기질과 성격과 정신을 찾아서 …… 그의 인간적 삶을 이야기하고자" 한다고 말한다. 파피니가 말하는 성격과 정신이란 롤랑과는 달리 어디까지나 인간으로서의 삶의 일부분이라는 점에서 차이가 난다. 또한 그는 "작가의 삶과 기질, 시대와 장소, 그가 성장하고 생각하고 일했던 환경을 헤아리지 않고서도 유명한 작품을 꼼꼼히 분석하고 해부할 수 있다"는 "요즘 이탈리아 비평의 가장 어리석고 치명적인 실수"를 비판하면서 예술가보다는 예술을 묘사하려는 폐단을 지적한다. 요컨대 그는 자신의 자유로운 필치로 롤랑보다는 좀 더 역사적인 인물로서의 미켈란젤로를 그리려 한 것이다.

파피니가 롤랑을 비롯한 많은 전기 작가들에게서 — 때로는 아리오스토 같은 동시대 시인까지도 포함해서 — 배제하고자 했던 것은 미켈란젤로가 고독한 삶을 살았다든가 불안하고 침울한 기질이었다든가 하는, 그의 성격을 미리 결정짓는 말들이었다. 오히려 파피니는 그가 많은 사람들과 친교를 가지고 있었다고 생각한다. 물론 그가 누구에게나 스스럼없는 사교적 성격은 아니었지만, 그렇다고 아예 대화를 단절한 채 불안과 고뇌 속에 살았던 것은 전혀 사실이 아니라고 강조한다. 그래서 그가 고안해 낸 방법이 미켈란젤로와 어떤 식으로든 관계를 가졌던 사람들을 — 때로는 평범한 사람들까지도 — 세세히 추적하고 복원하여 전기에 반영하는 것이었다. 그 결과 그의 전기는, 길이는 짧지만 그 수는 무려 185개에 이르는 장들을 가진 독특한 체재를 지니게 되었다. 미켈란젤로의 성격을 신앙적 불안과 고뇌로 규정하고 독자에게 그것을 설득하기 위해 매우 개념적인 소수의 장들을 배치했던 롤랑과는 이 점에서 아주 대조적이다. 예를 들어보자. 르네상스 시기 인물들에게 종종 나타나던 '출생의 비밀'이 미켈란젤로에게도 예외는 아니어서 그 스스로가 신성로마 제국 황제에까지 소급되는 대귀족의 혈통을 이어받았다고 믿고 있었지만, 파피니는 관련 가계도에 대한 면밀한 고구 끝에 그것이 사실무근이라고 단정짓는다. 그의 전기 제1장("미켈란젤로는 황실 출신이었을까?")이 바로 이 문제를 다루고 있다. 그의 장들 속에는 "스칼라의 성모" 같은 작품과 "안젤로 폴리치아노" 같은 스승, "아름다운 볼로냐 여인" 같이 그와 사랑을 나눈 것으로 보이는 이름 없는 연인, "아스카니오 콘디비" 같이 그가 사랑하던 청년—콘디비는 미켈란젤로의 감독 아래 그에 대한 매우 사적인 전기를 썼다—, "파울루스 3세" 같은 교황, "다섯 번째 도피" 같은 사건, 그가 죽은 후의 "후손"에 관한 장까지 미켈란젤로와 관계했던 다양한 인물과 사건들이 들어 있다.

나는 지금 16세기 이탈리아의 '괴짜' 문인 피에트로 아레티노의 평전을 쓰고 있다. 그는 피렌체 인근의 소도시 아레초 출신으로 로마를 거쳐 베네치아에 정착하여 속어로 수많은 글을 남겼다. 그는 특히 자신이 주고받은 편지들을 책으로 출판해 상업적 이익과 명성을 함께 얻었던 최초의 인물이기도 하며, 동시에 황제, 왕, 제후를 비롯한 당대의 저명인사들과 교유하면서 때로는 그들에게 아첨하고 때로는 그들을 질타하기도 했던, 그 전례를 찾기 어려운 독특한 능력의 소유자이기도 하다. 그의 비난이 두려워 군주들조차도 그의 환심을 사려했다는 것을 시인 아리오스토는 '군주들의 채찍'이라는 별명으로 표현한 바 있다. 그가 미켈란젤로의 대작 「최후의 심판」에 대해 등장인물들이 나체로 묘사되어 음란하다고 비난한 일화는 유명한데—아레티노 자신이 『창녀들의 대화』 같은 '음란한' 작품을 썼음에도 불구하고—, 사실 내가 미켈란젤로의 전기들을 섭렵하게 된 것도 이 때문이다. 롤랑과 파피니의 전기는 각각 나름대로의 특징이 있지만 나로서는 파피니의 기술 방식, 특히 작은 장들로 그의 삶을 세세히 추적하는 방식이 더 마음에 든다. 20세기 중반에 쓰였고 정치적 이념이 파시스트적 우익이기는 하지만, 그의 전기에는 이런 편향보다는 오히려 현대적으로 느껴지는 참신성이 내재되어 있기 때문이다. 어떻게 전기를 써내려 갈지는 물론 작가의 선택이기는 하지만, 파피니의 방식은 모두에게 유익함을 줄 만한 여지가 있다.

28

리오 스트라우스의 마키아벨리

리오 스트라우스의 (여러 의미에서) 유명한 책 『마키아벨리』(구운몽)가 출간되었다. 저자는 이 책 서문 첫머리에서 "마키아벨리는 악의 교사"였다고 언명한다. "군주는 빼앗은 땅을 안전하게 지키고 싶다면 이전 지배자의 혈족을 남김없이 절멸해야 한다", "인간은 아버지의 원수보다 재산상의 손실을 더 오래 기억한다", "벌을 내릴 때는 단번에 가차없이, 은혜를 베풀 때는 조금씩" 등의 가르침을 남긴 자가 악의 교사가 아니라면 누가 그렇겠냐는 것이다. 친절하게도 이런 견해를 표명하는 것이 누구를 깜짝 놀라게 하려는 것은 아니라는 말까지 덧붙였다. 하지만 그의 우려와는 달리 이에 대해 크게 놀랄 사람은 드물 것 같다. 그것은 그야말로 마키아벨리 시대부터 있어온 '구식의 단순한 견해'이기 때문이다. 정작 놀랄 만한 것은 스트라우스가 이 짤막한 결론을 대단히 복잡한 독법讀法을 통해 도출했다는 점이다.

사실 스트라우스(그리고 그의 추종자들)의 두드러진 특징은 어떤 텍스트에 담긴 주장보다 그 속에 감추어진 '비의'秘義를 '해독'하는 독특한 방식에 있다. 스트라우스에 따르면, 마키아벨리의 『군주론』과 『리비우스 논고』(번역서에서는 '로마사 논고'로 번역되어 있으나 이편이 더 낫다) 같이 그 의도가 불분명한 저작들은 통상적인 방식으로 읽어서는 안 되며, 마키아벨리가 "권위 있는 것으로 간주했던" 독법에 따라 읽어야 한다. 그런데 마키아벨리가 지침으로 삼은 작가는 리비우스이므로, 마키아벨리가 리비우스를 읽은 방식을 연구하면 그것과 똑같은 방식으로 쓴 마키아벨리의 저작들도 제대로 읽을 수 있다. 그 독법이란 과거의 신학자들이 성서를 읽던 방법이다.

비의를 해독한다는 것은 아무나 할 수 있는 일이 아니다. 어떤 작가가 자신의 텍스트를 어떤 이유 때문에 비의적 방식으로 썼다는 확신이 있어야 하며, 그러한 확신은 비상한 방식으로 읽어낸 비상한 내용의 메시지로 입증되어야 한다. 하지만 비의적 텍스트의 독법은 대개 집단 내부의 극소수 사람에게만 알려져 있으므로 그것을 보통 독자가 이해하기는 어렵다. 하지만 스트라우스는 이 책에서 자신의 독해 과정을 자세히 보여 주는 친절을 베풀고 있다. 그런데 문제는 이러한 자상한 안내에도 불구하고 "지성이 뛰어나지 못하거나 이미 마키아벨리에게 오염된" 학자들과 독자들은 그 과정 자체를 납득하지 못한다는 데 있다.

스트라우스는 우리가 알아채지 못하는 비의를 꿰뚫어 보는 통찰력을 지녔다. 그는 우선 마키아벨리가 『군주론』과 『리비우스 논고』에 세상사의 모든 것에 통달한 자신의 지식을 남김없이 담았다고 가정한다. 따라서 그가 한 말은 무엇이나 의미가 있다. 모순적으로 보이거나 오류로 생각되는 경우도 다 어떤 중요한 의미가 있어서 그렇게 해놓았다는 것이다. 심지어 어떤 주제에 대해 침묵한다면 그 또한 숨은 의미가 있다는 것이다.

예를 들어보자. 스트라우스에 따르면, 마키아벨리는 『군주론』에서 양심, 공동선, 왕과 참주/폭군의 차이, 하늘에 대해 침묵했다. 반면에 『리비우스 논고』에서는 이에 대한 언급이 자주 나온다. 이런 주제는 통념상 중요하기 때문에 마키아벨리의 침묵은 범상치 않다. 바로 이 지점에서 스트라우스의 비의적 독법이 작동된다. 『리비우스 논고』에는 돈이 전쟁의 원동력이라는 통념을 반박하는 부분이 있다. 여기서 마키아벨리는 그러한 주장에 대한 전거로 리비우스를 들며, 전쟁에 필수적인 세 가지 요소로 다수의 훌륭한 병사, 분별 있는 지휘관, 운(행운이 아니다!)을 꼽았으나 돈에 대해서는 언급하지 않았다고 말한다. 마키아벨리는 리비우스가 돈 문제에 대해 아예 침묵함으로써 전쟁에 돈이 중요하다는 통념을 부정했다는 사실을 알았고, 이 방법을 자신의 글쓰기에 적용했다는 것이 스트라우스의 주장이다. 이러한 '마키아벨리 코드' 해독법을 앞에서 제기한 『군주론』의 침묵 문제에 적용해 보면, 마키아벨리는 양심, 공동선, 폭정, 그리스도교 신앙이 정치를 하고 국정을 유지하는 데 중요하다는 상식과 통념을 부정한다는 숨겨진 의미가 비로소 드러난다는 것이다. 이만하면 혹자는 무릎을 칠 만하지 않겠는가!

암호 해독법에서는 대개 숫자가 중요한 법인데, 스트라우스 식 해독법 또한 텍스트에 숨겨진 숫자의 의미에 남다른 관심을 보인다. 마키아벨리는 『리비우스 논고』 제2권 제5장에서 세계의 영원성이라는 주제를 논한다. 마키아벨리는 이 세계가 출발점을 가지고 있다는 통념이 근거 없음을 논증한다. 스트라우스는 마키아벨리가 여기서 그리스도교 창조론을 부정함을 직감한다. 하지만 마키아벨리가 이 문제에 대해 침묵하고 있기 때문에 스트라우스는 다시 비장의 암호 해독기를 작동한다. 그러고는 "그리스도교를 포함한 모든 종교는 하늘이 아니라 인간에 의해 시작된 것이며, 1,666년에서 3,000년 사이의 수명을 가진다"라고 한 마키아벨리의 '불경한' 의도를 읽어낸다.

평소 비교秘敎에 관심이 많은 독자라면 이 대목에서 '1,666년'이라는 수수께끼 같은 숫자에 깊은 인상을 받을 수도 있다. 1,600년도 아니고 1,666년이라니! 스트라우스는 이 숫자가 어디서 나왔는지 밝히지 않기 때문에 독자의 궁금증은 커진다. 『리비우스 논고』의 해당 대목을 찾아보는 수밖에. 그곳에는 이렇게 쓰여 있다. "이러한 종파들은 5,000~6,000년 사이에 두세 차례 바뀌었기 때문에 우리는 이전의 기록들을 잃어버렸다." 마키아벨리는 여기서 홍수와 역병 같은 대규모 자연재해가 종파와 언어의 변화에 어떤 영향을 끼쳤는지를 논했다. 하지만 스트라우스에게 영감을 준 것은 위의 짤막한 한 문장이었다. 5,000을 3으로 나누면 1,666.666……이 나온다. 이것이 '1,666년'의 계산법이다. 숫자의 비밀에 흥미를 느끼는 독자는 움베르토 에코의 『푸코의 추』를 읽어보기 바란다. 그곳에는 (터무니없는) 스트라우스 식 암호를 역으로 푸는 방법이 나와 있다.

스트라우스는 '마키아벨리가 악의 교사'였다는, 익히 알려진 주장을 하는데 왜 이렇게 '비상한' 독법을 사용해야 했을까? 그것이 단지 진부한 주장에 불과한 것이 아니라 마키아벨리가 숨긴 '진정한 의도'임을 만천하에 밝히고 싶었던 것이다. 그에 따르면, 마키아벨리가 『군주론』에서 악덕을 권고한 것이나 『리비우스 논고』에서 고대 로마를 예찬한 것이 일면 새로운 주장처럼 보이겠지만, 그것은 단지 "성서적 전통의 전복 혹은 그것에 대한 내재적 비판이라 불릴 만한 것"을 수행하기 위한 '도구'

에 불과하다는 것이다. 스트라우스가 이 책에서 마키아벨리의 주장들을 끊임없이 성서와 연결하는 이유도 바로 여기에 있다. 현대의 마키아벨리 학자들을 일절 언급하지 않는 이유도 마찬가지이다. 그가 보기에 그들 누구도 이런 '숨겨진 비밀'을 '해독'한 적이 없기 때문이다.

이제 한 가지 의문만이 남는다. 신학자가 아니라 고전학자인 스트라우스가 왜 이토록 그리스도교 중심주의 내지는 근본주의에 집착했는가 하는 점이다. 답은 책의 서문 뒷부분에 나온다. "미합중국이야 말로 세계에서 마키아벨리의 원리에 정면으로 반대하여 세워진 유일한 나라라고 말할 수 있기 때문이다." 마키아벨리가 최상의 국가로 칭송한 로마는 형제를 살해한 자에 의해 창건되었다. 일찍이 토머스 페인은 미국의 독립이 통치의 원리와 실제에서 혁명의 정신에 따라 자유와 정의에 입각하여 이루어졌다고 말한 바 있다. 스트라우스에 따르면 이는 지금도 유효하다. 현대의 폭정은 "선한 목적이면 어떤 수단도 정당화된다는 마키아벨리의 원리"에 뿌리가 닿아 있다는 것이다(과연 마키아벨리가 그런 생각을 가졌는지는 의문이다). 하지만 미국이 어떤 나라인가. '자유의 보루'가 아닌가. 비록 "적어도 미국의 현실이 미국의 열망과 떨어질 수 없는 한"이라는 단서를 달았지만 스트라우스는 감히 단언한다. "아메리카니즘을 제대로 이해하려면 그 반대편에 있는 마키아벨리즘을 이해하지 않으면 안 된다."

스트라우스는 대단히 복잡한 우회로를 거쳐 매우 단순하고 전혀 새롭지 않은 결론에 이르렀다. 사실 이 책을 읽는 보통의 독자는 스트라우스의 논지를 따라가기 어렵다. 마키아벨리의 저작에 대해 잘 모르기도 하겠지만, 그보다는 비의적 텍스트를 해독한다는 스트라우스의 특수한 비의적 방식을 이해하기 힘들기 때문이다. 하지만 이런 방식이야말로 스트라우스를 정점으로 한 '성배 기사단'의 존재를 영속케 해주는 중요한 요소이다. 근본주의적 그리스도교 신앙에 기초를 둔 순혈의 아메리카니즘이라는 성배는 그것을 끊임없이 위협하는 마키아벨리스트라는 적들로부터 반드시 지켜야만 하기 때문이다. 스트라우시안과 네오콘의 기사들이 그렇게 하리라.

29

성서 밖의 예수

얼마 전 강명관 선생이 여분이 생겼다며 책 한 권을 건네주었다. 척 보기에도 아주 두툼한 분량이었다. 제목을 보니 "예수 평전"(조철수, 『예수 평전』, 김영사)이 아닌가. 호기심이 발동했다. '인간의 아들' 예수에 대한 것일까? 신에 대한 평전이 있을 수는 없을 테니까. 저자의 약력을 보니 히브리 대학에서 수메르 문법으로 박사학위를 하고, 메소포타미아와 유대 등 고대 근동의 텍스트에 해박한 전문 학자로 소개되어 있다. 더욱이 눈길을 끈 것은 "'진리'라고 불리던 사악한 사제가 예수였을까?"란 부제였다. "나는 길이요 진리요 생명"이니, "진리가 너희를 자유케 하리라"라고 말한 장본인이 바로 예수임을 상기하면, 결국 이 '사악한 사제'가 바로 그임이 분명해 보였다. 어쨌든 900쪽이 넘는 엄청난 분량에다—하기야 다른 사람도 아닌 예수의 '평전'일진대, 어찌 그 정도의 쪽수가 대수겠는가—꼬리 문 물음표를 만들어낸 저자의 — 혹은 출판사의 — 책표지 전략은 성공적이었고, 결국 나는 이 책을 읽어보기로 작정했다.

하지만 책을 읽어나가는 과정은 혼란스러웠다. 가장 큰 이유는 예수를 전후한 유대 종교와 유대인 사회에 대한 나의 무지 때문이었다. 특히 저자가 박학하게 인용하고 있는 종교 공동체들의 텍스트들 — 토라, 하박국서, 선조 어록, 여러 종류의 미드라쉬와 사해문서들 — 에 대한 근본적 무지는 내가 글을 제대로 이해하고 있는지에 대한 강한 회의를 불러일으켰다. 그래도 어쩌겠는가. 일단은 논지를 따라가 보기로 했다.

저자의 접근 방법은, 신약에 기록된 예수의 언행이란 텍스트의 의미를 가능한 한 당시의 유대 경전들이라는 언어적·역사적 콘텍스트 속에서 파악하고자 하는 것 — 이런 표현을 쓰지는 않았지만 — 으로 보인다. 즉 기본적으로 인간 예수를 '유대인'으로, 그가 전한 말씀을 유대교의 '언어'로 보는 것이다. 당시 예루살렘의 유대 사회는 크게 사두개파, 바리새파, 에세네파 등으로 나뉘어져 있었다. 사두개는 부유층에다 친親로마파로 기득권을 향유하였고, 바리새는 정통적 토라 해석에 기초한 사회 참여를 주장하였으며, 에세네는 이들과는 달리 종말론을 강조하며 격리된 공동체 생활을 영위하였다. 저자는 예수 공동체가 이들 중 에세네와 밀접한 관련이 있었지만, 결국에는 그들과의 교리 해석상의 대립으로 독자적인 길을 갔다는 것이다. 이때 예수가 주목한 계층은 그 어떤 분파에도 속하지 못하는 가난한 하층민과 불구자, 창녀 등 '부정한' 주변인이었다.

이러한 방식 자체는 새로울 것이 없다. 그런 관점에서 신약을 바라본 학자들이 이미 많이 있기 때문이다. 중요한 것은 이러한 접근법을 통해 새로운 어떤 해석을 제시할 수 있는가 하는 것이겠다. 예를 하나 들어보자. 예수가 처음으로 이룬 기적이 가나의 혼인 잔치에서 물을 포도주로 바꾼 일화이다. 「요한복음」 제2장 6~9, 11절(개역한글)을 보면, "거기 유대인의 결례를 따라 두세 통 드는 돌 항아리 여섯이 놓였는지라/예수께서 저희에게 이르시되 항아리에 물을 채우라 하신즉 아구까지 채우니/이제는 떠서 연회장에게 갖다 주라 하시매 갖다 주었더니/연회장은 물로 된 포도주를 맛보고 어디서 났는지 알지 못하되 물 떠온 하인들은 알더라 ……/예수께서 이 처음 표적을 갈릴리 가나에서 행하여 그 영광을 나타내시매 제자들이 그를 믿으니라"라고 되어 있다.

이 행위는 무엇을 뜻함인가? 단지 메시아이며 신의 아들인 예수의 '영광'을 나타내고자 함인가? 저자는 일단 6~7절을 이렇게 번역하고 있다. "거기에 석조石槽 여섯 개가 있었으며 유대인들은 정결례를 위해 놓여 있는 것이다. 각각 두세 동이씩 담을 만했다. 예수는 그들에게 말했다. '석조들에 물을 채우시오.' 그래서 그들은 그것들을 가득히 채웠다." 그리고 이렇게 해설한다. '석조'란 유대인들이 예배 전에 몸을 정화하기 위해 들어가 씻는 '침례소'를 말한다. 문제는 이 석조에 담긴 물을 포도주로 바꿈으로써 침례소를 부정不淨하게 만들었다는 것이다. 이는 "한 곳에 두 종류를 섞지 말라"는—한 그릇에 우유와 고기를 함께 놓지 말라든지, 심지어는 혼합된 천으로 옷을 만들지 말라는 식으로—에세네의 율법에 어긋나기 때문이다. 결국 예수의 포도주 기적은 바로 이 석조 정결례를 거부하는 행위라는 것이다. 침례는 강물에서 하는 것이며, 그것도 단 한 번으로 족하다는 의미이다. 이것이 사회적으로 뜻하는 바는 침례 의식을 간소화하여 사람들이 손쉽게 공동체의 일원이 될 수 있도록 하자는 것이다. 정식 신자가 되기 위해서는 토라를 공부하고 여러 의식을 거치면서 2~4년씩 걸리는 에세네나 사두개의 율법주의와는 달리, 무식하고 가난한 하층민을 포용하려는 예수의 평등주의적 종교관이 바로 이 포도주 기적의 구체적인 요점이라는 것이다.

저자의 이러한 해석을 따른다면, 개역한글의 '항아리'는 그야말로 오역이 된다(눈치 빠른 독자라면 '돌 항아리'라는 어정쩡한 번역에서 오역의 낌새를 알아차릴 수도 있다. 항아리에서 침례 의식을 치르지는 않기 때문이다). 성서 구절의 오역과 다시 그로부터 연유되는 해석의 오용과 남용은 이미 르네상스 시기 휴머니스트들에 의해 신랄하게 비판된 바 있다. 에라스무스가 굳이 헬라어-고전 라틴어 신약 대역본을 내놓았던 것도 바로 이러한 이유에서이다. 문헌학과 종교 교리와의 관계는 이처럼 아주 긴밀하다.

텍스트가 지닌 역사적 의미를 복원하기 위해서는 정밀한 문헌학적 해석이 필요하지만, 이 책에서는 그것이 좀 과도하다고 여겨지는 대목들도 적지 않다. 「마태복음」(제5장)은 이렇게 전한다. "…… 오른편 빰을 치거든 왼편도 돌려 대며/…… 속옷을 가지고자 하는 자에게 겉옷까지도 가지게 하며/…… 원수를 사랑하며 너희를 핍박하는 자를 위하여 기도하라." 저자는 이를 유대 경전의 어법으로 이렇게 해석한다. 상대방의 오른 빰을 때릴 때는 통상 왼손을 쓸 것인데, 왼손은 불결한 것으로 간주되어 빰을 맞은 사람은 분노한다. 그래서 누가 잘못했던 간에 결국 두 사람은 법정으로까지 가게 될 것이고, 이는 양자에게 하등 좋을 게 없다. 따라서 차라리 다른 쪽 빰을 맞는 편이 더 합리적이라는 것이다. 겉옷까지 주라는 말 역시 같은 방식으로 해석되고 있다. 속옷을 훔쳐간 사람을—왜 갑자기 '훔쳐간' 것으로 바뀌었을까는 일단 제쳐두고—고소할 수는 있겠지만 혐의가 입증되지 않으면 재판관이 속옷을 둘로 나누어 가지라고 할지도 모른다. 그러니 내 겉옷까지 주겠노라면 바로 그 사람이 주인임을 증명하는 셈이 되기 때문—솔로몬의 재판에서처럼—이라는 것이다. 또한 원수를 사랑하라는 말은 에세네의 규약에 대한 거부로 읽힌다.

이때 원수는, 에세네 입장에서 볼 때, '어둠의 자식들'인 바리새, 사두개, 로마인 등을 가리킨다. 에세네인들은 자신들만이 정화된 집단이라 생각했지만 예수는 이를 지극히 이기적이고 자기중심적인 삶이라고 보았다는 것이다. 여기서 우리는 해석이 지나치게 협소하다는 인상을 받게 된다. 예수의 이러한 구절들은 통상적인 상식을 뒤집는 반어법적 수사학에 연유하며, 좀 더 광의로 해석할 때 본의가 더 잘 드러나지 않겠느냐는 생각이 든다.

지면이 충분치 않으니, 원래의 '평전'에 관한 사항으로 돌아가 보자. 저자의 물음대로 예수는 과연 진리라 불린 사악한 사제였는가? 사해문서 중 하박국서 해석에 의하면 에세네 공동체에 '진리'라고 불리는 유망한 사제가 있었는데, 마음이 교만해져 하느님을 떠났으며 재산 때문에 공동체 법규를 위반하였다. 그는 결국 선동자로 몰려 산헤드린(공회)의 사악한 재판에 회부되었고 쓰라린 고통 속에서 죽어갔다. 또한 그는 속임수로 새 언약의 공동체를 세운다 했다는 것이다. 저자에 따르면, 마음이 교만하다는 것은 공동체 규약을 따르지 않고 자기 식대로 성서를 해석했다는 뜻이다. 사악한 사제가 재산을 훔쳤다는 것은 신자를 데리고 나갔다는 의미이다. 사악한 재판이라 함은 에세네가 다른 분파에 의한 재판을 지칭하는 말이다. 속임수란 결국 그가 말한 새 언약이 거짓된 것이란 말이다. 토라를 따르지 않았으니까. 그런데 문제는 저자의 이 모든 해석을 지지한다 해도, 그가 예수란 입증은 되지 않는다. 저자의 설득력이 떨어지는 것은 그렇게 추측했기 때문이 아니라 입증의 논리적 고리를 전혀 제시하지 않고 있다는 데 그 이유가 있다. 한참 이야기를 따라가다 보면, 어느덧 "에세네 지도자들은 '진리'라고 불리는 사악한 사제 예수가 에세네 사람들을 미혹시켰다고 비난했음을 짐작할 수 있다"라는 선언적 명제로 넘어가 있다. 문헌학을 원용하면서도 막상 그것을 짜맞출 때는 무언가 선명치 않고 약간 두루뭉술한 것이 저자의 논법이라면 논법이다.

콘텍스트를 중요시하는 저자의 접근 방법에도 불구하고, 아쉬운 점이 있다면 지나치게 유대적—더 좁게는 에세네적—콘텍스트에만 머물고 있다는 점이다. 물론 가깝게는 예수의 언설을 유대적 언어 문법으로 이해할 수 있겠지만 유대교 자체가 모두 독창적인 교리로만 이루어지지는 않았다. 많은 부분이 이집트 내지는 근동의 종교 문화라는 콘텍스트 속에 위치하고 있는 것이다. 예컨대 저자는 이시스가 아들 호루스를 안고 있는 모자상을 마리아가 아기 예수를 안고 있는 모자상과 병치하면서도 양자의 관계가 무엇인지에 대해서는 더 이상 추구하지 않는다. 에세네가 빛과 어둠을 강렬히 대비한 것이 기원전 15세기경까지 소급되는 조로아스터교의 빛/선 대對 어둠/악의 이원론과 어떤 관계가 있는지는 언급치 않는다. 「마태복음」(7:12)이 전하는 "남에게 대접을 받고자 하는 대로 너희도 남을 대접하라"라는 말도 이미 조로아스터에게서 나타난다. 예수의 부활 역시 그 개념 자체는 일찍이 이집트의 내세 신앙과 유사한 면모를 가지고 있다. 예수 사후에도 상당 기간 동안 조로아스터를 이어받은 미트라교(예수의 탄생 일자와 연관된다)와 마니교(급진 기독교와 중첩된다. 아우구스티누스도 청년기에는 마니교도였다), 성서와 너무 유사해서 문제가 된 이집트 유래의 헤르메스 트리스메기스토스의 교의 등이 다기다양한 기독교 분파들과 서로 혼재되어 있었기 때문에 이러한 문화적 콘텍스트 역시 고찰의 중요한 대상이 된다.

이 책은 전체적으로 볼 때, '평전'이라기보다는 예수의 언행 해석서에 가깝다. 물론 양자가 불가분의 관계를 가지기는 하겠지만 적어도 우리가 평전이라는 말에서 기대하는 것과는 거리가 멀다. 예수를 인간적 측면에서 바라본 것도 아니다. 저자는 종종 신화적인 일화와 사실을 구분하지 않고 뒤섞어 놓고 있다. 행문도 명료하지 않다. 이 책의 미덕은 예수를 둘러싼 고대 텍스트—특히 유대교의—에 대한 많은 정보를 제공하고 있고 때때로 흥미로운 해석들을 제시하고 있다는 점이다. 아쉬운 점은 그럼에도 불구하고 여러 측면에서 "예수 평전"은 좀 과도한 제목이라는 것이다. 어떤 의미에서든 '성서 밖의 예수'가 잘 보이지 않기 때문이다. 하지만 평은 그저 평일뿐이니 관심 있는 독자의 일독을 권한다. 분명히 그만한 가치는 있다.

30

에로스의 향연, 혹은 리베르탱 공화국

—사란 알렉상드리앙의 『에로틱 문학의 역사』에 부쳐

서양 학계에서 '에로틱 문학' 혹은 '에로티카'가 진지한 역사 연구의 한 분야로 인식되기 시작한 것은 극히 최근의 일이다. 그 근대적 효시는 아마 파울 엥글리쉬의 저작일 것이다. 그의 『에로틱 문학의 역사』(1927)는 주로 19세기 독일과 프랑스가 중심이기는 하지만 유럽 고대부터 20세기 초까지의 에로틱 문학을 700여 쪽의 방대한 분량에 통사적인 방식으로 녹여내고 있다. 이 책은 오랜 절판 끝에 1977년 슈투트가르트에서 재출간되었으나 이상하게도 학자들의 관심을 거의 끌지 못했다("나치들에 의해 파괴된 탓에 오늘날에는 찾아볼 수 없게" 되었다는 알렉상드리앙의 말〔10쪽〕 역시 이상하다. 그는 1977년의 재출간본에 대해 알지 못했던 것일까?). 특히 영미권에서는 가히 망각 상태라 해도 과언이 아니다. 1933년에 자크 고르빌이 번역한 프랑스어 번역본이 있는데, 이마저도 내용을 400여 쪽으로 축약하여 원 저작의 세세함과 방대함을 살리지 못한 단점을 가지고 있었다(*L'histoire de l'érotisme en Europe*. Adaptation par Jacques Gorvil〔Aldor, 1933〕). 이탈리아에서는 아마도 1967년에 이 책의 번역본이 나온 것으로 보인다(*L'eros nella letteratura*〔Milano: Sugar, 1967〕. 하지만 나는 아직 이 책을 보지 못했다).

1960년대에 들어 데이비드 폭산이 17, 18세기 영국 리버틴들의 저작 목록을 간략한 해제를 붙여 출판함으로써 이 분야에 대한 학문적 연구의 길을 열었고(David Foxon, *Libertine Literature in England, 1660~1745*〔New Hyde Park, NY: University Books, 1965〕), 이후에 관련 연구서들이 하나둘 나오기 시작하였다. 스티븐 마커스(Steven Marcus, *The Other Victorians: A Study of Sexuality and Pornography in Mid-Nineteenth-Century England*〔New York: Basic Books, 1966〕), 로저 톰슨(Roger Thompson, *Unfit for Modest Ears: A Study of Pornographic, Obscene and Bawdy Works Written or Published in England in the Second Half of the Seventeenth Century*〔London: Macmillan Press, 1979〕) 등이 그 예의 일부이다. 1980년대 초에는 패트릭 커니가 "에로틱 문학의 역사"라는 제목의 책을 펴냈지만(Patrick J. Kearney, *A History of Erotic Literature*〔London: Macmillan, 1982〕), 다수의 도판을 담고 있다는 미덕에도 불구하고 제목이 주는 인상과는 달리 200쪽 미만의 빈약한 내용에 불과하여 '통사'와는 거리가 멀다.

서양에서 이 분야에 대한 본격적인 연구는 1980년대 중후반부터 시작되었고 현재까지 각 시대에 대한 심도 있는 저작들이 계속 나오고 있는 중이지만, 여전히 전全 시대까지는 생각지 않더라도 근대만이라도 아우르는 통사는 거의 전무한 형편이다. 어떻게 보면 이는 자연스러운 현상이라고도 볼 수 있다. 각론이 심화되어야 볼 만한 총론이 나오는 법이기 때문이다. 또한 통사 서술에는 방대한 양의 문헌을 섭렵하는 과정이 필요하다. 이런 의미에서 엥글리쉬의 선구적 저작과 알렉상드리앙의 이 책은 그것이 방대한 양의 문헌들을 소개하고 있다는 점만으로도 찬사를 받을 가치가 있다.

학문적 전통이 오랜 서양에서 유독 에로틱 문학에 대한 연구가 이렇게 늦어진 것은 무엇보다도 그것을 정규적인 문학의 한 분야로 인정해 주지 않았기 때문이다. 에로틱 문학이라는 말도 그 의미가 사실은 '에로틱 문헌'의 측면에 더 가까울지 모른다. 동서고금을 막론하고 누구나 에로틱한 것에 관심이 없을 수 없고 또 그것은 인간의 삶에서 대단히 중요한 비중을 차지하고 있지만, 그럼에도 불구하고 극히 예외적인 경우를 제외하면 그러한 것을 소재로 한 글을 문학이라 부른다거나 진지한 학문적 고찰의 대상으로 삼지는 않았다. 아니 그것은 오히려 억압과 박해의 대상이 되어왔다. 사회의 풍속을 부패하게 한다는 것이 그 주된 이유이다. 이러한 이중성의 이면에는 — 적어도 중세 이후 서양의 경우에 — 정신/영혼에 비해 육체를 열등한 것으로 보는 정신 중심주의 및 금욕주의 경향이 자리 잡고 있었다. 하지만 르네상스가 그리스 · 로마의 복원과 재생을 지향하면서 고대적 세속주의가 중세적 기독교 문화와 혼재되고 갈등하기 시작하였다. 르네상스 시기와 뒤이은 17세기의 리베르탱, 18세기 계몽사상, 20세기 포스트모더니즘의 조류들은 사실 이러한 근대 세속주의의 연장선상에서 파악될 수 있다. 따라서 에로틱 문학에 대한 연구가 1970년대 이후 몸과 여성에 대해 새로운 관심이 고조되는 시기에 본격화하기 시작했다는 것은 결코 우연이 아니다. 그것은 신神 중심주의로부터는 어느 정도 벗어났지만 여전히 정신 중심주의의 전통에서는 벗어나지 못했던 근대 세속주의 운동이 그동안 경시해 왔던 몸에 대해 새롭게 인식하기 시작한 증거의 일단이라고 볼 수도 있다.

∽

이 책(최복현 옮김, 『에로틱 문학의 역사』, 한숲, 2005)의 저자 사란 알렉상드리앙은 상당히 특별한 이력을 가진 인물이다. 그는 쉬르리얼리즘/초현실주의 비평 및 미술 분야에서 이름이 잘 알려져 있는데, 비평지 『쉬페리외 엥코뉘』(*Supérieur Inconnu*)를 창간한 편집인이며, 동시에 에세이스트, 소설가, 미술사가이기도 하다. 그는 앙드레 브르통이나 막스 에른스트를 비롯한 다다이즘/초현실주의 계열의 인물들에 대한 다수의 비평/전기를 썼고, 그 자신이 창작한 소설도 수가 적지 않다. 또한 그의 저작들은 14개 국어 이상의 언어로 번역되었다. 한국에도 이 책 이외에 그의 『초현실주의 미술』(이대일 옮김, 열화당, 1984)이 이미 소개되어 있다. 그가 쓴 책들의 면면을 보면 다다와 초현실주의를 중심에다 두고 섹슈얼리티, 꿈, 나르시스, 마술, 사랑, 비학秘學, 에로티시즘 등의 주제를 다룬 것들이 대부분이다. 아마도 이 책은 이러한 오랜 활동 끝에 나온 역량의 결집물일 것이다.

프랑스에서 이 책이 처음 나온 것은 1989년이었다(Sarane Alexandrian, *Histoire de la Littérature Érotique*〔Paris: Seghers, 1989; Payot, 1995〕). 그 이듬해 이탈리아어와 에스파냐어로 번역되었다(*Storia della letteratura erotica*, tr. Basilio Luoni〔Milano: Rusconi, 1990〕; *Historia de la literatura erótica*, tr. Daniel Alcoba〔Barcelona: Planeta, 1990〕). 이 책이 우리말로 처음 번역된 때는 1997년인데(최복현 옮김, 『에로티즘 문학의 역사』, 강천, 1997), 이번 책은 제목과 출판사만 바뀌어 재출간된 것이다. 최근에는 중국어 번역본도 출간되었다(賴守正 譯, 『西洋靑色文學史』〔臺北市: 城邦文化事業股份有限公司, 麥田出版事業部, 2003〕). 하지만 아직 일본어 번역본이나 독일어 번역본은 나와 있지

않다.

이 책은 서문과 결론을 제외하고 모두 10개의 장으로 구성되어 있다. 제1~6장까지는 각각 고대, 중세, 르네상스 및 17, 18, 19세기에, 제8~10장은 20세기에 할애되어 있다. 제7장은 특히 고대부터 현대까지의 여성 작가에 의한 에로틱 문학을 다루고 있다. 이는 에로틱 문학에서도 남성 작가들이 수적으로 압도적임을 잘 보여 준다. 또한 제10장은 저자 자신의 주요 관심사인 초현실주의 에로티시즘으로 마무리되고 있다. 이 책의 방대함은 그것이 고대 그리스·로마에서 20세기 초현실주의에 이르기까지 무려 344명의 작가와 963편의 작품을 다루고 있다는 사실에서 잘 나타나는데, 이 중에는 물론 아레티노나 존 클레런드, 혹은 장-자크 부샤르나 마르키스 드 사드와 같이 이 방면에서 비교적 잘 알려진 인물도 있지만 니콜로 프랑코, 로렌초 베니에로, 안토니오 로코처럼 그렇지 못한 작가들이 대부분이다. 작가가 누구인지도 모르는 팸플릿 유의 책이 많다는 것도 에로틱 문학의 특징이다. 포초 브라촐리니, 프랑수아 라블레, 디드로, 빅토르 위고 등과 같이 정규 문학 세계의 주요 작가가 쓴 에로틱 문학 작품도 흥미롭다. 일반적으로 일반 독자에게 잘 알려져 있지 않을 뿐이지 사실 이런 경우는 의외로 많다. 그것은 누구나 에로틱한 것에 관심이 많다는 증거일 것이다. 그리고 그런 현상은 이상하다기보다는 차라리 자연스럽다.

저자 알렉상드리앙은 서문에서 자신이 경박하거나 외설적인 주제를 아주 진지하게 다루고 있는 것은 그런 것에 찬사를 보내기 위해서가 아니라 독자들로 하여금 에로틱 문학이 생겨난 배경을 이해하고 이를 통해 문학과 풍습의 관계를 정의해 볼 수 있도록 하기 위한 것이라고 책의 목적을 밝히고 있는데, 이는 사실 이런 유의 글에서 항시 볼 수 있는 일종의 '변명' 같은 것이다. 왜냐하면 에로틱 문학을 단지 농담거리 정도로 간주하지 않고 '진지하게' 다루는 것 자체가 문제시되는 것이 지금까지의 관행이었기 때문이다. 게다가 그것에 찬사를 보내는 것은 더더욱 금기 사항이다. 사회의 풍속을 해치고 사람들을 부패하게 만든다는 것이 그 이유이다.

저자는 기본적으로 이러한 관행에 도전하면서도 여전히 마지막 보호막은 유지하려는 의도를 가지고 있는 것으로 보인다. "에로틱한 것은 필연적으로 포르노그래피적"이기 때문에 양자를 구별할 수는 없다고 말하면서도 동시에 에로틱한 것과 음란한 것은 구별해야 한다는 언명이 그것을 잘 보여 준다(유감스럽게도 이 중요한 대목에 대한 이 책의 번역은 전혀 갈피를 잡지 못하고 있다. 'érotique', 'pornographique', 'obscène'이란 단어를 잘 구별하지 않고 에로틱, 포르노그래피, 외설/음란이란 옮김말을 마구 뒤섞어 쓰고 있는 것이다. 이러니 문맥이 잘 통할 리 없다. 아마 독자들은 저자가 무슨 말을 하고 있는지 잘 이해하지 못할 수도 있을 것이다). 그는 이 세 가지를 다음과 같이 구분한다. 즉 포르노그래피가 육체적인 쾌락에 대한 순수하고 단순한 묘사라면, 에로티시즘은 근본적으로 이와 동일하지만 단지 그것을 사랑과 사회생활의 관념이라는 측면에서 재평가하는 것이 다를 뿐이다. 또한 에로티시즘이 육욕을 바람직한 것으로 보고 그것을 절정 혹은 아름다움을 통해 보여 주면서 건강과 아름다움과 기분 좋은 유희의 느낌 같은 것을 환기하는 것이라면, 음란함은 오히려 육욕을 비하하고 그것을 더러움, 결함, 지저분한 농담, 저속한 어휘로 표현하는 것이다. 물론 이렇게 정의한다 해도 어떤 작품이 음란한지 아닌지 모호하기는 마찬가지지만 말이다.

여기서 이 책의 방대한 내용을 조목조목 요약·소개하기란 불가능하다. 또한 모든 시대의 모든 작가에 대해 나름의 비평을 가하기에는 내 식견이 너무 짧다. 단지 간략한 흐름을 개관하는 데 그치고자 한다.

이 책의 논의는 근대(르네상스) 이후에 집중되어 있다. 그리스·로마 작가들을 50쪽도 채 되지 않는 짧은 지면 속에서 개관한다는 것은 그야말로 얼굴만 나타났다 사라지는 격이 아닐 수 없다. 이들 고대 작가들은 르네상스 이후 에로틱 문학에서 하나의 지속적인 전범典範으로 작용하기 때문에 그에 대한 좀 더 심층적인 탐구와 안내가 필요하다. 그리스 작품 중 백미는 역시 아리스토파네스의 『뤼시스트라테』(*Lysistrate*)일 것이다. 이는 그 내용과 형식에서 단연 최고의 걸작으로 꼽힌다. 여인들이 전쟁 중지를 조건으로 내걸고 남편과의 섹스를 거부한다는 내용은 기상천외하다. 에로틱한 표현들도 압권이다. 섹스 권력에 대한 시사는 현대 페미니스트들에게 솔깃하게 들릴 수도 있다. '코제 바네'로 '코제 그란디'를 전복하는 것이라고나 할까. 이처럼 유쾌한 여성 정치의 성적 익살은 뒤에 『여성들의 민회』(*Ekklesiazousai*)에 가면 아예 여성이 국가 권력을 장악하는 것으로까지 발전한다.

로마 에로티시즘의 고전은 많다. 그 중에서도 제정 초기로 거슬러 올라가는 『프리아포스의 시』(*Carmina priapea*)를 빼놓을 수 없다. 프리아포스는 베누스(아프로디테)와 바쿠스(디오니소스)의 아들인데, 정원을 지키는 신이다. 동시에 그는 엄청난 크기의 남근을 가지고 있어 로마인들 간에 숭배의 대상이 되었다. 『프리아포스의 시』는 오랜 세월 동안 익명의 작가들이 쓴 약 90편 정도의 시로 구성되어 있다. 그 주제는 물론 성性에 관한 것인데, 정력을 키워 달라는 식으로 소원을 비는 형식도 있다. 이 작품은 이후 로마 에로틱 문학뿐만 아니라 르네상스 에로티시즘의 생성에도 지대한 영향을 끼쳤다. 그것은 휴머니스트를 비롯한 에로틱 작가들에게 고대인들의 자유분방한 성적 표현을 대변하는 대표적 고전으로 받아들여졌던 것이다. 그 외에도 카툴루스, 오비디우스, 호라티우스, 유베날리스, 마르티알리스 등 이 방면의 기라성 같은 스타들이 포진해 있던 때가 로마 시대였다.

중세는 기독교의 시대였으므로 에로틱 문학이 아주 사라졌다고 생각한다면 오산이다. 물론 그 어느 때보다도 음란함에 대한 금기가 강화되기는 했지만, 그렇다고 실생활에서나 예술에서마저 그에 대한 관심이 없었던 것은 아니다. 적어도 에로틱한 것에 대한 욕망은 시간의 흐름에도 불구하고 다만 그 양상만이 바뀔 뿐 본질은 거의 변하지 않기 때문이다. 중세 에로티시즘은 프랑스 서정시와 소극笑劇 유를 통해 발전했는데, 외스타슈 데샹, 앙리 보드, 장 몰리네 등이 그 대표자들이다. 하지만 중세의 소박하고 꾸밈없는 표현을 근대적 단계로 끌어올린 것이 바로 보카초의 『데카메론』이다. 이 작품은 농담조의 에로틱한 이야기들을 두서없이 모아놓은 것이 아니라 교훈성 있는 이야기들을 주제별로 아주 짜임새 있게 엮어 놓았고 군데군데 에로틱한 것들을 끼워 넣었다. 그리고 구체적인 성 묘사는 되도록 자제하였다. 결국 『데카메론』은 고급한 에로티시즘을 요령 있게 이야기하고 품위 있게 듣는다는 의도를 만족시킨 작품이라 할 수 있다. 그것은 에로틱에 대한 비난을 비켜가려는 보카초의 전략이었을 수도 있다.

르네상스 시기의 이탈리아는 근대 초 에로틱 문학의 산실이었다. 콰트로첸토 에로티시즘의 첫 시험대는 파노르미타의 『헤르마프로디투스』(*Hermaphroditus*)였다. 마르티알리스 유의 경구시(에피그램)를 본뜬 이 라틴어 시집은 전체를 두 부분으로 나누어 각각에 남녀 성기를 뜻하는 '멘툴라'와 '쿤누스'라는 이름을 붙였다. 대단히 부드럽고 리드미컬한 운율을 가진 이 작품은 고대 작품을 모방한 거의 근대 최초의 라틴어 에로틱 문학이었으나, 곧 보수적 신학자와 정적들의 공격으로 책이 불태워지고 저자 자신까지도 도시에서 추방당하는 결과를 낳았다. 알렉상드리앙은 이러한 점에 대해 거의 언급하고 있지 않으나, 그의 분서焚書 사건은 이교 문화와 기독교 문화 간의 충돌이라는 측면에서 중요한 의미가 있다.

르네상스 시기의 에로틱 문학에서 아레티노를 빼놓을 수는 없다. 로마노의 그림을 라이몬디가 판각한 데다 아레티노가 '음란한 소네트'를 붙임으로써 탄생한 작품집 『체위』(*I Modi*)는 그림과 글이 함께 어우러진 최초의 포르노그래피 작품이었다(알렉상드리앙은 이 작품이 1535년에 씌어졌으나 그의 생전에 출판되지는 않았다고 하는데, 이는 잘못이다). 그는 뒤에 창녀들 간의 에로틱한 이야기를 다룬 두 편의 『6일간의 대화』(*Ragionamento; Dialogo*)도 썼다. 여기서 여자의 3대 직업이 아내, 수녀, 창녀라는 유명한 이야기가 나온다. 라블레의 『가르강튀아』와 『팡타그뤼엘』 역시 르네상스 시기 프랑스의 고전 반열에 올랐지만, 정작 그의 작품을 헤집고 다니는 에로틱한 이미지에 대한 연구는 드물다. 미하일 바흐친이 말한 이른바 '물질적·육체적 하부의 이미지' 말이다. 예컨대 '밑씻개' 이야기 같은 것은 얼마나 '에로틱'한가! 여성의 신체를 묘사한 16세기 프랑스의 '블라종'(blason) 유의 시들은 또 어떤가!(물론 팡타그뤼엘리즘에 나타나는 지독한 여성 혐오적 태도는 또 다른 문제이다)

17세기는 리베르탱, 즉 자유사상가들의 시대였다. 이들은 곧 무신론자로 낙인찍혔다. 외설과 무신론은 종종 한통속인지라 대략 이때부터 에로틱 문학 작품은 지하로 숨게 된다. 만일 기독교 신앙이 의심받지 않았다면 에로틱 문학은 간헐적인 비난 속에서도 계속 번성했을 것이다. 하지만 불신앙은 묵과될 수 없었다. 더구나 자유사상가들이 음란한 묘사를 반종교적 풍자로 활용하는 바람에 그 여파가 더 컸다. 그러나 은밀한 것이 더 에로틱한 법. 부샤르의 『고백록』은 한 남자가 자신의 성 경험을 적나라하게 밝힌 것으로는 유럽 최초의 책이었다. 미셸 미요, 테오필 드 비오, 니콜라 쇼리에 등은 그렇다 하더라도 대문호인 피에르 코르네유와 초기 계몽사상가인 피에르 베일조차도 외설적 작품을 쓰거나 그런 것을 썼다고 고발당한 것이 당시의 분위기였다. '진보'가 첨예할수록 '보수'는 더 드세어지는 법이니 왜 그렇지 않겠는가! 이러한 양극화는 18세기 프랑스에서 절정에 달했다. 그곳은 당시 에로틱 문학의 중심이었다. 작가들을 '지옥'으로 보낸 검열도 이러한 열기를 막지 못했다. 오히려 금서가 되면 출판업자들은 이렇게 외쳤다. "야호! 한 판 더 찍자고!" 영국 에로티시즘의 선구자 클레런드의 『어느 창부의 회고록』, 앙드레아 드 네르샤와 사드의 너무나 유명한 작품들에 대해서는 더 이상 언급하지 않겠다.

낭만주의와 자연주의가 혼재된 시기였던 19세기는, 또한 동양의 에로티시즘이 새롭게 소개된 때이기도 했다. 괴테가 『로마의 에로티카』와 『베네치아의 경구시』로 에로틱 문학에 이름을 올리고, 에밀 졸라의 『테레즈 라캥』과 모파상의 『터키 식 저택, 장미꽃잎으로』가 자연주의에 부도덕의 오명을 씌웠다. 16세기 튀니지의 한 족장이 쓴 『향기로운 정원』과 인도의 『카마수트라』가 각각 프랑스어와 영어로 초역되었다. 고전 고대의 에로틱 문학만을 알고 있던 유럽인들은 새로운 동양의 에로틱에 강한 흥미를 느꼈다. 물론 이는 '오리엔탈리즘'의 일부였고 그들에 의해 텍스트는 긴즈부르그의 유명한 캐릭터인 메노키오 식으로 전유되었다. 18세기에 사디즘이 있었다면, 19세기에는 마조히즘이 있었다. 레오폴트 폰 자허-마조흐의 『모피 외투의 귀부인』은 남성보다 여성의 능동성을 강조한, 전도된 사디즘 소설이다. 프랑스와는 달리 채찍질을 즐기던(알렉상드리앙의 말이다) 독일적 에로티시즘의 산물이라고나 할까. 미국 포르노 문학이 시작된 것도 바로 이때이다. 19세기 초 클레런드의 『어느 창부의 회고록』이 『패니힐의 회고록』이란 이름으로 개작되어 팔리다가 판금販禁을 당하자, 미국 작가들은 이 작품을 원본으로 개작품改作品들을 만들어낸다. 조지 톰슨의 『사랑의 기쁨 혹은 자유 부인』이 그 대표적인 예이다. 마크 트웨인이 외설적인 이야기를 통해 영국 왕실을 풍자한 『1601년』을 썼다는 것도 흥미롭다.

여성이 쓴 에로틱 문학은 남성 작가의 것과 무엇이 다를까? 여성 작가의 수가 훨씬 더 적었던 것은 물론 문필을 남자들이 장악해 온 역사 때문이겠지만, 알렉상드리앙은 여성 에로티시즘이 본질적으로 남성 에로티시즘에 비해 대단히 이지적이라고 주장한다. 여성 작가에 의한 걸작품이 적은 것도 욕망을 글로 옮기는 성향이 약한 데에 이유가 있다는 것이다. 어쨌든 여성 에로틱 문학 작품은 전체적으로 빈약한 편이다. 여성의 애욕을 글로 남긴(더 정확히 말해 글이 남아 있는) 고대 최초의 인물은 사포이다. 그녀는 동성연애자로도 유명했기 때문에 20세기 초 레즈비언들의 수호성녀가 되기도 했다. 하지만 그녀의 시작품들은 의외로 절제되어 그리 난잡하지 않다. 16세기부터 19세기까지 작품을 거명할 만한 여성 작가는 많지 않다. 루이즈 라베, 오르탕스 드 빌디외, 클로딘 드 탕생, 펠리시테 드 슈아죌 뫼즈 등이 그나마 머리에 떠오르는 이름들이다. 알렉상드리앙이 '최초의 독창적인 여성 소설가'라고 평가한 마누리 텍토 후작부인이 쓴 3부작이 있기는 하지만, 역시 주목할 만한 여성 에로틱 작가들은 20세기에 가야 나타난다. 아마 여성의 인식과 활동 범위가 넓어진 데 기인한 것이리라.

20세기는 다양한 에로틱 문학의 실험장이었다. 사드를 넘어 정신 분석학에 도전하는 탐미주의자 피에르 루이, 성 심리에 대한 심오한 통찰을 담은 마크 오를랑, 그리고 성은 '숨어서 몰두하는 더러운 비밀'이 아니라고 주장하며 자신의 책 『채털리 부인의 사랑』을 공개 판매하여 일대 센세이션을 불러일으켰던 D. H. 로런스, 동성애에 탐닉한 재치의 달인 오스카 와일드와 그의 호적수인 장 로랭 등등. 『좁은 문』의 작가 앙드레 지드가 『코리동』(*Corydon*)과 『한 알의 밀알이 썩지 않으면』(*Si le grain ne meurt*)을 써서 자신이 페데라스트(남색)가 아니라 위라니스트(순결한 동성애자)임을 보이려 했다는 점도 사실 그리 놀랄 일이 아니다. 주류 문학계의 '경전'급 작품을 쓴 많은 작가들이 그랬으니까.

초현실주의 에로티시즘에 대한 비평은 저자 알렉상드리앙의 전문 분야이다. 이 분야에서라면 어느 누구도 그만큼 많이 알지 못할 것이기 때문이다. 에로티시즘의 표현에서 낭만주의를 능가했던 초현실주의의 선구자는 시인 기욤 아폴리네르였다. 그가 쓴 소설, 희곡, 시 작품들은 화려한 은유와 재기 넘치는 언어로써 성에 관한 금기, 사디즘, 잔학하고 추잡한 행위 등 자칫 객설로 전락하기 쉬운 주제들을 문학의 차원으로 승화시키고 있다. 파블로 피카소가 걸작이라고 평가한 『11,000대의 채찍』(*Les Onze Mille Verges*)이 그 한 예이다. 사회의 모든 질서를 거부하는 다다이스트들이 에로틱을 외면했을 리 만무하다. 그들은 노골적이고 추잡한 식의 묘사는 싫어했다. 브르통의 말처럼 "그늘에서 양말대님을 매는 척하며 옷을 벗는" 식의 은유, 혹은 '베일에 가려진 연애 문학'이 그들의 취향이었다. 이 대열에는 브르통 외에도 폴 엘뤼아르, 로베르 데스노스, 르네 샤르 등이 끼여 있었다. 물론 루이 아라공처럼 노골적인 쪽을 선호하는 경우도 없지 않았지만. 초현실주의 에로티시즘에서 빠질 수 없는 인물이 조르주 바타유이다. 그는 어쩌면 에로티시즘을 진지한 철학적 연구의 대상으로 삼은 최초의 철학자일 것이다. 그는 성적 금기에 대한 최소한의 도덕적 기준은 필요하다고 주장했는데, 왜냐하면 수치심이 존재할 때 음란함의 자극적 효능도 살아 있기 때문이라는 것이다. 알렉상드리앙의 종착지는 사드와 니체에 대한 무게 있는 비평서를 썼던 프랑스 작가 피에르 클로소프스키이다. 그리고 종착역은 산업 활동과 성적 몽상을 기묘하게 뒤섞어 놓은 그의 1970년 작품 『살아 있는 돈』(*La Monnaie vivante*)이다. 클로소프스키는 2001년에 타계하였다.

∽

에로틱 문학은 본질적으로 저급한 것일까? 아니 저급하지 않은 에로틱 문학의 경계는 어디쯤일까? 이는 불가해한 문제이다. 단언컨대 에로티카와 포르노그라피, 에로틱한 것과 음란한 것의 차이에 대해 오랫동안 계속되어 온 논쟁에 결정적인 종지부를 찍을 수 있는 사람은 없다. 그 경계의 설정은 언제나 역사적·문화적 문제였기 때문이다. 에로틱 문학이 풍속을 해치고 사람들을 부패하게 만드는가? 그런 위험은 비단 에로틱 문학에만 있는 것은 아니다. 편향된 이념과 극단적 맹신은 훨씬 더 위험하다. 요컨대 국가 권력이 풍속의 경계를 결정하려는 것은 난센스이며, 설사 그것이 필요하다 해도 최소한에 그쳐야 한다. 알렉상드리앙의 말대로 "책이란 우리에게 다른 사람들이 무엇을 생각하며 무엇을 상상하는가를 알려 주는 것이며, 그것이 책이 할 수 있는 전부"이기 때문이다. 나머지는 독자의 몫일 뿐이다. 이 책은 구성이 다소 느슨하기는 하지만 그 방대한 작가와 작품에 대한 소개만으로도 존재의 가치가 있다. 이 책의 이러한 미덕은 곳곳에 보이는 오역과 어색한 말투들이 주는 아쉬움까지도 상쇄한다.

글의 출처

제1부 과거는 현재의 거울이다

1. **갈릴레오의 망각** 『부산일보』 2019. 6. 26.
2. **솔라 피데** 『부산일보』 2019. 12. 18.
3. **아르테미지아의 포물선** 『부산일보』 2019. 11. 13.
4. **메노키오** 『부산일보』 2019. 10. 9.
5. **조국의 딜레마** 『부산일보』 2019. 9. 4.
6. **수태고지의 순간** 『부산일보』 2019. 7. 31.
7. **음란한 토끼** 『부산일보』 2019. 5. 22.
8. **유일한 증인** 『부산일보』 2019. 4. 17.
9. **람페두자** 『부산일보』 2019. 3. 13.
10. **알렉산드로스의 소환** 『부산일보』 2019. 1. 30.
11. **크리스마스와 '밝음'의 신앙** 『부산일보』 2018. 12. 26.
12. **공포의 심리학** 『부산일보』 2018. 11. 14.
13. **팔라비치노** 『부산일보』 2018. 10. 3.
14. **살바토르 문디** 『부산일보』 2018. 8. 15.
15. **혼합 정체** 『부산일보』 2018. 7. 4.
16. **마키아벨리언 모멘트** 『부산일보』 2018. 5. 23.
17. **칼리굴라-트럼프** 『부산일보』 2018. 4. 11.

18. **에밀과 소피** 『부산일보』 2018. 2. 28.
19. **덕과 매너** 『부산일보』 2018. 1. 17.
20. **마키아벨리의 '진실'** 『부산일보』 2017. 12. 6.
21. **매카시 리스트** 『부산일보』 2017. 10. 25.
22. **천경자 코드** 『부산일보』 2017. 9. 6.
23. **포퓰리즘** 『부산일보』 2017. 7. 26.
24. **기억 전쟁** 『부산일보』 2017. 6. 14.
25. **배신자** 『부산일보』 2017. 5. 17.
26. **권력자의 성품** 『부산일보』 2017. 4. 19.
27. **촛불혁명** 『부산일보』 2017. 3. 22.
28. **음란하다는 것** 『부산일보』 2017. 2. 22.
29. **종교와 야만** 『부산일보』 2017. 1. 25.
30. **싯다르타, 에피쿠로스, 스피노자** 『부산일보』 2016. 12. 28.
31. **철학자 마키아벨리** 『부산일보』 2016. 11. 30.
32. **아르카나 임페리** 『부산일보』 2016. 11. 2.
33. **버나드 루이스의 귀환** 『부산일보』 2016. 10. 5.
34. **레스보스** 『부산일보』 2016. 9. 7.
35. **유진 뎁스** 『부산일보』 2016. 8. 10.
36. **대통령 '각하'** 『부산일보』 2016. 7. 13.
37. **포르투나** 『매일경제』 2012. 9. 15.
38. **아고스티노 키지** 『매일경제』 2012. 10. 26.
39. **역류의 지식인** 『교수회보』 2012. 8. 23.
40. **제르베르 도르약** 대학강사교원지위회복과 대학교육정상화 투쟁본부 엮음, 『지식사회 대학을 말한다』, 선인, 2010.
41. **헤로스트라토스** 『국제신문』 2010. 6. 3.
42. **마키아벨리의 화형** 『국제신문』 2010. 1. 4.
43. **파시즘 식별법** 『국제신문』 2009. 10. 30.
44. **호기심과 진화** 『국제신문』 2009. 10. 22.
45. **여우형 인간** 『국제신문』 2009. 9. 16.
46. **거짓말 담론** 『국제신문』 2009. 5. 11.
47. **버틀러의 기억** 『교수신문』 2009. 3. 9.
48. **짓밟아라. 되살아날지니** 『교수신문』 2008. 12. 1.
49. **커피를 마신다는 것** 『국제신문』 2010. 7. 12.
50. **차를 마신다는 것** 『인문대 소식지』 2010. 9.

제2부 책을 읽으면 행복하다

1. **책에 관한 기억, 혹은 정신에 대한 향수** 『책과 인생』 2000. 7.
2. **마키아벨리의 시민-전사** 『경향신문』 2011. 11. 19.
3. **크리스토프 도슨의 유럽** 『경향신문』 2011. 12. 17.
4. **에드워드 사이드** 『경향신문』 2011. 1. 20.
5. **헤겔과 아이티** 『경향신문』 2012. 2. 25.
6. **아감벤의 '무슬림'** 『경향신문』 2012. 3. 24.
7. **디드로의 미美** 『경향신문』 2012. 4. 21.
8. **타키투스의 인간 희극** 『경향신문』 2012. 5. 19.
9. **입자의 운동이 만물을 만든다!** 『경향신문』 2012. 6. 16.
10. **크리스틴 드 피장** 『경향신문』 2012. 7. 21.
11. **필립 페팃과 비지배의 자유** 『경향신문』 2012. 8. 25.
12. **중세의 가을** 『경향신문』 2012. 10. 13.
13. **사랑에 빠진 단테** 『경향신문』 2012. 11. 24.
14. **한스 큉의 이슬람** 『경향신문』 2012. 12. 29.
15. **벌린의 자유론** 『경향신문』 2013. 1. 26.
16. **퀜틴 스키너의 독해법** 『경향신문』 2013. 2. 23.
17. **번역은 혁명이다** 『경향신문』 2013. 4. 6.
18. **군자와 시민** 『경향신문』 2013. 5. 11.
19. **그린블랫의 루크레티우스** 『경향신문』 2013. 6. 15.
20. **신념으로서의 역사** 『경향신문』 2013. 7. 20.
21. **카카니아의 비트겐슈타인** 『경향신문』 2013. 8. 22.
22. **교황들의 은밀한 삶** 『경향신문』 2013. 10. 5.
23. **오사리 잡놈들** 『국제신문』 2010. 2. 7.
24. **아르마다** 『서평문화』 2012. 8.
25. **치체로네** 『코기토』 79, 2016.
26. **조르조 바자리** 『연보와 평전』 3, 2009.
27. **인간 미켈란젤로** 『연보와 평전』 5, 2010.
28. **리오 스트라우스의 마키아벨리** 『신동아』 2006. 9.
29. **성서 밖의 예수** 『연보와 평전』 4, 2010.
30. **에로스의 향연, 혹은 리베르탱 공화국** 『코기토』 60, 2006.